U0139735

阳明心学传承弘扬系列丛书

阳明哲学与阳明文选

梁远洪　杜保瑞　主编

ZHEJIANG UNIVERSITY PRESS
浙江大学出版社

图书在版编目(CIP)数据

阳明哲学与阳明文选 / 梁远洪,杜保瑞主编. —杭州：浙江大学出版社，2020.10
ISBN 978-7-308-19989-6

Ⅰ. ①阳… Ⅱ. ①梁… Ⅲ. ①王守仁(1472—1528)
—哲学思想—文集 ②王守仁(1472—1528)—心学—文集
Ⅳ. ①B248.25-53

中国版本图书馆 CIP 数据核字(2020)第 020520 号

阳明哲学与阳明文选

梁远洪　杜保瑞　主编

责任编辑	王荣鑫
责任校对	宋旭华　李增基
封面设计	项梦怡
出版发行	浙江大学出版社
	（杭州市天目山路 148 号　邮政编码 310007）
	（网址:http://www.zjupress.com）
排　　版	浙江时代出版服务有限公司
印　　刷	浙江印刷集团有限公司
开　　本	880mm×1230mm　1/32
印　　张	8
字　　数	207 千
版 印 次	2020 年 10 月第 1 版　2020 年 10 月第 1 次印刷
书　　号	ISBN 978-7-308-19989-6
定　　价	56.00 元

阳明心学与人生意义论(代序)

一直有人问笔者:"为什么那么推崇阳明?为什么地位不错、旱涝保收还要不遗余力弘扬心学?"笔者现借该书的出版做一回答,期冀能带给读者一些正能量与"志为圣贤、良知善行"追求与向往的光芒。

2013年第一次接触阳明心学,更多的只是因为对"真三不朽"的崇敬与对故乡名人的爱戴,停留在口耳之学,继承传播的途径就是购买了几百本的《王阳明传奇》与《王阳明大传》送给我发起公益读书会的各位会员,送给受我们"一对一"结对帮扶的150多名贫困孩子以及党政机关、企事业单位的领导和朋友,然后高谈阔论"心即理""知行合一""致良知"。2016年我在人生的事业上升期遭遇了最惨痛的打击,个人有错在先,后期发酵变味,万幸吾心光明!在黑暗无助、失去信仰的日子里,菩萨不管用、神仙找不到,唯有阳明心学真正带给了我希望和信心。"圣人处此,更有何道?"阳明先生以状元之后、京城才俊、六品大员遭奸人算计贬谪贵州龙场,他的遭遇与笔者的一比苦上百倍、惨上千回,内心巨大的落差与极有可能须臾面对的生死考验未曾亲历难言个中深痛,但在历史上那么多遭贬的官员中阳明子不仅挺了过来,而且悟到了圣人的真谛与旨归,继而在后来精彩的人生旅程中建功立业、诗意栖居,成就了万古流芳的一代传奇……所以,笔者对阳明学开始进入身心体认阶段。此后,我以"机关一小兵、王门一秀才"自居,并以"王学进机关、进企业、进学校、进社区、进农村"的"五个一"实践者自号"五一",当然还有一层意思如《素书》所言:"夫道、德、仁、义、礼,五者一体也!"权且作为一种人生追求与神圣向往吧。

道家讲究个人的修养、精神的境界;佛家看到的是世事轮回,追求的是永恒的生命;儒家关心的是个人的使命与这个世界的完美和谐,天下大同、国泰民安;基督教相信原罪,推行旷世关怀。阳明先生集儒释道三家精华于一身,其开创的阳明心学具有不可估量的巨大意义和作用,可以说阳明心学是中国人生哲学的一个高峰!中华民族的伟大复兴,经济、军事强大是重要因素,最根源的文化觉醒才能为我们树立持久的自信。阳明心学给我们提供了这么一个最佳的选择,它"致良知",它涵盖万物,它实现的是"天地万物一体之仁",它可以让不同肤色、不同信仰、不同种族的人们找到"自利利他"的共通领域。大至国家、中至城市、小至家庭与个人,安排生命、安顿心灵,一个个"个人梦"的实现必将汇聚成"中国梦"的伟大成果,从这个意义上来说,阳明心学的重新挖掘与弘扬传承应该是一种历史的必然选择,也是这套书编著的价值所在。

回到人生意义的主题,阳明先生在 12 岁时就立下了"读书做圣贤"的大志;31 岁稽山入道成就了中国道德史上的王阳明,为王阳明的"立德"揭开了序幕;37岁龙场悟道成就了中国思想史上的王阳明,为他的"立言"奠定了基础;45岁南赣巡抚则成就了中国政治史上的王阳明,为他的"立功"提供了平台。到后面48岁时平定宁王之乱,50岁揭"致良知"之教并封新建伯,56岁越城天泉证道阐"四句教",57岁魂归天地高喊"吾心光明、亦复何言"! 阳明夫子用他虽短暂却无比光辉、厚重的一生向我们生动地诠释了人生就应该如此尽情地绽放。

简要概括阳明心学的五句话20个字:

"心即理",告诉我们在回答人生意义问题时要从天地万物一体之仁的高度来认识,无私欲杂念,允许自己哪怕只有一秒钟、一分钟的崇高和伟大。每个人心中都藏着无尽的宝藏、每个人都是太阳,本自具足、只待发光!

"致良知",确保我们在践行人生意义时走在正道之上,良知就是我们心里的内在光明、宇宙的本有的统一,良知让我们在面对一切时多了一份从容、多了一份快乐!

"知行合一",知是行之始,行是知之成。事上磨炼、良知善行,应该是我们每一个人的必然方向。遵循良知,善做善成。如尼采所言:每一个不曾起舞的日子,都是对生命的辜负!

"事上磨炼",克千难、历万险,恢弘天理良心、终成人间圣贤!

"天地万物一体之仁",能帮人尽量帮人,能害人不去害人!与天地合其德、与日月合其明、与四时合其序、与鬼神合其吉凶,致吾心之良知于事事物物!

阳明心学让我们认识到人生就是一场寻找心灵归宿的游

3

戏,人生的意义和价值不是用时间,而是要用深度去衡量。从道的层面或者从成圣成贤的高度来看,"过去的你"不代表"现在的你","现在的你"也不能代表"将来的你",从一生的眼光来看,你现在所处的每一个阶段都有意义,你的每一个小小的进步,都是价值。人生的最大意义不在于奔赴某一目的地,而是在享受每个过程。人生有限、万物有限,人心无限、宇宙无限,以出世之精神行入世之事,该吃饭时好好吃饭,该睡觉时好好睡觉,活好每一个当下,就是真正的解脱,真正的自在。知易行难,努力追求良知的当下呈现,全心全意地体验当下的这一刻。

人生为一件大事而来:快乐、幸福以及使命、责任!思入世而有为者,须先领得世外风光,否则无以脱垢浊之尘缘;思出世而无染者,须先谙尽世中滋味,否则无以持空寂之后苦趣。一个人对世界最大的贡献,就是让自己幸福、快乐起来。绍兴是一座潜力无限的历史文化名城,阳明夫子之心学道统上承于大禹、王羲之、范蠡,下启刘宗周、鲁迅,在中华伟大复兴的今天,绍兴完全有条件可以成为中国商界精英"正心、诚意、修身、齐家、治企"的学习之地,成为"富可敌国、慈善公益"的修行道场。朝圣、辅国、利天下!

让世界了解绍兴,让阳明走向全球!

感谢绍兴历任市委书记、市长对弘扬阳明心学的重视与支持;感谢大儒杜保瑞老师提携后进、甘做人梯;感谢周月亮、郭继承、吕峥教授对阳明故里心学传承书系的鼎力相助;感谢始终在笔者身边的家人、亲朋、领导、贵人!最后还要感谢所有可爱的读者,你们都是支撑笔者精进前行的动力与光明之源。

一切过往,皆为序章;
所有美好,皆可期待!

后学梁远洪
于会稽山阳明洞天

目　录

第一部分
王阳明哲学论稿

阳明心学当代传承的四大路径

梁远洪

"阳明心学"是一份极其珍贵的文化遗产,是取之不竭的精神资源。阳明心学以儒学为根基,倡导天地万物一体之仁;整合佛道诸家之思想内涵,以常觉常照的"本原良知"为统摄人们现实生活的"主宰";强调把信仰转化为现实行动的必要性,以"知行合一"为展开个体之精神世界的实践工夫,从而实现存在与价值的统一、信仰与行动的统一、主体与客体的统一、内圣与外王的统一。阳明心学"尊德性而道问学,极高明而道中庸,致广大而尽精微",从而集中华优秀传统文化精义之大成,在历史上实现了其世界性传播,影响广远。虽时移世变,但个体存在的身心统一秩序不会改变,阳明心学是实现中国传统文化价值之现代转换的一个重要路径,仍能在现代生活之中发挥其引导人心至光大高明之域的独特作用。因此探索和寻求一条阳明心学的当代传承路径,把500多年前的"圣人之学"在当代予以发扬光大,重新支撑起中国现代生活的精神大厦就显得尤为重要。笔者概括为以下"四入"的路径。

一、大心大志——思入

《王阳明年谱》中记载阳明先生 12 岁的时候曾说:"登第恐未为第一等事或读书学圣贤耳。"人的一种内在价值的完整的生命呈现必须依靠于"大心大志"。"大心"是什么? 大心就是读书要立志为圣人。阳明先生认为为圣者,在纯乎天理,而不在才力也。故虽凡人,而肯为学,使此心纯乎天理,则亦可为圣人。天地虽大,但有一念向善,心存良知,虽凡夫俗子,皆可为圣贤。也就是说为圣贤者,管你是生而知之还是困而知之还是学而知之,只要你往那个方向,一念向善,心存良知,都可以成圣贤,何等宽大的心胸! 站得高才能够往下俯瞰,建立一个体系来为万世万民谋福利。"志不立,天下无可成之事。"思者,耕其心上之田也。唯有立定了"大心大志",方有可能获得人生的能量,因为心定下了、指向确立了,你就得到了一根从上到下的经线,所有的纬线才能把它连起来,我们的整个人生不管是事业还是生活都将从此有了定海神针。

二、读书明理——目入

要深入地研究与传承阳明心学,首先有几本书是一定要读的,儒家孔孟四书《大学》《论语》《孟子》《中庸》;道家老子《道德经》、庄子《南华经》;佛家《金刚经》及慧能《六祖坛经》;等等。这些书读了之后才能了解阳明先生很多思想根源性的出处。而在唐宋儒家书里面,北宋五子周敦颐、程颢、程颐、邵雍、张载,这五子的书都值得读。还有就是黄宗羲的《明儒学案》以及阳明先生自己与弟子对话、书信来往的《传习录》。现代的有董平的《传奇王阳明》、高濑武次郎的《王阳明详传》以及冈田武彦的《王阳明大传》。读完这些,读书明理之后方有将阳明心学应用于实践的可能。

三、静修省察——心入

宋明诸儒有一种独特的观点,即认为读书求道与静坐养生之间有着内在的联系。所以理学大师朱熹曾对学生说:"用半日静坐,半日读书,如此一二年,何患不进!"阳明先生平生最得意的大弟子王龙溪总结,认为阳明先生致良知做圣人的功夫分为三种:第一种叫解悟,就是理论明白的读书明理的解悟;第二种叫证悟,就是在静坐里体悟的;第三种就要在事上磨炼得到的,叫彻悟。悟者,获得吾心也。因此在我们读书读了这么多年,在我们工作了这么多年,在我们在社会上历练了这么多年后,我们应该问一问自己,有没有把学到的东西通过"观、照、现"而内化为自己心里的东西,静坐体悟就是让心灵回归正道,应该成为我们学习和传承阳明心学的一个重要环节和步骤。

四、事上磨炼——行入

大心大志、读书明理、静修省察,复得"良知"光明朗照之后,最要紧的一步就是"知行合一",而要真正践行就必须"事上磨炼"。古圣先贤均讲"道日用而不知",阳明先生认为只有在行动里面才能够体会到圣人之道。真正地在事上磨炼的时候,我们面临各种状况,我们面临的就是做事时刻都有一种做得对与不对、做得善与不善的感觉,而这感觉就是道之所在。事情多的时候应该怎么办,好像都应该做,忙得不得了,这个时候先生说你得好好去反省一下,你是要做加法还是做减法,这就是学问所在。这个行为就是"致良知",一切的学习与悟道的最终要"事上磨炼",要在事事物物上致吾良知而表现出来。我们的圣贤之道,包括阳明心学在内的很多历史文化遗产之所以源远流长,就是因为历朝历代的人民群众从中得了好处,是在众生的利益中经受检验和认可的结晶。这也就为我们当代传承阳明心学找到了一个根本的落脚点:致良知,真正地为人民服务,是检验一切事业兴衰成败的标准与法则!学道、行道、悟道、传道,如何在学习、生活、工作中修成一颗真心、正心、诚心、善心、乐心呢?第一静心,第二观心,第三止心,第四转心,第五明心。如此,则云淡风轻,鸢飞鱼跃。

王阳明知行合一的本体工夫论

杜保瑞

前　言

王阳明的哲学思想,有对比于朱熹哲学的哲学史意义,有开创儒家哲学理论意境的哲学史意义,在当代新儒家的讨论中,有超越一切儒学与中国哲学的登峰造极意义。关键就在,王阳明论知行关系的意见,融会贯通,透彻骨髓。以其一生的学问与事功,将儒者的典范即身实现,显现出理论与实践的完美结合,故而在哲学史上有如此显赫的地位。然而,从哲学理论研究的角度看,王阳明哲学究竟在什么意义上开创了儒学? 是否对比了朱熹? 又为何会受到当代新儒家的如此肯定? 当然,这必然是阳明哲学有其独特的思路所致,因此对于阳明哲学的研究,即必然有开创中国哲学方法论的功效。本文将从阳明哲学论知行关系相关的思路之文本分析入手,说明他的问题意识的核心以及他的哲学思想的脉络,以期将他的思想特色予以展示,目的在借由阳明哲学的特殊性,建立阳明哲学的特殊形态,并推进中国哲学方法论的研究。

一、哲学史研究与哲学研究

一般而言,以一个传统哲学家的理论为对象,进行理论内涵的铺陈展示之研究,这是属于哲学史研究的范畴。哲学史研究是以哲学史上的某学派某系统之某著作或某理论为研究对象,而良好的研究途径,即是从哲学基本问题的分析入手,切入文本以作文义分析,从而提炼思想意旨为主。至于哲学史作品本身,它的叙述脉络,常会是从对其他哲学著作的理解、诠释入手,从而创发新说,当然也会直接就所设想的问题而发表论说。因此,研究哲学史作品的方式,便应该是以哲学基本问题为方法论解释架构,以对哲学作品本身的经典诠释意见或特定哲学问题的主张意见为讨论对象所展开的文本分析。

做了基于文本的分析,便能对某个哲学史的课题有清楚之了解,之后便可以依据其所提出之理论或表达理论的方式进行哲学专题的研究。此时,哲学史研究便跳出了历史的范畴,而进入了哲学研究的本身。以哲学基本问题研究法分析文本的研究方式,还是企图说清楚原典的内涵,还有丰富的哲学史研究意义。但以哲学史理解为基础的哲学研究,就不再受限于原来的问题及原来的主张,而是以更新的哲学问题,就原来的哲学史的讨论成果,而提出创造性发言,因此问题更为广泛,意见更有创造力。就中西哲学比较而言,哲学史研究尚且是具有中国特色的哲学活动,至于哲学研究,则是中西共通的哲学研究的本身,只是它还具有中国哲学材料的意义而已。

在哲学史研究中所需要的哲学基本问题分析架构,就其作为工具的意义而言,它本身是哲学研究的课题,亦即以哲学基本问题研究法,深入哲学原典,进行文本分析,从而提炼研究方法的工具性知识,这件事情本身就是哲学研究的活动。因此,本文之作,既有哲学史研究的意义,也有哲学研究的意义。前者是对王阳明哲学文本进行哲学内涵之哲学史解析,后者是借由解析而推进哲学基本问题研究法的工具性知识。后者是有知识论研究的意义的。

此外,以阳明知行关系为问题对象的研究,还是哲学史研究,但以知行关系的阳明意见参与到知行关系的中西哲学比较的讨论,则是哲学研究。依本文之讨论目的,还是以哲学史上的阳明知行关系为主,至于纯属知行关系的哲学讨论,将另待他文。

二、王阳明哲学的研究切入点

以下,将以王阳明的哲学问题意识、王阳明的经典诠释意见、王阳明对特定哲学问题的主张三项切入点,说明研究王阳明哲学的切入点。

第一,从哲学基本问题研究的角度说阳明学时,必须将阳明哲学定位为工夫论哲学。

他的哲学思想的特色重点就在于工夫论哲学的意见创造上,而不是形而上学的意见创造。这并不是说他没有形而上学的立场,而是形而上学立场是他的理论预设,是他发为工夫论旨的理论依据,并不是他展开思辨推演讨论的焦点,因此他的主要哲学创见的定位就是在工夫论上的,就是他以《大学》文本诠释所提出的本体工夫观点,如格物致知及致良知等。当然,王阳明还是有一些形而上学意见的表述,只是不成大宗,这主要集中在对良知学的理论预设之良知概念之本体论内涵或存有论内涵的说明中。

就工夫论旨的两种形态而言，首先，他的工夫论是儒家传统的本体工夫之基本形态，"本体工夫"的词汇甚至就是出现在王阳明的著作中，它并不是一个当代中国哲学的创新术语。阳明工夫论是本体工夫，因此也就不是宇宙论切入点的身体修炼工夫，虽然他也有不少对仙家炼气的发言，但都被他偷换概念、转换意旨为本体工夫了。至于他自己曾经有过的身体修炼经验却没有被他以理论陈述的形式表达出来，因此可以说在他的理论世界中的工夫论观念就是心理修养进路的本体工夫，这就与他的后学强调静坐、调息甚至发弄神通光景的切入点并不相同，可以说这些后学并非阳明这位儒者的善继者。

就本体工夫的各项次级工夫论问题而言，工夫入手、工夫次第、境界工夫的问题都被阳明收摄到了本体工夫论的意旨中。

第二，从经典诠释及哲学意见表述的角度来看阳明哲学的发言时，阳明哲学的工夫论旨可以说主要就是在经典诠释的切入点中言说的，而且就是以《大学》文本为最主要的依据的。

其他有些《易传》及《孟子》文本的诠释意见，都仍与《大学》诠释意见一致。他的"格物致知说""致良知说""四句教说"都是《大学》文本的经典诠释意见，至于来自《易传》的"穷理说"，也并不是主要为了讨论《易传》而提出的，而是扣合《大学》格物致知宗旨而提出的。还有来自孟子的"良知"说、"必有事焉"说，这也是与格致说意旨直接关联的意见。此外，"去人欲、存天理"说以及"知行合一"说，可以说是他的哲学主张，但前者已是前儒使用不断的概念，后者则是程颐及朱熹依《大学》先知后行的工夫次第说之转述而来。

可以说,阳明哲学的所有重要命题在哲学史上都不是创新的概念,而是对于传统经典的概念,从工夫论问题意识下手,以提出他的本体工夫论旨的。并且,这些已经在传统经典中讨论使用过的重要概念,更可以说都是在朱熹哲学中就已经是最重要的概念了,只因阳明对朱熹宗旨之掌握有所偏差,且重新诠释而有以纠正,因此哲学史上有阳明是否定朱熹还是继承朱熹的争议。笔者认为,王阳明是继承朱熹所讨论的最重要的哲学文本《大学》一书以为讨论的切入点,但却提出自己从本体工夫切入点的诠释意见,而有别于朱熹从工夫次第以强调《大学》的进路。但是,本体工夫与工夫次第没有冲突,因此朱熹与王阳明亦不能有对立冲突的诠释意见,只是有不同的问题意识,因而有不同的诠释意见而已。至于当有相同的问题意识时,则阳明便发为《朱子晚年定论》一书以言其同,事实上,此书是将朱熹书信中一些谈及自己做工夫的心得及反省的文句摘录为《朱子晚年定论》,以与阳明自己所最关心的实践问题并为同路。其实就是朱熹也有以本体工夫的话语形式发言的书信文句,阳明这样的做法,十分合理。哲学史上一些从朱子晚年有更多与阳明不类、阳明自己有众多批评朱熹的言论来反对阳明的倡议之说,都是没有认识清楚阳明的言说切入点的无谓批评。阳明关心自我修养工夫,发现朱熹也有同样话语,就执着引为同道,如此而已。朱子当然可以与阳明有相同的对于工夫实践的反省观点,至于阳明批评朱熹一些哲学命题的观点则尽可发为经典诠释的讨论,但绝不会因此影响到两位儒者对于实践儒家价值宗旨的工夫论意见。这就是准确理解文本,而从相应的哲学基本问题为切入点,以分析问题的做法。只要能掌握正确的问题,便能理解阳明从何种切入点说朱子晚年同于己意,至于朱熹一生主要的哲学意见,则可以说阳明多已发为文字,用力批评了,成不成立,另文述之。

第三,王阳明哲学形态的心理因素。

本节说明王阳明形成工夫论哲学的历史背景及心理因素,目的并非以此证明其说之是,而是为说明其学说之所以形成这样的形态的特殊心理关怀。阳明生于明代,以朱熹《四书集注》为科举取士的理学昌盛之时代,"此亦一述朱,彼亦一述朱",但人人口说心不行,儒学知识成为只是求取功名之工具,并非自己心行实践的理想。至于阳明本人,则自幼天资聪颖,充满强烈的知识探求的兴趣以及生命实践的冲动,立志以成圣人,风云际会,谪龙场,悟格物致知说,后建事功,并讲学不辍,事功愈大,威逼更大,动心忍性之际,更加体会良知学的内涵。可谓一生都在道德实践中体悟儒学,因此他的儒学就是以勠力实践为宗旨,从实践的体会中,借由对《大学》文本概念的重新界定,提出有别于朱熹以"先知后行"的"工夫次第"之《大学》诠释说,而成为"知行合一"之本体工夫的《大学》诠释说。阳明之学,体悟与实践之学,并非系统性哲学建构,并非为解决儒学作为一体系性哲学需有与道佛辩论之理论系统建构的问题,亦非为解决儒学作为吸收先秦、两宋以来所有概念系统的如何集大成之体系建构的问题,而是由立志实践者之实际操作的体悟而得的系统。阳明将格物致知、诚意正心、穷理等文本概念以己意解释,创为新说,因有实际实践之体证效验,故而感人深远,因有实际事功之显赫于天下,故而弟子蜂拥汇聚。阳明以即身即是圣人的气象,实证了他的儒学观点,形成一套直接实践的本体工夫的说法系统。不能说阳明展开了全面性的儒学文本解读,而是他就重要儒学典籍的实践内涵予以厘定澄清;不能说阳明建构了儒学的新的形而上学系统,而是他借由他的本体工夫论的发扬而使其系统中预设的儒家形而上学观点有了实证的进路,因而有了认同与主张的立场,但所据以为证的形而上学系统,其实皆已在先秦、两宋诸儒学的系统中被表陈了。当然,仍有新意以良知为道体的立场上,王阳明将良知上升至本体宇宙论的意义,因此颇有冯友兰先生所说的主观唯心论的色彩。可是,阳明所论不深,仅在言语中呈现这样的立场,并不是他主要集中大量创作的理论部分。因此他真正表述的哲学思想,就是真实实践的立场,他借以表述要认真实践之立场的哲学命题,就是借由《大学》中的相关概念之文本诠释而立说的。掌握了这个轴线,阳明的所有命题皆同一宗旨,同一模式,没有什么复杂的思辨,只有同一套思路的不断重述而已。

当然,阳明所说仍是一套哲学观念系统,但却是讲究实践为要的工夫论哲学,至于涉及三教辩证的若干意见,则仍是宋儒以实理实行于家国天下的同一套思路,阳明亦并没有新见。阳明学可以说是把儒家哲学的实践精神发挥得最为淋漓尽致的一套系统,在当代中国哲学重视以实践为标异中西特质的哲学风气中,阳明学正是儒学史上最足以代表实践特质的哲学系统,因此受到广泛的肯定。但是,儒学当然要求实践,更需是以实践为目的,不过这并不表示儒学不需要形而上学原理以作为实践之理据,而形而上学原理可以由实践之进路而证成为真,依然不表示实践意旨本身等于形而上学命题的陈述,因此阳明学故因实践之特长而掌握儒学之精义,但不能说儒学之理论要旨已尽诠于阳明学,北宋周、张、二程及南宋朱熹的形而上学体系,都可以是阳明接受并预设的形而上学系统,阳明有别于诸儒的并不是提出了全新的形而上学问题与理论形态,而是更能陈说实践的宗旨。而其于实践宗旨的陈说,当然与他成就于天下的具体事功之实证经历直接关联,依阳明自己的立场,他的事功无一不是建立于他的工夫之上,而他的工夫无一不是将儒学的价值予以实践而进展的。因此他言说他的实践而成就了儒家的工夫理论,他的工夫理论预设了他尚未系统性铺陈的他儒的形而上学理论。因此他的工夫理论不能视为与他儒的形而上学理论有所对立冲突,他的工夫理论也不能视为与他儒的工夫理论有所冲突对立,只能说是有不同的语意约定或问题意识,这一部分就更需要有良好的理论工具以为分析讨论了。

总之,阳明以实践的体悟而说出了他的工夫理论,但是他的工夫理论之理论意义的成立,则仍是基于儒学史上各家共构的形而上学理论,只是他的实践依据他的工夫理论,而他确实实践有成,因此他的实践证实了他的工夫理论为真实有效验证的理论,但是,这也就同时证实了他的工夫理论所预设的形而上学普遍原理。甚至可以说,整个儒学史上的理论都被他证成为真了。

第四,王阳明的重要哲学命题。

王阳明于三十多岁在贵州龙场驿站体悟"格物致知说"之后,即以此说之宗旨逐步衍伸出其他命题观念,实际上他的"格物致知说"即是对《大学》格物致知概念的新解,以此为宗旨,提出对于"心、意、知、物"概念关系的说法,因而于晚年有"四句教"的提出,其中还包括对于"知行合一"的倡说,对于"穷理"概念的格物致知义之解说,提出"致良知"说以深化格物致知说,提出"去人欲,存天理"说落实格物致知及致良知,提出"必有事焉"说还是为落实"知行合一"的意旨,提出"心即理"说以倡说实践。而这一切都是本体工夫的观念系统,就是提出本体工夫的观念并要求实践落实的意旨。

此外，本体工夫预设了本体，这就有了形而上学的意味了，就此而言，阳明倡说最力的就是"良知"概念，良知就是本体、就是心体、就是道、就是性，良知有种种特色，因此展开动静、善恶、有无诸说，但这些都是为了"致良知"的本体工夫论作为理论依据而提出的。另外，阳明亦倡说"天下万物一体"的意旨，这也是为了"致良知"的工夫论做理据的意旨，但这一条已经是张载、程颢皆已提出的观念了。

阳明当然提出过有别于朱熹的说法，最主要的重点在于指摘朱熹之说法有"析心与理为二"的缺点以及"求至善于事物之中是义外之说"的批评以及对"格物致知"说提出不同于朱熹的诠释，但阳明又编《朱子晚年定论》，意图将朱学同于己学。

阳明有若干话语似乎涉及存在现象的唯心论解释，但究其实，王阳明的思路还说不清楚形而上学的唯心论问题，倒是对实践哲学的主体性认识的强调十分充足，因此或许是说得有些溢出，却仍不能否定他已经说出了形而上学问题的唯心论立场的命题。①

本文之讨论，将主要放在阳明由"格物致知说"所引申的"知行合一""心即理""致良知"诸义上，其他问题另待它文之讨论。本文之讨论，将主要以《传习录》文本为据。

第五，本体工夫论的格物致知说。

"格物致知"原是《大学》文本中的"工夫次第"项下的第一项，阳明以"本体工夫"思路解之，"格物致知"变成不是研究事物之实事实理，而是实践本体之价值于事事物物之上。参见：

---

① 笔者认为，王阳明之所以会有此一立场的出现，是因为要与道佛世界观作对比辩证而大胆提出的儒家立场，阳明虽不能深入发展，但确有此一立场，此一立场，最后于熊十力哲学及牟宗三哲学中尽现风华。

> 传习录上：先生又曰，"'格物'如孟子'大人格君心'之'格'。是去其心之不正，以全其本体之正。但意念所在，即要去其不正，以全其正。即无时无处不是存天理。即是穷理。天理即是明德。穷理即是明明德"。①

阳明解格物，以去其不正归于正说此格物之义，因此格物即是正事物，即是存天理去人欲以正事物，如此亦是其言于穷理之文义，所以格物是做本体工夫，穷理也是做本体工夫，穷理是把此理在心上实践以呈现之的本体工夫，格物是对事物的处理要去其不正以归于正，还是一个在主体心的活动的本体工夫。又见：

> 传习录上："心外无物。如吾心发一念孝亲，即孝亲便是物。"

说"吾心发一念"即是主体心行要去有所作为，即是实有一事在实践进行中，故而凡意念之所在便是一物，故而格物即是就意念所及之事在心行上去其不正以归于正。阳明在念头上讲物概念，正见其在主体实践的本体工夫上诠释格物概念的特质，而不是在处理外在事物的客观知识的层面上将物置于心外来说。又见：

> 传习录上：先生曰，"今为吾所谓格物之学者，尚多流于口耳。况为口耳之学者，能反于此乎？天理人欲，其精微必时时用力省察克治，方日渐有见。如今一说话之间，虽只讲天理。不知心中倏忽之间，已有多少私欲。盖有窃发而不知者。虽用力察之，尚不易见。况徒口讲而可得尽知乎？今只管讲天理来顿放着不循，讲人欲来顿放着不去，岂格物

---

① 本书所引《传习录》皆出自《王文成公集》本，清刻本。

致知之学？后世之学，其极至，只做得个义袭而取的工夫"。

阳明的格物致知之学并不是拿来讲明知识之学，而是拿来心上实践的正其不正、致其良知之事之学，因此阳明要批评一般人的只知讲说却不能落实的态度是"义袭而取"。又见：

> 传习录上：问格物。先生曰，"格者，正也。正其不正，以归于正也"。

此即以正物之实践活动本身解义"格物"概念，而不是以研究事物之道理的"先知后行"之"工夫次第"意旨下所解的"格物"概念。又见：

> 传习录上：问，"格物于动处用功否"？先生曰："格物无间动静。静亦物也。孟子谓'必有事焉'。是动静皆有事"。

说无间于动静时之静，亦是有念头在活动时之静，而不是一念死绝之静，因此解孟子之"必有事焉"是心理上有事即是有事，即应去实践改正以落实。由此亦见，阳明是强调心上时刻做工夫的意旨。又见：

> 传习录中：来书云："教人以致知明德，而戒其即物穷理，试使昏暗之士，深居端坐，不闻教告，遂能至于知致而德明乎？纵令静而有觉，稍悟本性，则亦定慧无用之见；果能知古今，达事变而致用于天下国家之实否乎？其曰：'知者意之体，物者意之用，格物如格君心之非之格。'语虽超悟，独得不踵陈见，抑恐于道未相吻合？"区区论致知格物，正所以穷理，未尝戒人穷理，使之深居端坐而一无所事也。若谓即物穷理，如前所云务外而遗内者，则有所不可耳。昏暗之士，果能随事随物精察此心之天理，以致其本然之良知，则

虽愚必明,虽柔必强,大本立而达道行,九经之属,可一以贯之而无遗矣,尚何患其无致用之实乎?彼顽空虚静之徒,正惟不能随事随物精察此心之天理,以致其本然之良知,而遗弃伦理、寂灭虚无以为常,是以要之不可以治家国天下。孰谓圣人穷理尽性之学,而亦有是弊哉!心者,身之主也,而心之虚灵明觉,即所谓本然之良知也。其虚灵明觉之良知应感而动者,谓之意。有知而后有意,无知则无意矣。知非意之体乎?意之所用,必有其物,物即事也。如意用于事亲,即事亲为一物;意用于治民,即治民为一物;意用于读书,即读书为一物;意用于听讼,即听讼为一物。凡意之所用,无有无物者。有是意即有是物,无是意即无是物矣。物非意之用乎?"格"字之义,有以"至"字之训者,如"格于文祖","有苗来格",是以"至"训者也。然"格于文祖",必纯孝诚敬,幽明之间无一不得其理,而后谓之"格"。有苗之顽,实以文德诞敷而后格,则亦兼有"正"字之义在其间,未可专以"至"字尽之也。如"格其非心","大臣格君心之非"之类,是则一皆"正其不正以归于正"之义,而不可以"至"字为训矣。且《大学》"格物"之训,又安知其不以"正"字为训,而必以"至"字为义乎?如以"至"字为义者,必曰"穷至事物之理",而后其说始通。是其用功之要,全在一"穷"字,用力之地,全在一"理"字也。若上去一穷,下去一理字,而直曰"致知在至物",其可通乎?夫"穷理尽性",圣人之成训,见于系辞者也。苟"格物"之说而果即"穷理"之义,则圣人何不直曰"致知在穷理",而必为此转折不完之语,以启后世之弊邪?盖《大学》"格物"之说,自与《系辞》"穷理"大旨虽同,而微有分辨。"穷理"者,兼格致诚正而为功也。故言"穷理",

则格、致、诚、正之功皆在其中,言"格物",则必兼举致知、诚意、正心,而后其功始备而密。今偏举"格物"而遂谓之"穷理",此所以专以"穷理"属"知",而谓"格物"未常有行。非惟不得"格物"之旨,并"穷理"之义而失之矣。此后世之学所以析知、行为先后两截,日以支离决裂,而圣学益以残晦者,其端实始于此。吾子盖亦未免承沿积习,则见以为"于道未相吻合",不为过矣。

上文说格物致知,理论上有意义的重点在强调"意"与"物"之诠释上的同义立场以及"格物"之"格"字义应为"正"字义而非"至"字义,又以"穷理"说《易传》之本意说"格物致知"之意旨。

阳明言"意之所用,必有其物,物即事也。如意用于事亲,即事亲为一物"。因此,事亲活动之出现乃决定于主体心意之活动,因此有此心意之发出才有实事实理之落实,以此合心与理为一。笔者以为,这是阳明的创造性解释,当然可以尊重,但是以此而批评他人的诠释意见之处则不必接受。因为阳明谈的是工夫论意旨,必有实做之工夫才有价值之呈现。

又言:"且《大学》'格物'之训,又安知其不以'正'字为训,而必以'至'字为义乎?"此即明确表示立场,要以"正"字义而非"至"字义说"格物"之"格",因此成为"知行合一"的本体工夫意旨,而非仅为认知义的工夫而已。以"正"训"格"亦是阳明的个人哲学立场,亦是尊重之即可。

阳明以"格物致知"即是为了"穷理",然而此说亦同于朱熹,只是两造在"穷理"说的诠释意见上大相径庭。阳明以"穷理"即是实践了"理",因此"穷理"等于同时是格、致、诚、正诸义之本体工夫,因此意旨尚且优于"格物",因为"格物"则尚须"致知、诚意、正心",但"穷理"便即是彻上下一齐完备的本体工夫,而且这是《易传》原意。笔者以为，以《易传》言"穷理"义为"格物致知"意旨之说仍是阳明的创造，但是以《大学》"格物致知"说解《易传》则是朱熹的创造。

又见：

> 传习录下：先生曰："先儒解'格物'为'格天下之物'，天下之物如何格得？且谓一草一木亦皆有理，今如何去格？纵格得草木来，如何反身来诚得自家意？我解'格'作'正'字义，'物'作'事'字义。《大学》之所谓'身'，即耳、目、口、鼻、四肢是也。欲修身便是要目非礼勿视，耳非礼勿听，口非礼勿言，四肢非礼勿动。要修这个身，身上如何用得工夫？心者身之主宰，目虽视而所以视者心也，耳虽听而所以听者心也，口与四肢虽言动，而所以言动者心也，故欲修身在于体当自家心体，常令廓然大公，无有些子不正处。主宰一正，则发窍于目，自无非礼之视；发窍于耳，自无非礼之听；发窍于口与四肢，自无非礼之言动；此便是修身在正其心。然至善者，心之本体也，心之本体那有不善？如今要正心，本体上何处用得功？必就心之发动处才可着力也。心之发动不能无不善，故须就此处着力，便是在诚意。如一念发在好善上，便实实落落去好善，一念发在恶恶上，便实实落落去恶恶，意之所发，既无不诚，则其本体如何有不正的？故欲正其心在诚意。工夫到诚意，始有着落处。然诚意之本，又在于致知也。所谓人虽不知而己所独知者，此正是吾心良知处。然知得善，却不依这个良知便做去，知得不善，却不依这个真知便不去做，则这个良知便遮蔽了，是不能致知也。吾心良知既不得扩充到底，则善虽知好，不能着实好了，恶虽知恶，不能着实恶了，如何得意诚？故致知者，意诚

之本也。然亦不是悬空的致知，致知在实事上格。如意在于为善，便就这件事上去为，意在于去恶，便就这件事上去不为；去恶固是格不正以归于正，为善则不善正了，亦是格不正以归于正也。如此，则吾心良知无私欲蔽了，得以致其极，而意之所发，好善、去恶，无有不诚矣。诚意工夫实下手处在格物也。若如此格物，人人便做得，人皆可以为尧、舜，正在此也。"

本文中阳明将"格物"之宗旨明明白白地与"诚意、正心"说合而为一了，"正心"要"诚意"，"诚意"要"致良知"，"致良知"则要就处事治物上着实致此良知，因此即是"格物"。故而"格物"即是正物，正物即是正其心中善恶诸念，善恶诸念即是意念，即是对意之所在之种种事物之善恶意念，故而意与物合，"格物"即是"诚意"，但又多出个知字，所以阳明又把"致知"说成"致良知"，因此又是个与"正心""诚意"同义的本体工夫。其实，既然心、意、知、物都是"心"的种种状态，就说个"正心"已经诸事毕矣，加个"诚意"还是"正心"本义，再加个"致良知"也还是"正心"本义，再再加个"格物"也还是格其不正以归于正，因此也还是格心中之意，只是此意已直接对象在物了，故而是即事而"正心"，也还是个"正心"工夫。关键都在，阳明最在意的一直都是此心之善恶正邪，一直都是本体工夫的根本问题，而不是工夫次第的问题，即便是工夫次第的问题，阳明依然转向以本体直贯方是工夫次第之优位工夫，因此并没有次第工夫的准确问题意识。于是"格物"之内涵还是本体工夫，则本体工夫以"格物"说、以"诚意"说、以"正心"说都是意旨全同。中间多出个"致知"较难说，于是阳明创造性地以孟子之良知说为此处之"知"，于是"致知"变成"致良知"，则"致良知"就是"正心"，内涵仍同。此事湛甘泉曾有辩难于阳明,阳明则仍是以本体工夫一路回应之。依笔者之立场,赞成甘泉的辩难,但阳明是借《大学》文本以创说己意,作为哲学创作,理解阳明的思路并尊重之亦可也,但所谓尊重是尊重其哲学创说,而不是同意其文本解读。

第六,阳明论心意知物的关系。

"格物致知"说是在《大学》文本中的概念,它原是连结于"正心、诚意、致知、格物"的四项工夫次第的观念,但阳明将四项次第工夫以一项本体工夫的意旨解读了,因此多出了心、意、知、物的四合一如何解释的问题,于是心、意、知、物成了同一个主体之心的四种状态,并以此发为晚年之"四句教"宗旨,参见:

> 传习录上:先生曰:"然,身之主宰便是心,心之所发便是意,意之本体便是知,意之所在便是物。如意在于事亲,即事亲便是一物。意在于事君,即事君便是一物。意在于仁民爱物,即仁民爱物便是一物。意在于视听言动,即视听言动便是一物。所以某说无心外之理,无心外之物。中庸言'不诚无物',大学'明明德'之功,只是个诚意。诚意之功,只是个格物。"

阳明谈本体工夫,本体工夫以心理修养为进路,因此是心上工夫,故曰心是身之主宰;阳明对"意"字之使用只是一般的发为念虑层次之事,"意"就是一般的有善有恶之念头的意;念头之意有一个价值意识的主宰在,即是"知",此知是知善知恶、好善恶恶之"良知"之知,即是心之本体;至于"物",即是"事",阳明此说实在是十分牵合于《大学》"正心、诚意、致知、格物"的排比系统而勉强定义的,说"物"是意之所在的物,就是为"格物"是要正事物而说的。既然一切事理都是意念的对象,那么正心、诚意即端正了一切事理,因此又连接上"心即理"的思路了。说"无心外之理,无心外之物"就是要说事理之呈现必在主体心行之内,因此还是一个要求做工夫的思路在定义心、意、知、物的概念的,而心、意、知、物的概念之所以被排比在一起,则又只是依《大学》文本之现实而做的定义。所以与其说阳明在做概念定义或说阳明在作文本诠释,都不如说阳明只是为倡说实践而借由文字之定义来提出,当然这不只是一套论述的策略,而是他自己已经确实如此地解读了文本,当然这就是因为他已经这样想事情了,因此才不自觉地这样地解读文本。所以阳明的文本解读不必是《大学》原意,但也绝非没有哲学内涵,它是一套有哲学内涵的创造性的文本诠释,有推进儒学理论的功效,但是不必一定要去争辩。这就是《大学》之本意。

若由阳明"四句教"旨来看,其义实同于此文之使用义,由此则知其"心意、知、物"概念之使用义是为本体工夫的诠释而为之定义。参见:

> 传习录下:丁亥年九月,先生起复征思田,将命行时,德洪与汝中论学。汝中举先生教言曰:"无善无恶是心之体,有善有恶是意之动,知善知恶是良知,为善去恶是格物。"德洪曰:"此意如何?"汝中曰:"此恐未是究竟话头。若说心体是无善、无恶,意亦是无善、无恶的意,知亦是无善、无恶的知,物是无善、无恶的物矣。若说意有善、恶,毕竟心体还有善、恶在。"德洪曰:"心体是'天命之性',原是无善、无恶的;但人有习心,意念上见有善恶在,格、致、诚、正、修,此正是复那性体功夫,若原无善恶,功夫亦不消说矣。"是夕侍坐天泉桥,各举请正。先生曰:"我今将行,正要你们来讲破此意。二君之见,正好相资为用,不可各执一边。我这里接

人，原有此二种。利根之人，直从本原上悟入，人心本体原是明莹无滞的，原是个未发之中。利根之人一悟本体即是功夫，人己内外一齐俱透了。其次不免有习心在，本体受蔽，故且教在意念上实落为善、去恶，功夫熟后，渣滓去得尽时，本体亦明尽了。汝中之见，是我这里接利根人的，德洪之见，是我这里为其次立法的。二君相取为用，则中人上下皆可引入于道，若各执一边，眼前便有失人，便于道体各有未尽。"既而曰："已后与朋友讲学，切不可失了我的宗旨。无善，无恶是心之礼，有善、有恶是意之动，知善、知的恶是良知，为善、去恶是格物。只依我这话头随人指点，自没病痛，此原是彻上彻下功夫。利根之人，世亦难遇。本体功夫一悟尽透，此颜子、明道所不敢承当，岂可轻易望人。人有习心，不教他在良知上实用为善、去恶功夫，只去悬空想个本体，一切事为俱不着实，不过养成一个虚寂；此个病痛不是小小，不可不早说破。"是日德洪、汝中俱有省。

在"格物致知"说的基础上，阳明弟子借"心意知物"展开了是"无善无恶"还是"为善去恶"的争辩，此即阳明学说中另一核心命题"四句教"说的来源，王龙溪以"无善无恶"开端，既然阳明曾说"心体"是无善无恶的，则"意、知、物"亦应一齐是无善无恶的。钱绪山十分不安，两人提请阳明正义。依阳明，"无善无恶是心之体，有善有恶是意之动，知善知恶是良知，为善去恶是格物"。是其以"心、意、知、物"四个概念排比工夫论的一套新创学说，关键在于阳明是站在从未发到已发的历程上，使用"心意知物"四个概念说本体工夫，因此"心、意、知、物"其实都是心的作用的四个历程之四种表意形式。就此而言，阳明在这个系统中所使用的心概念，其实是发为"心、意、知、物"四个概念，说"无善无恶心之体",是就主宰之心在未发时尚未有种种善恶意念而说的,是说状态不是说价值,不是说的心之本体,心之本体的价值意识必是至善的,本体是说的终极价值,是价值意识的本体论之本体,说无善无恶心之体,只是就着心之尚未有活动时的中性状态而说的。

阳明这种表达方式亦见于"无善无恶者理之静,有善有恶者气之动"。理之价值意识亦是"仁、义、礼、知"之至善的,但就其为一理体本身而言,说其有此理之存在之自身而非在一活动的状态时,其善其恶两不彰显,故说为无善无恶,指其非在活动之自存之静止状态,因此是"心统性情"架构中的性在未发之中的状态,未发状态时之此心乃无善无恶。此义亦略同于朱熹所说的"理无动也"者时的层次,理就其存在自身可说洁净、空阔、无动、无善、无恶,但理就其价值意识而言就必须是至善的了。说"有善有恶气之动",就是说心之活动了,同于阳明自己的"意"概念之使用,是有善有恶的,即是一般人的一般心理状态,即是意念不纯时之状态。

回到"四句教"说,"有善有恶是意之动",显见阳明说"意"就是一般心理状态,不纯,故需对治,对治即是"知善知恶"的工作,"知"亦是心之知,不会是别的主体的知,因其能分辨善恶,因此是心之本体之知,即是良知的作用,良知仍是主宰心的一个侧面,其只是本体的侧面,是天地之性之发动的侧面,既"知善知恶"即得"为善去恶","为善去恶"仍是心的活动,是心之对治于有善有恶之意的活动。依阳明,意即物,物即意之所在之事物,因此还是意,是心对治意而为、为善去恶之功者,是心对治心中之善恶纷呈而以善去恶者,对照于阳明将山中之花草都说成是心内之物,则确知其"物"字之用法确实就是意念之义了。所以

"为善去恶是格物"倒不再是对"物"字义作讨论,而是直接说"格物"工夫了。

至于王龙溪所强调的"无善无恶"之意旨,依阳明之意,"人心本体原是明莹无滞的,原是个未发之中"。所以其所说者就是心在未发时的状态而已,只是一个状态,未有相对之善恶意念,故说无善无恶,但一旦发动良知本体,则必是知善知恶且能为善去恶,因此利根之人一悟即入本体,此悟却并不是还停留在无善无恶之意念处,而是至善无恶之价值意识了。王龙溪强调此一状态为究竟处,正与其工夫虚玄之特质有关,无怪被批为入禅。阳明则因自己意旨把握不清,遂予利根之赞词,但说到自己的根本宗旨,则还是要回到"四句教"中而不是"四无教"。另见:

> 传习录下:先生曰:"惜哉!此可一言而悟,惟濬所举颜子事便是了。只要知身、心、意、知、物是一件"。九川疑曰:"物在外,如何与身、心、意、知是一件?"先生曰:"耳、目、口、鼻、四肢,身也,非心安能视、听、言、动?心欲视、听、言、动,无耳、目、口、鼻、四肢亦不能。故无心则无身,无身则无心。但指其充塞处言之谓之身,指其主宰处言之谓之心,指心之发动处谓之意,指意之灵明处谓之知,指意之涉着处谓之物,只是一件。意未有悬空的,必着事物,故欲诚意,则随意所在某事而格之,去其人欲而归于天理,则良知之在此事者,无蔽而得致矣。此便是诚意的功夫。"九川乃释然破数年之疑。

上文即十分清楚地见出阳明所使用的"心、意、知、物"之字义都是心的种种状态,"指其主宰处言之谓之心,指心之发动处谓之意,指意之灵明处谓之知,指意之涉着处谓之物,只是一件。"心是人性主体的本身,一切都是心,但心在已发时之状态有种种善恶诸念,此即以意说,"意未有悬空的,必着事物。"故而物即是意念中之对象,物与意二而一矣。其实"心、意、知、物"在《大学》有其本来意旨,"正心"为本体工夫落实在有善有恶之心思念虑之意中,即是"诚意"工夫。惟"诚意"工夫需有正知见,故需"致知","致知"需就事物而言,故言"格物",论旨十分朴素,只是阳明专主本体工夫,故而"心、意、知、物"被他合为一义,而"格致诚正"亦合为一事矣。

第七,阳明良知说及致良知说。

"良知"是《孟子》文本的概念,"致知"是《大学》文本的概念,"致良知"是借《大学》文本说《孟子》意旨,"良知"之实存对阳明而言是有真情实感的经验,而把"良知"说为本体则是先儒共有的意见,孟子以"良知良能我固有之"即是以"良知"与性善本体等义并用,阳明就是继承此义而已。参见:

> 传习录上:又曰:"知是心之本体。心自然会知。见父自然知孝,见兄自然知弟,见孺子入井,自然知恻隐。此便是良知。不假外求。若良知之发,更无私意障碍。即所谓'充其恻隐之心。而仁不可胜用矣'。然在常人不能无私意障碍。所以须用致知格物之功,胜私复理。即心之良知曾无障碍,得以充塞流行。便是致其知。知致则意诚。"

"良知"既是性善本体,自然即能发用,但是,常人不免私意,故需用"致知""格物"工夫。其实,常人不免于私意之原因为何?这是形而上学问题,当然也是工夫论问题,就是没有做工夫才会有私意流出,因此是工夫论问题。但是为什么没有做工夫私意即会流出呢?若要对此给出一个解释,那就是形而上学、存有论的问题了。张载的"天地之性""气质之性"说,朱熹的"理气"说,都是为面对这个问题的形而上学系统,王阳明是不进入这个问题意识的细节去思辨形而上学理论的,但是这个问题是儒家形而上学的必要回答的问题,虽然做工夫时可以不去意识这个问题,但不表示在理论的世界中这个问题是不存在的,因此笔者要强调:不同的哲学系统有不同的问题意识,就其所关切之问题而提出意见而形成儒学的某个方面之理论,这都是有贡献于儒学理论的哲学史意义的,不能因为工夫操作时可免于意识这些问题,就以为这些问题已被消解或不重要。张载与朱熹的形而上学的意见,在系统性哲学的理论建构中仍然有其重要的地位,王阳明可以不谈,任何一位学者也可以不谈,但不谈并不表示问题不存在、不重要或无意义。

即就阳明文本而言,为何要做"格物""致知"的工夫? 良知至善之本体岂非已经足够,事实不然,因有私意在。又见:

> 传习录上:问:"看书不能明如何?"先生曰:"此只是在文义上穿求,故不明。如此,又不如为旧时学问,他到看得多解得去,只是他为学虽极解得明晓,亦终身无得,须于心体上用功。凡明不得,行不去,须反在自心上体当,即可通。盖四书五经,不过说这心体,这心体即所谓道,心体明即是道明,更无二,此是为学头脑处。"

阳明讲心体,心体即是心之本体,心之本体即是良知,即是道,做工夫都是做在良知上,故而说是要在"心体上用功",这就是"为学头脑处"。其实,朱熹一样说头脑处,意旨全同,儒家的工夫就是本体工夫,本体工夫就是心理修养的工夫,就是以儒家价值意识作为主体心行的意志以为贯彻的宗旨,此价值意识为良知说、为天道说、为本体说、为心体说都是同指一事。阳明于此一形上道体的问题无有新说，阳明于此一本体工夫的意旨亦无有新说，唯一有新意的就是借《大学》文本概念的本体工夫解读来强调必须实做工夫，将"致知"说为"致良知"就是这个文本新意的解读。又见：

> 传习录上：尚谦问："孟子之不动心与告子异。"先生曰："告子是硬把捉着此心，要他不动，孟子却是集义到自然不动。"又曰："心之本体原自不动，心之本体即是性，性即是理，性元不动，理元不动，集义是复其心之本体。"

文中说孟子是"集义到自然不动"，指的是孟子谈人做工夫，拳守良知，已达圣境，此时德行完固，而心不动。本文又说"性即是理"，又说"性元不动，理元不动"，这些思路差不多就是朱熹的存有论思路了，连命题意旨都相同了。阳明说的"性即是理"即是朱熹之意旨，没有任何差别的。朱熹之持论主要在说它们的价值意识永远不更易，即是伊川所讲的"未发只可言性"时所谈的本体的状态，这就是对一个存有论问题的讨论意见，此时性不动、理不动，虽是不动，但价值意识仍是纯善，因其纯善，故能"集义"而"复其心之本体"。又见：

> 传习录上：至善者，性也。性元无一毫之恶，故曰至善。止之，是复其本然而已。

性即是良知，性是至善，这是就天道的价值意识说的本体，阳明虽有无善无恶心之体说，但那指的是主体的未发活动时的状态，不是就主体的本体的价值意识说的。

第八，阳明穷理说。

"穷理"是《易传》概念，朱熹言"格物、致知"时以认识事物之道理诠释之,同时将《易传》言"穷理"之概念带入此义中,阳明不走认识道理之路讲"格物致知",反而是从实践价值原理的方式讲"格致"工夫,如此一来反而与《易传》言于"穷理、尽性、至命"的本体工夫内涵一致。参见:

> 传习录上:梁日孚问:"居敬穷理是两事,先生以为一事,何如?"先生曰:"天地间只有此一事。安有两事? 若论万殊,礼仪三百,威仪三千,又何止两? 公且道居敬是如何? 穷理是如何?"曰:"居敬是存养工夫,穷理是穷事物之理。"曰:"存养个甚?"曰:"是存养此心之天理。"曰:"如此亦只是穷理矣。"曰:"且道如何穷事物之理?"曰:"如事亲,便要穷孝之理,事君,便要穷忠之理。"曰:"忠与孝之理,在君亲身上? 在自己心上? 若在自己心上,亦只是穷此心之理矣。"……问:"穷理何以即是尽性?"曰:"心之体,性也,性即理也。穷仁之理,真要仁极仁。穷义之理,真要义极义。仁义只是吾性,故穷理即是尽性。如孟子说'充其恻隐之心,至仁不可胜用'。这便是穷理工夫。"日孚曰:"先儒谓'一草一木亦皆有理,不可不察'。如何?"先生曰:"夫我则不暇,公且先去理会自己性情,须能尽人之性,然后能尽物之性。"日孚悚然有悟。

阳明弟子之言:"居敬是存养工夫,穷理是穷事物之理",此说与程颐"涵养需用敬,进学在致知"的意旨相同。居敬、存养、涵养等是阳明的宗旨,即是本体工夫,故而无疑。但穷理概念在程朱之使用上却是进学致知之意旨,此即阳明要反对的。阳明关心的是主体是否真要实践,而不是主体要实践的道理是否需要讲求,后者是程朱的格物致知义,前者是阳明的格物致知义,因此阳明亦将穷理解为主体实践此理而为穷理之义。故曰"穷理即是尽性"，尽性是本体工夫，是把"穷理"之理直接以本体论的价值意识之"仁义礼知"来解读，故而"穷理"即是落实"仁义礼知"的价值意识，而不是去追问外在事物如何处置的客观道理。可以说这是因问题意识的不同而有不同的"穷理"诠释意见，此处阳明之诠释意见又是重回一套本体工夫论的意旨而已。

第九，阳明知行合一说。

"知行合一"说亦引申自"格物致知"说而来，程朱解"格致"工夫是"先知后行"的宗旨，此义无误。阳明以为割裂知行，实是误解，因为朱熹讲的是治国平天下的次第，此时需先知后行，否则必是冥行妄行。但阳明倡议"知行合一"之旨，亦是大有功于儒学，他的意思就是人要立志，即知即行，此旨亦无误，只其批评朱熹文义是无其必要，且有错误而已。参见：

> 传习录上：爱因未会先生知行合一之训，与宗贤惟贤往复辩论，未能决。以问于先生。先生曰："试举看。"爱曰："如今人尽有知得父当孝，兄当弟者，却不能孝、不能弟。便是知与行分明是两件。"先生曰："此已被私欲隔断，不是知行的本体了。未有知而不行者。知而不行，只是未知圣贤教人知行，正是要复那本体。不是着你只恁的便罢。故大学指个真知行与人看，说'如好好色，如恶恶臭'。见好色属知，好好色属行。只见那好色时，已自好了。不是见了后，又立个心去好。闻恶臭属知，恶恶臭属行。只闻那恶臭时，已自恶了。不是闻了后，别立个心去恶。如鼻塞人虽见恶臭在前，鼻中不曾闻得，便亦不甚恶。亦只是不曾知臭。就是称某人知孝、某人知弟，必是其人已曾行孝行弟，方可称他知孝知弟。不成只是晓得说些孝弟的话，便可称为知孝

弟。又如知痛，必已自痛了，方知痛；知寒，必已自寒了；知饥，必已自饥了。知行如何分得开？此便是知行的本体，不曾有私意隔断的。圣人教人，必要是如此，方可谓之知。不然，只是不曾知。此却是何等紧切着实的工夫。如今苦苦定要说知行做两个，是什么意？某要说做一个，是什么意？若不知立言宗旨。只管说一个两个，亦有甚用？"爱曰："古人说知行做两个，亦是要人见个分晓，一行做知的功夫，一行做行的功夫，即功夫始有下落。"先生曰："此却失了古人宗旨也。某尝说知是行的主意，行是知的功夫，知是行之始，行是知之成。若会得时，只说一个知，已自有行在，只说一个行，已自有知在。古人所以既说一个知，又说一个行者，只为此间有一种人，懵懵懂懂的任意去做，全不解思惟省察，也只是个冥行妄作，所以必说个知，方才行得是。又有一种人，茫茫荡荡，悬空去思索，全不肯着实躬行，也只是个揣摸影响，所以必说一个行，方才知得真。此是古人不得已，补偏救弊的说话。若见得这个意时，即一言而足。今人却就将知行分作两件去做。以为必先知了，然后能行。我如今且去讲习讨论做知的工夫，待知得真了，方去做行的工夫，故遂终身不行，亦遂终身不知。此不是小病痛，其来已非一日矣。某今说个知行合一，正是对病的药，又不是某凿空杜撰，知行本体，原是如此。今若知得宗旨时，即说两个亦不妨，亦只是一个。若不会宗旨，便说一个，亦济得甚事？只是闲说话。"

阳明说"知行合一"之旨，就是要求做工夫的意旨而已，有人能知不能行，这就是私欲作祟，必主"知行合一"，至于古人之所以要先说知再说行，这是为免"冥行妄作"，所以先说知再说行，这正是朱熹所诠解的《大学》之本意，阳明并不能以"知行合一"说而对立于朱熹"先知后行"之说。至于后人待知后行，这只是人病，因此又要再提"知行合一"以治此人病，然此仍是人病，亦非法病，亦并非"先知后行"之命题的法病。又见：

> 传习录中：来书云：所喻知行并进，不宜分别前后，即《中庸》"尊德性而道问学"之功，交养互发，内外本末一以贯之之道。然工夫次第，不能无先后之差，如知食乃食，知汤乃饮，知衣乃服，知路乃行。未有不见是物，先有是事；此亦毫厘倏忽之间，非谓有等今日知之，而明日乃行也。

> 既云"交养互发，内外本末一以贯之"，则知行并进之说，无复可疑矣。又云"工夫次第不能不无先后之差"。无乃自相矛盾已乎？知食乃食等说，此尤明白易见。但吾子为近闻障蔽自不察耳。夫人必有欲食之心，然后知食，欲食之心即是意，即是行之始矣；食味之美恶，必待入口而后知，岂有不待入口而已先知食味之美恶者邪？必有欲行之心，然后知路，欲行之心即是意、即是行之始矣，路岐之险夷，必待身亲履历而后知，岂有不待身亲履历而已先知路岐之险夷者邪？知汤乃饮，知衣乃服，以此例之，皆无可疑。若如吾子之喻，是乃所谓不见是物而先有是事者矣。吾子又谓"此亦毫厘倏忽之间，非谓截然有等今日知之，而明日乃行也"。是亦察之尚有未精，然就如吾子之说，则知行之为合一并进，亦自断无可疑矣。

弟子明白问阳明"工夫次第"的问题，弟子同意"知行并进"，但也强调"工夫次第"，而阳明则以为弟子之问是自相矛盾的，其实不然。"先知后行"讲的是知道清楚之后才去实行，阳明说矛盾的意思是说若没有真正的实践，又怎么能够知道个中的艰苦呢？所以应该是"先行后知"，其实，此二说，根本是语意上的问题，无须争辩。知道方向在哪里，才能出发前进，这时就是"先知后行"；确实去走过了，才能知道过程中的一切风光，这是"先行后知"；要真的想要去做，便真的会知道该做什么，知道了就去做，这是"知行合一"。三种语意之意旨是无需对立的。此暂不深论。本文中再度出现阳明对于知行先后的特殊解读意见。阳明甚至认为是要行了之后才可能有真知，所以必须是知行并进才可。而程朱意见是要先知了之后才可能有正确的行为。问题何在？关键只在阳明所论之先有行动之后才能知道的事情指主体的善恶诸念，阳明在用兵治事的经验中，多少善恶念头交战胸中，真正成就大事者都是在此处见识透彻才能终成大事，都是不断检讨自己的私心私意是否影响处事的决策，才真能顶住内外诸多交逼之痛苦，所以对于阳明而言，真正需要知道的就是自己的心念之正道与否，而不是对外在事物如何处置之知识，那些对阳明而言都是简单的事，但是否坚守道德意识则是惊心动魄、利害攸关的大事，因此要真行，看自己在更新的场面格局上是否还能守住原初的善念，而这正是要用功的地方。因此知行并进才有进德修业的成就，知道了该做什么就一定要真的去做，这样才会有真正的事业，所以阳明坚持"知行合一"。阳明此说虽特殊，但亦极为明白，说明于上。只不过，此说完全不必与先知道事情怎么做才去做这件事情的"先知后行"说有所对立的。又见：

> 传习录中：来书云：真知即所以为行，不行不足谓之知，此为学者吃紧立教，俾务躬行则可。若真谓行即是知，恐其专求本心，遂遗物理，必有暗而不达之处，抑岂圣门知行并进之成法哉？知之真切笃实处即是行，行之明觉精察处即

是知,知行工夫,本不可离。只为后世学者分作两截用功,失却知、行本体,故有合一并进之说,真知即所以为行,不行不足谓之知。即如来书所云"知食乃食"等说,可见前已略言之矣。此虽吃紧救弊而发,然知、行之体本来如是。非以己意抑扬其间,姑为是说,以苟一时之效者也。"专求本心,遂遗物理",此盖失其本心者也。夫物理不外于吾心,外吾心而求物理,无物理矣。遗物理而求吾心,吾心又何物邪?心之体,性也,性即理也。故有孝亲之心,即有孝之理,无孝亲之心,即无孝之理矣。有忠君之心,即有忠之理,无忠君之心,即无忠之理矣。理岂外于吾心邪?晦菴谓人之所以为学者,心与理而已,心虽主乎一身,而实管乎天下之理;理虽散在万事,而实不外乎一人之心。是其一分一合之间,而未免已启学者心、理为二之弊。此后世所以有"专求本心,遂遗物理"之患,正由不知心即理耳。夫外心以求物理,是以有暗而不达之处,此告子义外之说,孟子所以谓之不知义也。心一而已,以其全体恻怛而言谓之仁,以其得宜而言谓之义,以其条理而言谓之理。不可外心以求仁,不可外心以求义,独可外心以求理乎?外心以求理,此知、行之所以二也。求理于吾心,此圣门知行合一之教,吾子又何疑乎!

本文深度申说"知行合一"之旨,兼及对朱熹的批评,最后还是还原到"心即理"的命题上。

阳明以为"知行合一"说之提倡是因为时人将知行分作两截工夫,笔者认为提倡"知行合一"说甚有道理,但时人将知行分作两截工夫是时人的人病,并非朱熹有此主张。阳明以为持朱熹"先知后行"说者会批评他的理论会有一种"专求本心,遂遗物理"的缺点,这是指缺乏客观知识就强调积极实践时会导致的冥行妄作之弊端,此义阳明也是知道的,但这不是阳明认真关切的问题,阳明为此替自己辩驳,他的讨论重点却是放在"心即理"上,亦即主张心要与理合一,也就是知与行的合一上。然而,有趣的是,阳明强调"心即理"时却用上了"性即理"的命题。被当代学者划为两阌的"心即理"与"性即理"命题根本,就在阳明学说中有机地结合在了一起。阳明之义即是:"心之体,性也,性即理也。"就是说心之本体即是天地之性,即是天理,故而"性即理",既然心中赋有天理之性,则在心意中将之呈现即落实为具体的德性行为了。因此要有其心,才有其理,才有其事,所以专求本心即有其理、即有其事,岂有专求本心遂遗物理之事?其实,"心即理"与"性即理"此二说各有思路及概念定义,其实皆可成立。但阳明却要批评朱熹对心与理的讨论意见"未免已启学者心、理为二之弊",阳明之批评没有什么根据,学者要有何种弊端自是他人之事,阳明学说亦启后人情识、狂荡之弊,这也要阳明悔过吗?笔者不以为然。因此朱熹的言论启后人何种弊端亦无须朱熹承担,古今中外多少圣人言语一样启后人无穷无尽之弊端,关键只是后人志不立,非关圣人言论。阳明以朱熹之说为"外心求理",所以知行二分,而他的理论是"知行合一"以及"心即理"。朱熹当然不是在谈工夫论的时候谈外心求理,朱熹说《大学》八目都是"求放心"一义而已,就是说做工夫都是心在做的,至于朱熹穷理于事事物物,这是在谈存有论的原理,求事物各自的原理,这不是在谈工夫论,但阳明一心就是以工夫论的问题意识为重,所以错解并误判了朱熹之学。笔者对于阳明建立新说完全认同,亦不必从《大学》原意是否即此而认同或否定,阳明就是就着自己关切的问题借《大学》说道理而成一家之言,如此认识即可。

第十,阳明讲心即理说。

"心即理"说是在"知行合一"说中引发的较为深刻的理论,哲学史上以陆王言"心即理"、程朱言"性即理"而为严格之对立系统,其实不然,就在阳明的文本中,"心即理"说与"性即理"说已完成有机的结合,工夫论的"心即理"预设存有论的"性即理",根本没有冲突对立的任何必要。参见:

> 传习录上:爱问:"至善只求诸心,恐于天下事理,有不能尽。"先生曰:"心即理也,天下又有心外之事,心外之理乎?"爱曰:"如事父之孝,事君之忠,交友之信,治民之仁,其间有许多理在,恐亦不可不察。"先生叹曰:"此说之蔽久矣,岂一语所能悟?今姑就所问者言之。且如事父不成,去父上求个孝的理;事君不成,去君上求个忠的理;交友治民不成,去友上治民上求个信与仁的理?都只在此心,心即理也。此心无私欲之蔽,即是天理,不须外面添一分,以此纯乎天理之心,发之事父便是孝,发之事君便是忠,发之交友、治民,便是信与仁。只在此心去人欲存天理上用功便是。"爱曰:"闻先生如此说,爱已觉有省悟处。但旧说缠于胸中,尚有未脱然者。如事父一事,其间温清定省之类,有许多节目,不知亦须讲求否?"先生曰:"如何不讲求?只是有个头脑。只是就此心去人欲、存天理上讲求。就如讲求冬温,也只是要尽此心之孝,恐怕有一毫人欲间杂;讲求夏清,也只是要尽此心之孝,恐怕有一毫人欲间杂,只是讲求得此心。此心若无人欲,纯是天理,是个诚于孝亲的心,冬时自然思量父母的寒,便自要去求个温的道理,夏时自然思量父母的热,便自要去求个清的道理,这都是那诚孝的心发出来的条件,却是须有这诚孝的心,然后有这条件发出来,譬之树木,

> 这诚孝的心便是根,许多条件便是枝叶,须先有根,然后有枝叶,不是先寻了枝叶,然后去种根。礼记言'孝子之有深爱者,必有和气;有和气者,必有愉色;有愉色者,必有婉容'。须是有个深爱做根,便自然如此。"

天下事物的道理在于天下事物之本质,这是朱熹"格物致知"说要追求的事事物物之理的思路,但阳明说"心即理也"的意思却不在此,而是事事物物之道理的实践只在主体心的意志之愿意实践上才能实现完成。这又是孟子"仁义内在"说的意旨之再现,王阳明想的问题不是存有论地说普遍原理存在于心内还是事上的争辩,而是实践活动的落实是完成在主体性的价值自觉上还是外在事物的本身,那么结论当然是完成在主体性的价值自觉之活动中,因此此心即此理,"心即理"即是心实现了理,此心即在如理的状态中,理的呈现只能因主体心的贯彻而有其可能,绝不在外在事物之道理的研议上。因此事父不成就求天理于心中即得而成之,"只在此心去人欲存天理上用功便是"。

至于真要去事父时的温清定省之事,阳明亦非不讲求,而是要讲究头脑,即是使此心纯乎天理才是头脑,即是价值方向确立了,也可以说是真正立志了;立志了,就是头脑定位好了,则温清定省自然会去讲究;若是头脑未定,则就算讲究了温清定省亦是无效的,因为并未能真心去实行。所以,阳明的"心即理"是心去实践此理使此理于心上呈现之义,不是什么形而上学、存有论的命题之以心之未做工夫即必已与理而为一之命题意旨,因此此理是活动的,而能有别于"性即理"说之理是不活动的意思。事实上,王阳明一样主张"性即理",因为"性即理"本来就是在说存有论,程朱倡说于前,阳明未有误解,因此实践哲学进路的"心即理"说即得与存有论切入点的"性即理"说合一共处。再申论之,即是实践意旨的"心即理"说是阳明之强调,但亦是已预设了存有论意旨的"心即理"说。不过,此存有论的"心即理"说之意旨即是朱熹所谈的"性即理"意旨,它不是讲人在一般状态下的心已是理,而是讲人性中本有之良知良能即是天理,即是性善之本具之天理,此理既已具于人心,则操存之即"心即理"也,此时讲的是人做了工夫以后的状态了。阳明这种工夫论思路以谈心理关系之文又见:

> 传习录上:"虚灵不昧,众理具而万事出,心外无理,心外无事。"

说"虚灵不昧"就是在说主体之心的功能,说"众理具而万事出"就是在说主体心之能辨析道理而指挥事物,既然如此,没有心之活动作用,就没有事理呈现之可能,故而理亦在心内,事亦在心内,"心外无理,心外无事",并非存有论地说普遍原理,而是工夫论地说一切皆因主体心的活动而有其现实。又见:

> 传习录上:或问:"晦庵先生曰:'人之所以为学者,心与理而已。'此语如何?"曰:"心即性,性即理。下一'与'字,恐未免为二。此在学者善观之。"

朱熹之意不过就是"心统性情"及"求事事物物之理",因此为学在心与理而已,即以已具善性之心求事务之理而先知后行并行至治国平天下为止而已。善解之即无疑义。但阳明说"心即性,性即理"却与朱熹倡说的"性即理"同一意旨,朱熹之"心统性情""性即理"就是在说心概念包括了性的内涵及情的内涵,此与理气说一致,性即理气说之理,故而"性即理",情即理气说之气,其中言于"性即理"即是要倡说人性即天理,就是在说天地之性即是天理本身,天理是善,故而天地之性是善,故而人性是善,就是这个性善意旨的强调而说出"性即理"的命题。此一命题亦在阳明言说中出现，"性即理"是存有论地说，"心即性"即同于"心即理"说，是一实践后的状态之命题，"心即理"与"性即理"根本没有理论对立的意味在。又见：

> 传习录上：或曰："人皆有是心，心即理，何以有为善，有为不善？"先生曰："恶人之心失其本体。"

阳明既然讲"心即理"，那么为何人有善恶？阳明自己提出了这个问题。其实，这个问题的提出，本身即表示了对命题的不理解，"心即理"是要求心要即理，不是说人心的状态永恒的是已经合理如理的。因此阳明便从主体实践与否来回答这个人之为恶的问题，也就是说，恶人是自己不去实践而已，实际上人人皆可以可能甚至必须去实践的。文中，阳明说"恶人之心失其本体"，首先，本体者，就存有论而言失去不得，恶人亦不可能无此本体性善之心，故失其本体只能说是"舍则亡"之意，不是说他本性上无此善性本体。其次，就恶人之所以为恶，应该给予人之所以可能为恶的普遍性命题之说明，亦即形而上学的命题，朱熹为之，大有贡献于儒家哲学系统，即气禀说。王阳明没有讨论，但也不必因此批评王阳明，个人有个人天分上适合谈的问题及兴趣上更关心的问题，但绝不能忽视别人的问题，更不能否定别人谈的问题，更更不能的是，因为不理解别人的问题，而以为别人的问题及主张有误。所以，阳明的回答非常不符合形而上学进路的意旨，只是工夫实践的要求而已，恶人不受教化，不肯自我要求，故而责骂其"失其本体"。阳明工夫论进路的思路又见：

> 传习录上：问："延平云：'当理而无私心。'当理与无私心，如何分别？"先生曰："心即理也，无私心，即是当理，未当理，便

是私心,若析心与理言之,恐亦未善。"又问:"释氏于世间一切情欲之私,都不染着,似无私心,但外弃人伦,却似未当理。"曰:"亦只是一统事,都只是成就他一个私己的心。"

说"无私心,即是当理"即是说"心即理",故而笔者不断强调,"心即理"说是就工夫实做处说,"性即理"说是就存有论的概念关系处说。至于说"析心与理"是指朱熹意旨,即是不去即心即理地做工夫,因此心与理隔,然而朱熹没有这样的意旨,是因为阳明自认为朱熹的"格物致知穷理"说是"求理于心外",是不去实践,却光讲求知识,故而只是知识上认识此理,故而批评朱熹意旨。此一批评,笔者绝对反对,也许时人有此种人病,但是朱熹绝没有这等主张。

第十一,阳明对朱熹之批评。

阳明对朱熹的批评包括"义外"说、"知行分裂"、"没有实做工夫"、"心理为二"说等,都是误解,本节欲予澄清之。首先就"义外"说言,参见:

> 传习录上:爱问,"'知止而后有定',朱子以为'事事物物皆有定理',似与先生之说相戾"。先生曰:"于事事物物上求至善,却是义外也。至善是心之本体。只是明明德到至精至一处便是然。亦未尝离却事物。本注所谓'尽夫天理之极,而无一毫人欲之私'者得之。"

朱熹谈修齐治平的事功需求"格物致知"之功于先,是一"先知后行"的"工夫次第"说,所谓"工夫次第",即是次第之先及次第之后皆全部完成才是工夫的完成,其中次第之先需以"格物致知"为之,即是"先知后行"的主意。此"先知"之工夫即是求事事物物之理,此事事物物之理即是实务实事之公共政策之知之理,知后即去行之。此事物客观之道理含闻见之知义,亦含德性之知义,实践之即是"诚正修齐治平"诸项。王阳明割裂朱熹依《大学》次第讲工夫之意旨,单提"格物致知"为"求事理于外"之说,实际上是以此求外在事物之理之工夫只为求其理,不为求实践此理,不求实践即不于心上实现此理,而实践是心上之事,故其求事理于外之事即是外于此心之事,因此是告子的"义外"之义。王阳明当然是误解了朱熹,但其说"至善是心之本体"之义,即是预设形而上学的性善说,以此性善之本体发为心行实践之工夫,此亦同于孟告之辩中的孟子之"仁义内在"之说之意旨,可以说阳明是在谈主体实践的工夫是为由心体内发出的本体工夫论,而朱熹是在谈社会实践的事务的客观处理原则,问题不同,"义外"之说却是一记重击,应为朱熹辨析,阳明此说畅快淋漓,却于文义的客观认知有所偏差,对朱熹是一大误解。

就分裂知行言,参见:

> 传习录上:问:"知至然后可以言诚意,今天理人欲知之未尽,如何用得克己工夫?"先生曰:"人若真实切己用功不已,则于此心天理之精微,日见一日,私欲之细微,亦日见一日,若不用克己工夫,终日只是说话而已。理终不自见,私欲亦终不自见。如人走路一般,走得一段,方认得一段,走到歧路处,有疑便问,问了又走,方渐能到得欲到之处。今人于已知之天理不肯存,已知之人欲不肯去,且只管愁不能尽知,只管闲讲,何益之有?且待克得自己无私可克,方愁不能尽知,亦未迟在。"

本文不是直接批评朱熹理论,而是对朱熹"先知后行"说在后人的曲解下的不当行为之批评。朱熹理论关心的是治国的事功要先讲究方法、细节才能去实行,以免贻误天下事。然而,一般人的毛病是不去实践却借口要先知道方法、细节再来实践。王阳明关心的是,真正在实践上产生障碍的是自己的私心,因此就已经知道的道理去实践之后,接着还是会产生私欲,这时就要继续克制私欲,所以才说"走得一段,方认得一段"。依朱熹,是要先知道往哪里走,才去走,这是就外在事物的客观知识说。王阳明谈的是自己的私心私欲,要碰到了威胁利诱之后才会引发出来,出来就克制即是,未出来前也发觉不到,因此"今人于已知之天理不肯存,已知之人欲不肯去,且只管愁不能尽知,只管闲讲,何益之有?"阳明问题方向与朱熹不同,因此命题重点就不同于朱熹,不可谓阳明有不同于朱熹的工夫理论,只能说阳明有不同于朱熹谈知行问题时的问题意识,至于就阳明的问题意识而言,朱熹亦不会反对其说的。又见:

> 传习录上:问:"名物度数,亦须先讲求否?"先生曰:"人只要成就自家心体,则用在其中。如养得心体果有未发之中,自然有发而中节之和。自然无施不可。苟无是心,虽预先讲得世上许多名物度数,与己原不相干。只是装缀,临时自行不去。亦不是将名物度数全然不理。只要'知所先后,则近道'。"又曰:"人要随才成就,才是其所能为。如夔之乐,稷之种。是他资性合下便如此。成就之者,亦只是要他心体纯乎天理。其运用处,皆从天理上发来,然后谓之才。到得纯乎天理处,亦能不器。使夔稷易艺而为,当亦能之。"又曰:"如'素富贵,行乎富贵。素患难,行乎患难',皆是不器。此惟养得心体正者能之。"

"名物度数"之讲求即是朱熹"先知后行"的问题意识重点,阳明亦不反对，只是更关切"成就自家心体"的问题，亦即是否在主体心行上立志实践的问题，至于"名物度数"，"亦不是将名物度数全然不理。只要'知所先后，则近道'"，在《大学》中的"知所先后"即是"格物致知"为先，至少是朱熹及其他阳明以前所有儒者的共解之意，包括象山亦持此解。《大学》确乎言于先后之道，而阳明之先后却是先立志于主体，则自然能于用上求知，故而"格物致知"变成"致良知"，几乎就是"诚意、正心"之意。对于阳明而言，人生的苦难磨炼无一不是在良知发动后才度过的艰难，他自幼聪颖过人，名物度数从来不是问题，倒是在道德实践的过程中遭受无限的痛苦时是否仍能坚持仁义之心才是真正的问题，因此坚持仁义的本体工夫才是他以为的先后之先，因此要求做本体工夫以提起主体亦即致良知才是他所关切的工夫实践之重点。不能说他与朱熹有对立的意见，但也不能说他与朱熹有共同的核心问题，只是一部《大学》同时被不同的问题意识及思路观点所诠释而已。

就没有实做工夫而言，参见：

> 传习录上：士德问曰："格物之说，如先生所教，明白简易，人人见得。文公聪明绝世，于此反有未审。何也？"先生曰："文公精神气魄大。是他早年合下便要继往开来。故一向只就考索著述上用功。若先切己自修，自然不暇及此。到得德盛后，果忧道之不明，如孔子退修六籍，删繁就简，开示来学，亦大段不费甚考索。文公早岁便著许多书。晚年方悔是倒做了。"士德曰："晚年之悔，如谓'向来定本之悟'。义谓'虽读得书，何益于吾事'？又谓'此与守书籍，泥言语，全无交涉'，是他到此方悔从前用功之错，方去切己自修矣。"曰："然，此是文公不可及处，他力量大，一悔便转，可惜

不久即去世,平日许多错处皆不及改正。"

本文直接批评朱熹"一向只就考索著述上用功",而不能"先切己自修"。笔者不同意此项批评。"考索著述"是为了知识传承,本身即是儒门的大事业,儒学中有讲明、有践履,两者都是重要的事。至于讲明之际,亦必有多少"切己自修"之反省事业在,"切己自修"指的是反省善恶诸念,这就是阳明要强调的本体工夫,朱熹之所以能够终生"考索著述",就是已经站在多少"切己自修"的意志上千锤百炼而出来的实功,这就是为什么朱熹多有书信言及自己修心反省之事的原因,此事阳明亦然,只阳明在"具体事功"上"切己自修",而朱熹在"考索著述"的生活历程中"切己自修",观于朱熹的一生亦不少动心忍性的磨难,即如王阳明所言之"知即是行,行即是知"之本意,求知的著述生涯即是实践良知的行动。王阳明对于朱熹提出自己修养不够的反省意见,认为这才是朱熹真正的实践,甚至发为《朱子晚年定论》之书,引为同调,笔者不以为然。阳明从朱熹的实践谈论朱熹的理论,其实朱熹自有实践,也有理论,只是朱熹的理论有不同于王阳明的问题意识,因而有不同的命题主张。反省自己的修养不足,对朱熹而言是实践的活动,至于谈理论,朱熹还有更多的方向,阳明从一个方向上肯定朱熹,却在更多的方向上仍是批判朱熹,这是不能真正解决问题的。

就析心理为二言,参见:

传习录中:来书云:闻语学者,乃谓"即物穷理"之说亦是玩物丧志,又取其"厌繁就约""涵养本原"数说标示学者,指为晚年定论,此亦恐非。

朱子所谓格物云者,在即物而穷其理也。即物穷理是就事

事物物上求其所谓定理者也,是以吾心而求理于事事物物
之中,析心与理而为二矣;夫求理于事事物物者,如求孝之
理于其亲之谓也;求孝之理于其亲,则孝之理其果在于吾之
心邪? 抑果在于亲之身邪? 假而果在于亲之身,则亲没之
后,吾心遂无孝之理欤? 见孺子之入井,必有恻隐之理;是
恻隐之理果在于孺子之身欤? 抑在于吾心之良知欤? 其或
不可以从之于井欤? 其或可以手而援之欤? 是皆所谓理
也。是果在于孺子之身欤? 抑果出于吾心之良知欤? 以是
例之,万事万物之理莫不皆然。是可以知析心与理为二之
非矣。夫析心与理而为二,此告子义外之说,孟子之所深辟
也,务外遗内,博而寡要,吾子既已知之矣,是果何谓而然
哉? 谓之玩物丧志,尚犹以为不可欤? 若鄙人所谓致知格
物者,致吾心之良知于事事物物也。吾心之良知,即所谓
"天理"也。致吾心良知之"天理"于事事物物,则事事物物
皆得其理矣。致吾心之良知者,致知也。事事物物皆得其
理者,格物也。是合心与理而为一者也。合心与理而为一,
则凡区区前之所云,与朱子晚年之论,皆可以不言而喻矣。

本文批评朱熹的"格物"说,是"即物穷理",故而"析心理为二",
是告子"义外"之说。而阳明自己的"格物致知"说,是"致吾心之
良知于事事物物",使事事物物皆得其理,是"合心与理为一"。
此说十分典型,是阳明说朱熹的精要之词。其中"析心与理为
二"之批评,即是以朱熹乃求理于外在之事务,即如求孝亲之理
于其亲,然而此心未发,则无有孝亲之行。因此是"析心与理为
二"。这样的说法真是阳明自己的创造性误解,阳明谈要有心志
的提起才为价值的落实,这就是工夫论命题;朱熹谈事事物物皆
有其理,这完全是存有论命题,形而上学存有论之理的讨论,是

为与道佛辩异之需而建立的。至于格物致知,就是为治国平天下的客观知识之需而说的,阳明完全不在"工夫次第"义之"格致诚正修齐治平"的脉络中阅读文义,便将朱熹言于"穷理"的存有论观念,直接连接上朱熹谈工夫次第的"格物致知"观念,以为朱熹求理于事物之中是在心之外,不是提起价值意识而贯彻意志之事,这实在是错解混淆之至之说,对于客观知识的求知,此事极为重要,阳明天资过高,可以忽略,但众人皆不能忽略之,否则即是冥行妄作,认真求知之后继之以诚意正心,更继之以修齐治平,而为所有资质者之成圣工夫的完成,这就是《大学》及朱熹之说之旨,阳明何需发为言论批评此说?后人只知而不行,这是后人的妄行,然而哲学家的命题内涵不取决于后人之妄行,阳明竟以后学者之妄行以定义朱熹之哲思,岂合理乎?

第十二,结论。

讨论王阳明知行哲学的问题,主要涉及的重要观念即如上述,但是讨论王阳明整个哲学思想的要项还不只于此,仍应包括:人与天地万物一体的本体宇宙论、近似唯心论的人与天地万物之关系、对道佛工夫论的看法以及许多他对弟子教学活动中的特殊风格等。此外,对朱王关系之衡定,与对王阳明哲学在当代的诠释意见之反省,这两项尤为重要,此两项亦是直接相关联的。当代新儒家牟宗三先生对朱熹的批评意见,几乎已尽现于阳明哲学中,析心理为二、义外说、割裂知行三项为其大者,然而特别的是,牟先生以"性即理"与"心即理"两分朱王的架构,却在阳明哲学中同时出现,且呈现完美的融合,显见阳明虽不主要讨论形而上学存有论问题,但对存有论进路说的"性即理"和工夫论进路说的"心即理"却不至于混淆。要说清楚这个差别,此诚有赖哲学基本问题的分析架构之功。相关问题下面再论。

王阳明的三教辩证与教学风格

杜保瑞

前　言

　　本文谈王阳明的三教辩证与教学风格,旨在说明阳明对道佛两教知识系统的意见以及他的特殊教学风格。阳明早年既学仙道又究心禅佛事物,但龙场悟道后,即建立自己的儒学思想系统,从此道佛两教相关事务便不再放在心上,偶有弟子问及,皆明快回答处理,表现了自成一家之言后的三教辩证的具体意见,值得研究。然而,阳明辩证于道佛的语言毕竟只是表面上的对话,阳明自己的哲学立场才是决定三教辩证立场的关键,理论上说,这便是阳明的形而上学立场问题,可是,王阳明不是一个形而上学色彩浓厚的儒学家,王阳明是一位实践成功的儒者,以其深刻的洞见与实践而证说了儒者的价值观与世界观,实践的依据辐辏在良知观念中,而良知观念便是阳明形而上学的基准,是他的形而上学观念中的最高范畴与宇宙本体,以本体宇宙论的哲学基本问题来说,良知即此宇宙本体。关于阳明良知说的价值意识及存有论特征部分,笔者已讨论于前章,但为使阳明三教辩证意见更见明晰起见,此处仍有必要就其良知说的本体宇宙论立场再予讨论,又为了让他的本体宇宙论清楚起见,阳明未及深论但事实上存在的气禀说的立场亦需予以解明。讨论完他的良知说之本体宇宙论特色及气禀存有论立场之后,再进入他的三教辩证意见的说明中。另,阳明智悟过人,龙场悟道后弟子开始聚集,一生兵马倥偬之际未尝停止讲学,讲学不只建立学说,更见影响人心,其与弟子言语互动的教学纪录显现了对人性的透彻与对良知学说的自信,其教学风格十分值得介绍。有人认为阳明近禅,依其教学风格,亦确有近似之处,但仍只是风格近似,而非立场相同,关键仍在价值意识与世界观的差异中,阳明是站在儒家价值意识及世界观理念的基础上对弟子进行教学引导,与禅师弟子言语互动便只是外在形式上的相近而已,但就是这样的近似的风格即是极有特色的地方,本文将予以介绍。

一、良知说的本体宇宙论

阳明的良知说有本体宇宙论的意义在,因此有辩证道佛的理论功能,这是本节要讨论的重点。本体宇宙论虽是形而上学议题,但是,阳明却不是一位好的形而上学家,阳明对形而上学的问题没有根本的兴趣,朱熹所重的理气论是形而上学议题,阳明对此议题没有深入讨论的兴趣,但是,阳明系统中对于说明人之为恶现象,亦是使用气禀说,气禀说即是形而上学议题,但阳明仅是使用此说,视为当然,却未及论其所以然。气禀说是形而上学问题中的一部分,是人存有者的存有论义之形而上学,至于整体存在界的本体宇宙论问题,阳明谈不上有系统性的讨论,但是,良知说是阳明的哲学金钻,良知概念被阳明提升为有本体宇宙论的最高道体的地位,不过,虽然提升至最高道体,但是问题意识并不十分明确;虽不明确,却不能说阳明没有这样的宗旨立场,也就是在本体宇宙论的最高道体的良知概念定位下,阳明可以儒家的良知道体涵盖道佛的哲学体系,收摄道佛世界观形而上学于儒家系统中,并吸收道佛工夫论观念以为己用,而达成他的三教统一以及以儒辟道佛之说法。以下,即先介绍他的良知道体说,下节再说明他的气禀概念的使用。参见:

> 先生曰:"良知是造化的精灵,这些精灵,生天生地,成鬼成帝,皆从此出,真是与物无对。人若复得他完完全全,无少亏欠,自不觉手舞足蹈,不知天地间更有何乐可代。"

说"生天生地,成鬼成帝"表面上就是本体宇宙论的叙述,但良知本是主体的主宰,说为天地之性可也,说为道体的价值意识可也,但说为本体宇宙论的道体就应该含有宇宙发生论的意味,而阳明此文就有宇宙发生论的意味,但如果说良知就是气化无形之本体,便是超出了良知概念在《孟子》文本中的内涵,不过,阳明亦确实有此使用方式,另见:

> "夫良知一也,以其妙用而言谓之神,以其流行而言谓之气。"

> "良知之虚便是天之太虚,良知之无便是太虚之无形,日、月、风、雷、山、川、民、物,凡有貌象形色,皆在太虚无形中发用流行,未尝作得天的障碍。"

张载以太虚无形气之本体说太虚,太虚即道,因此道之太虚内涵即是有存在始源的功能在。以上两文,一则以良知说流行之气,一则以良知说即此太虚之流行,因此在阳明使用中的良知概念,即是有了本体宇宙论的存在始源义,亦即气存在义之以太虚而说者。当然,良知更是价值本体,因此道体之价值本体义与宇宙始源义两义具在良知概念中,故而良知当然可以作为工夫主宰,所以"人若复得他完完全全,无少亏欠"。我们可以这样说,良知概念在孟子处本是人性的本质,因此可以直接理解为《中庸》的天命之谓性,因此是同于宋儒的天地之性,它当然就是作为心之本体的意思,但是,阳明不但一方面提升良知为价值本体义之道体,更同时赋予它存在始源义之道体义。前者从人性论中直接提升是很可以理解的,后者就是阳明特别赋予的新意。因此良知概念便为一完整的本体宇宙论的道体。然而,良知如何可以作为存在始源义的道体呢? 阳明如何说明这一理论上的新意呢? 阳明的说明其实不是很成功的,这就是笔者说他的形而上学问题意识不深刻以致讨论不深入之所在。阳明的讨论参见:

> 朱本思问:"人有虚灵,方有良知。若草、木、瓦、石之类,亦有良知否?"先生曰:"人的良知,就是草、木、瓦、石的良知;若草、木、瓦、石无人的良知,不可以为草、木、瓦、石矣。岂惟草、木、瓦、石为然,天、地无人的良知,亦不可为天、地矣。盖天、地、万物与人原是一体,其发窍之最精处,是人心一点灵明,风、雨、露、雷,日、月、星、辰,禽、兽、草、木,山、川、土、石,与人原只一体。故五谷、禽兽之类皆可以养人,药石之类皆可以疗疾,只为同此一气,故能相通耳。"

学生对草木亦有良知有意见,学生有此一问,当然是阳明以良知亦为草木之良知而引出的,阳明的讨论却不只是从人的良知是草木的良知来说,甚至是说没有人的良知则草木即不能存在了,而这就有了将良知说为创生天地万物的道体的意义了。阳明的理论是从人与天地万物同是一体处说的,五谷禽兽可食用,草药矿石可医病,只因同是天地一气,不仅同是一气,且此同一气之发窍最精处,即是此灵明的良知,故而可说天地万物若无此人类之良知即不成其存在矣。阳明之意如上,但是阳明的讨论却十分跳跃,阳明从良知的灵明入手,以人的良知有灵明,有灵明即谓有知觉意识,天地万物虽无此知觉灵明,但却离不开此知觉灵明,否则即无其存在,此知觉意识是使天地万物得以存在的本源。不过,人心最灵,故而亦得说人心之知觉灵明的良知使此天地万物得以存在。阳明的讨论实在不成逻辑,故而笔者说其所言不清。但虽不清楚,他的意思就是良知已是天道实体,故而与万物一气流行,虽然只有人类有此良知灵明,但是天地万物都是同体此良知灵明的天道实体而有的存在,没有此天道实体的良知灵明就没有天地万物的存在,因此人类的良知也就是天地万物的道体了。近似的讨论又见:

> 问:"人心与物同体,如吾身原是血气流通的,所以谓之同体;若于人便异体了,禽、兽、草、木益远矣。而何谓之同体?"先生曰:"你只在感应之几上看;岂但禽、兽、草、木,虽天、地也与我同体的,鬼、神也与我同体的。"请问。先生曰:"你看这个天、地中间,什么是天、地的心?"对曰:"尝闻人是天地的心。"曰:"人又什么教做心?"对曰:"只是一个灵明。""可知充天塞地中间,只有这个灵明。人只为形体自间隔了。我的灵明,便是天、地、鬼、神的主宰。天没有我的灵明,谁去仰他高?地没有我的灵明,谁去俯他深?鬼、神没有我的灵明,谁去辨他吉、凶、灾、祥?天、地、鬼、神、万物,离却我的灵明,便没有天、地、鬼、神、万物了;我的灵明,离却天、地、鬼、神、万物,亦没有我的灵明。如此,便是一气流通的,如何与他间隔得?"又问:"天、地、鬼、神、万物,千古见

在,何没了我的灵明,便俱无了?"曰:"今看死的人,他这些
精灵游散了,他的天、地、万物尚在何处?"

学生对"人心与物同体"有意见,阳明却从"感应之几"上说同体
的理由。本文是说人类的良知有灵明知觉的功能,天地万物甚
至鬼神都因为有了人类的良知之灵明知觉的功能才被认识,同
时,人类的良知作用亦因有天地万物以及鬼神的存在才成就了
它的作用。这个说法跟阳明在说"心即理"和"物理不外人心"的
思路是一致的,就是要有良知的发用才有物理的实现,良知与物
理同时作用,因此一齐存在,故而说为一气流通。阳明自己说,
他思考人的良知即是天地的心之思路,就是从感应之几上看的,
亦即是从人可以知觉意识到天地万物之处而说的,亦即是阳明
提出良知是天地鬼神的主宰的理由。不过这个理由还只是一个
理论上的跳跃,并不是说人可以知觉万物就能使人的良知成为
主宰万物的道体,只能说到万物的被知觉是依据于人的良知之
灵明的功能,特别是阳明最后说到死了的人的天地鬼神何在一
段,阳明说人死了天地鬼神就不存在了,但是,说天地鬼神的存
在本不依个人而说,而是依天地万物自己的存在而说,虽然阳明
的讨论意见谈不上有效的理论证明,但是阳明的意见就是已经
明确地表明了可以知觉万物的人的良知同时即是天地万物的主
宰,说主宰亦即是说到了道体。同样是不完整的论证的讨论又
见下文:

> 先生游南镇,一友指岩中花树问曰:"天下无心外之物,
> 如此花树,在深山中自开自落,于我心亦何相关?"先生曰:
> "你未看此花时,此花与汝心同归于寂,你来看此花时,则此
> 花颜色一时明白起来,便知此花不在你的心外。"

朋友对"天下无心外之物"有意见,阳明以若无其人即无万物之被知觉说无心外之物。如果谈的是道德实践活动的话,那么,仁义礼知之价值意识原理之实现不依赖人心是不成的,因此没有良知发用就没有价值意识的呈现,这就是阳明的"心即理"说的意思,也是他批评朱熹"析心与理为二"的思路。但是,这个思路用在论证良知即是天地万物的存在始源之道体义是不成逻辑的,虽不成逻辑,我们还是必须理解阳明已经有了良知即是道体的立场,有了良知即是天地万物的存在始源的意旨。

总之,阳明语气及语意上已经将良知说为天地万物的道体,即价值意识之本体及存在始源之道体二义兼具,但是如果说他自己有为此做论证的讨论的话,那么他的讨论是不成功的,他最多只能说到天地万物的被认识是因着主体的良知灵明之知觉意识而成立,却不能说良知即因此具备了生天生物的功能。阳明另外讨论到天地万物与人同为一气之流行,因此即是同体,此义张载、二程、朱熹皆已论及,但也不能即此就将良知过渡为即是此同体一气的道体,这在推理上仍是一大跳跃,不过,张载、二程、朱之同体一气的思路亦得推出同此道体的意见,只是其尚未以良知概念以说此道体而已,阳明则是将道体概念直接以良知概念接替,良知因此接收了道体概念的本体宇宙论功能,论证虽不合逻辑,意见却十分明显。可以批评他不是一位好的形而上学家,但不能说他没有形而上学的立场,因以此立场,阳明便大开大阖地以良知说批判道佛。

二、对气禀存在的存有论的立场

前一节中,我们讨论了阳明的本体宇宙论,指出阳明有一些论证不是很清楚的形而上学问题意识下的本体宇宙论立场,关键还是要为良知说张本。接下来,我们还要讨论阳明的气禀说,这是关于人存有者的存有论哲学,是形而上学问题意识项下的次级问题。当然,这也是人性论问题,一般讨论人性论问题有两个切入点,有善恶问题,也有气禀问题,前者是依据价值意识的本体论言,后者是依据气化宇宙论言。因此,人性论是形而上学的本体论及宇宙论两种问题之节穴于人存有者处所言者,提升为就是形而上学问题亦无不可。而形而上学一词在目前华人的学术界亦多有与存有论问题混在一起的用法,尤其是,借由性气理气心性情等存有范畴的概念之间的关系来定位人存有者的形而上学地位,以为工夫境界论做理论基础,这就当然既是人性论也是形而上学问题,说为存有论问题亦是合宜的。

理气论是程朱最重要的形而上学理论,事实上,阳明是完全继承此一理论的,只是阳明在自己的学术讨论中并未强调此义,此说不是他的哲学创作的要点,但却仍是他的哲学创说的形而上学依据之一。阳明的哲学创作重点在工夫论上,但工夫论不能没有形而上学,从实践哲学切入点说,则是本体宇宙论,从思辨哲学切入点说,则是存有论。理气论则主要是在存有论问题意识下的理论,程朱已发挥得差不多了,阳明没有异议,阳明有异议的是"心即理"说有别于"心理为二"说,但"心即理"说却是工夫论议题,至于说朱熹的"心理为二"说却是对朱熹理论的错解,是把先知后行的格物致知说,当成知而不行的割裂知行说。至于理气论的存有论学说,阳明没有疑义,且直接继承,参见:

> 来书云:前日精一之论,即作圣之功否?(阳明答)"精一"之"精"以理言,"精神"之"精"以气言。理者,气之条理;气者,理之运用。无条理则不能运用;无运用则亦无以见其

> 所谓条理者矣。精则精，精则明，精则一，精则神，精则诚；
> 一则精，一则明，一则神，一则诚，原非有二事也。但后世儒
> 者之说与养生之说各滞于一偏，是以不相为用。前曰"精
> 一"之论，虽为原静爱养精神而发，然而作圣之功，实亦不外
> 是矣。

本文重点在"理者，气之条理；气者，理之运用。无条理则不能运
用；无运用则亦无以见其所谓条理者矣"。就理气概念的基本内
涵而言，阳明之使用义即是程朱之使用义，而阳明特别要强调的
是，无理即无气，而无气亦无以见理。意即，存有论上理气固是
二事，然而，理有存有论义的逻辑优先性，有理才有气；不过，气
则有实践上的存在优先性，无气则理无所显。前一义阳明讨论
不多，后一义则几乎是阳明论性气关系、心理关系、良知与事业
关系的共同宗旨。亦即阳明始终是在工夫论意旨上强调没有主
体的实践就没有价值原理的呈现，因此阳明更多的考虑是要主
张心理为一、性气为一、理气为一的工夫论立场。

阳明谈理气关系的话语不多，但是谈气禀的概念却不少，气
禀也是存有论问题，阳明的立场就是朱熹的立场，阳明只是更多
地浅谈一下即转入以良知为本体的工夫论意旨上而已。参见：

> 人之气质，清浊粹驳，有中人以上，中人以下。其于道，
> 有生知安行、学知利行，其下者，必须人一己百，人十己千。
> 及其成功则一。

本文谈人与人之间有气质之差异，这就是气禀说的存有论问题。
然而，阳明所说的人之气质清浊粹驳，说中人以上、以下以及说
人一己百等等，全是朱熹已经说过的理论，阳明可以说完全接受
朱熹在存有论上的意见。笔者强调此事，就是要说明不同的哲

学理论有其不同的基本问题,朱王理论特色有别,但其不同处并非即有对立性,透过哲学基本问题的解析即能区别宗旨而能兼容,至于其他更多的基本立场,朱王之间往往相同,气禀说即是一例。

阳明对气禀说有不少讨论还算深入的,参见:

> 来书云:质美者明得尽,渣滓便浑化。如何谓明得尽?如何而能便浑化?(阳明答)良知本来自明。气质不美者,渣滓多,障蔽厚,不易开明;质美者,渣滓原少,无多障蔽,略加致知之功,此良知便自莹彻,些少渣滓,如汤中浮雪,如何能作障蔽。此本不甚难晓,原静所以致疑于此,想是因一"明"字不明白,亦是稍有欲速之心。向曾面论明善之义,明则诚矣,非若后儒所谓明善之浅也。

学生问如何做工夫把不好的渣滓浑化?而阳明则借由气禀不碍工夫之说,强调良知发动必可消融渣滓。本文中阳明所言之"气质不美者,渣滓多,障蔽厚,不易开明;质美者,渣滓原少,无多障蔽",此说仍是朱熹已经发挥得十分详尽的理气论项下之理论,阳明立场与朱熹全同,只是阳明不如朱熹更详尽地深入讨论人与人之间和人类与动物之间的理气存有论结构之差别而已。只是阳明要强调的是,良知本来自明,本就是一灵明的知觉主体,因此气质渣滓本不可能障蔽,"明则诚矣"。亦即强调以良知为主体,提起本心真做工夫,则气质不能成为障蔽。朱熹只是没有使用良知概念于此,但是理论上的立场,阳明之说就是朱熹之见。这类的讨论又见:

> 问:"'生之谓性',告子亦说的是,孟子如何非之?"先生曰:"固是性,但告子认得一边去了,不晓得头脑;若晓得头

脑,如此说亦是。孟子亦曰:'形色,天性也',这也是指气说。"又曰:"凡人信口说,任意行,皆说此是依我心性出来,此是所谓生之谓性;然却要有过差。若晓得头脑,依吾良知上说出来,行将去,便自是停当。然良知亦只是这口说,这身行,岂能外得气,别有个去行去说。故曰:'论性不论气,不备;论气不论性,不明。'气亦性也,性亦气也,但须认得头脑是当。"

本文是阳明谈气禀存在的文字,也是性气关系的讨论。阳明同意告子所说之"生之谓性",亦即同意气禀存在,只是它不能成为良知的障碍而已。阳明认为孟子亦未有否定气禀存在,说"孟子亦曰:'形色,天性也',这也是指气说"。但孟子强调以志帅气,这就是有头脑,就是以良知为头脑主宰行为,而不会任气而行。因此阳明自己也说"气亦性也,性亦气也,但须认得头脑是当"。亦即不能分离气与性而说人类的存有,因此阳明也极为肯定程颐之言:"论性不论气,不备;论气不论性,不明。"可见气禀存在的理气论立场完全是阳明全然接受的存有论系统。此处,程颐所说的性即是理,因此程朱主"性即理"之意旨当然必须也是阳明的存有论立场,阳明虽主工夫论上的"心即理"说,但是,"心即理"说不能与存有论上的"性即理"说有什么对立,朱王之间是因哲学基本问题的厘清不足才有了对立混淆。当然,阳明有他的讨论重点,以良知为头脑去实践就是他的重点,有一点存有论意味的讨论者则是,良知的发用不外于气,亦即在践行中发用良知,借由着气禀存在的事实才有主体的德性行动。接近的讨论又见:

来书云:有引程子"人生而静,以上不容说,才说性便已不是性"。何故不容说？何故不是性？晦庵答云："不容说者，未有性之可言；不是性者，已不能无气质之杂矣。"二先生之言皆未能晓，每看书至此，辄为一惑，请问。（阳明答）"生之谓性"，生字即是气字，犹言"气即是性"也。气即是性，"人生而静，以上不容说"，才说"气即是性"，即已落在一边，不是性之本原矣。孟子性善，是从本原上说。然性善之端，须在气上始见得，若无气亦无可见矣。恻隐、羞恶、辞让、是非即是气。程子谓"论性不论气，不备；论气不论性，不明"。亦是为学者各认一边，只得如此说。若见得自性明白时，气即是性，性即是气，原无性、气之可分也。

学生对程颐与朱熹谈性与气禀的两段话不了解，阳明为其解说，基本上就是站在程朱的思路上说明程朱哲学的意思，也就是说，阳明在性气关系的存有论问题上就是程朱的立场，且文中之讨论意旨十分明确。首先，阳明依着朱熹的思路来说明程颐话语意旨的，人既出生活动之后，"才说性"即已是"气即是性"，是性之"已落在一边"，因此即是朱熹所说的有"气质之杂"之性。此外，亦另有孟子的"本原之性"，这是纯粹性善的。依张载、程颐、朱熹的传统，这就是"天地之性"与"气质之性"的区别。不过阳明没有其他人说得清楚罢了，这是存有论部分。阳明更要重视的，是"然性善之端，须在气上始见得，若无气亦无可见矣"。阳明强调的性之需在气上见，即是说要在实践中呈现良知。"恻隐、羞恶、辞让、是非即是气。"即是说此四端心是气，四端心可以以情说，因此此说即是指此情是气，惟此四端心之情是有头脑的，是"见得自性明白"后之心之情，此时即入于性统其气的境界，故"气即是性，性即是气，原无性、气之可分也"。这就是良知起用之后的主体状态，说主体的状态无性气之可分，是说已变化气质了,因此以性统气,即是孟子的以志帅气,私欲皆不得为障蔽了,但这并不是存有论的命题,说存有论的结构则必有性气之分,理气之分、气质之性与天地之性之分。阳明的形而上学兴趣并不浓厚,对存有论讨论点到为止,但是一旦他进入存有论讨论,则他的意见即不能外于程朱。当然,他可以有他从工夫论切入点的意见的特色,即其言于"若见得自性明白时,气即是性,性即是气,原无性、气之可分也"之宗旨。也可以说,阳明谈到气禀时主要不是存有论目的,而是工夫论目的,因此都是以发动良知做工夫说收尾。参见以下诸文:

> 七情顺其自然之流行,皆是良知之用,不可分别善恶;但不可有所着。七情有着,俱谓之欲,俱为良知之蔽。然才有着时,良知亦自会觉,觉即蔽去,复其体矣。此处能勘得破,方是简易透彻功夫。

本文谈情与良知的关系,情是主体的活动状态,顺其自然即是良知发用,有所执着即是人欲遮蔽。本文中阳明要强调的是良知的自觉灵明功能,因此即便有七情的流行,只要顺其自然之流行,则都是良知发用,意即当喜怒哀乐即喜怒哀乐,则七情都是善的,只要都能收为良知主管,七情尽量发露都非恶事。只当良知主管不好,七情任其横行,才会成为人欲,而为良知之障蔽。但是,人皆有良知,而良知即是灵明知觉力,故能自主勘破其遮蔽,因此横流遮蔽的七情仍得回复自然流行的状态,此处才更是阳明要强调的重点。下文亦然:

> 性一而已。仁、义、礼、知,性之性也,聪、明、睿、知,性

之质也,喜、怒、哀、乐,性之情也,私欲、客气,性之蔽也。质有清浊,故情有过不及,而蔽有浅深也;私欲、客气,一病两痛,非二物也。……夫良知即是道,良知之在人心,不但圣贤,虽常人亦无不如此,若无有物欲牵蔽,但循着良知发用流行将去,即无不是道;但在常人多为物欲牵蔽,不能循得良知。

前文已说明阳明采性气合一的说法,因此本文中阳明是将气收为性之状态来说,而良知是性,因此最终是以良知发动来收管所有的气禀状态。阳明说性有性、质、情、蔽,其中质、情、蔽就是气禀的结果,但人毕竟是性在主宰,意即良知才是人的真正主宰,因此直循之即能入道成圣,至于常人,只是不能直循良知,故为私欲客气遮蔽,因此最后的关键还是做不做工夫的问题了。另见:

> 黄以方问:"先生格致之说,随时格物以致其知,则知是一节之知,非全体之知也,何以到得'溥博如天,渊泉如渊'地位?"先生曰:"人心是天、渊。心之本体无所不该,原是一个天,只为私欲障碍,则天之本体失了;心之理无穷尽,原是一个渊,只为私欲窒塞,则渊之本体失了。如今念念致良知,将此障碍窒塞一齐去尽,则本体已复,便是天、渊了。"

学生问格物致知是一节一节工夫,如何透彻入天?阳明以格致工夫即是良知发动,而良知即是天道本体,因此格致即透彻入天矣。至于为何需格致?那就是人心时有私欲遮蔽之故,也就是说阳明都不反对障蔽的存在,亦即都接受气禀存在的理论,亦即在存有论议题上都是继承程朱的理论立场。其实儒学史上没有人反对此事,孟子言自暴自弃就是明见此事,只是是否对此事展开存有论的形而上学讨论而已,程朱即认真面对此事而有理气论的理论建构以为说明,象山、阳明说得少,且特重工夫论意旨,然而,象山、阳明亦皆不可能有在理论上否定私欲遮蔽之气禀结构的存有论立场,故而偶尔说及时,其理论意旨便需同于程朱。当然还是要回到阳明理论的主旨,那就是念念致良知以恢复此心之本体,也就是要求做工夫的宗旨,也就是要追求最终心即理的境界,但是心即理是工夫论的命题,并不等于否定了主体会有私欲遮蔽的时候,而主体之为私欲遮蔽就是因为主体的存有论结构是理气共构、性气共构的,因此存有论上说,阳明不能否定朱熹之言于"心者气之灵爽"的话。当代学者以朱熹之心有气禀限制而阳明良知直透天渊以别异朱王,这是根本上混淆了存有论和工夫论的错误见解。

以上说明了阳明在形而上学相关问题上的讨论意见,并定位了他的语言使用的特征,即以良知一概念收管天道论的道体二义,亦以良知一概念收管人性论的性气二义,以此为基础,儒学概念即是他的所有真理观及语言使用的地基,既然如此,则阳明如何收编道佛的思路便易于说明了。

三、对道教的批评

谈道家,应有道家与道教两系,道家指的是老、庄、列的哲学思想,较少涉及它在世界观或宗教性格上的言说,道教指的是东汉以降的本土宗教,既有宗教活动的所有特征,也有世界观、修炼论的哲学思想部分。两家语词文本相近但系统不同,从严格的哲学理论切入点来谈时应予分别,使其易讨论。阳明三教辩证意见中有对道教修炼术的讨论,这是本文要谈的部分,至于道家老庄学,阳明所论不多,但是一些人生智慧的观点上有不少老子形态的思想,但阳明亦从未将之归为老子智慧,从哲学史研究的角度说,我们也无须说阳明受到老子的影响,只需说阳明与老子若干智慧有共同的体悟,但就阳明本人而言,他当然认为这还是儒家的智慧,只是说到高明处有此无为的意境而已。至于庄子、列子,则所论更少。因此说阳明与道家的辩证不如说就是阳明与道教的辩证,事实上阳明明白提出来的以及回答弟子问题的,都主要就是针对道教修炼术的问题,阳明确实发表了许多意见,但最终可以说都只是儒学立场的申述,而不算真正辩证了道教。明朝时期,道教活动兴盛,阳明年轻时即有与道教修炼接触的纪录,参见:

> 十一年戊午,先生二十七岁,寓京师。是年先生谈养生。先生自念辞章艺能不足以通至道。求师友于天下又不数遇,心持惶惑。一日读晦翁《上宋光宗疏》有曰:"居敬持志,为读书之本,循序致精,为读书之法。"乃悔前日探讨虽博,而未尝循序以致精,宜无所得。又循其序,思得渐渍洽浃,然物理吾心终若判而为二也。沉郁既久,旧疾复作。益委圣贤有分。偶闻道士谈养生,遂有遗世入山之意。[1]

> 十有五年壬戌,先生三十一岁,在京师。八月,疏请告。是年先生渐悟仙、释二氏之非。先是五月复命,京中旧游俱以才名相驰骋,学古诗文。先生叹曰:"吾焉能以有限精神为无用之虚文也!"遂告病归越,筑室阳明洞中,行导引术。久之,遂先知。一日坐洞中,友人王思舆等四人来访,方出五

---

① 《王阳明全集·卷三十三·年谱一》,页1224。

云门，先生即命仆迎之，且历语其来迹。仆遇诸途，与语良合。众惊异，以为得道。久之悟曰："此簸弄精神，非道也。"又屏去。已而静久，思离世远去，惟祖母岑与龙山公在念，因循未决。久之，又忽悟曰："此念生于孩提。此念可去，是断灭种性矣。"明年遂移疾钱塘西湖，复思用世。往来南屏、虎跑诸刹，有禅僧坐关，三年不语不视。先生喝之曰："这和尚终日口巴巴说什么，终日眼睁睁看什么。"僧惊起。即开视对语。先生问其家，对曰："有母在。"曰："起念否？"对曰："不能不起。"先生即指爱亲本性谕之，僧涕泣谢。明日问之，僧已去矣。

二十七岁谈养生有遗世入山之意的经验，这是因为王阳明求至道的心愿尚未找到正确的方法，辞章艺能不足以承载他向来的大器，师友交谈又没有宏大的视野，以朱熹之法求学向道，心智所思又不能与实践意志结合，故曰："物理吾心终若判而为二"，亦即还是没有找到能让他全身投入的伟大事业，故有舍离世间的想法，而欲向道士学养生知识。

这样的心情，到三十一岁时犹然，对于和友人诗文相交之事，仍然觉得非人间第一等事，只是无用之事，不如去练练气功。三十一岁的经验，是他以道教养生术的方法修炼气功，而有了小小的神通，也考虑就此走上修炼之路，但阳明毕竟思亲之情尚在，既不能弃去亲情，亦不能弃去家国天下，所以虽有神通经验，亦不以为是真正至道之事。所以都只是接触而已，并未真正走上修炼之路。

所以我们可以说，王阳明并未真正在道教的修炼知识上作理论的钻研，其实践亦仅是浅尝即止，因此其后对道教修炼知识的发言，都还是回到儒家圣人志向的价值心态上讲，因此说的都

是儒家的观念理论,而不是道教的修炼知识。参见:

> 问立志。先生曰:"只念念要存天理,即是立志。能不忘乎此,久则自然心中凝聚,犹道家所谓结圣胎也。此天理之念常存,驯至于美大圣神,亦只从此一念存养扩充去耳。"

学生问的是立志,意旨当然是儒家的成圣贤之志,阳明答的也是儒家圣贤之志,方法就是存天理而不忘,则心智凝炼终成圣贤,阳明却以道家结圣胎比喻此心智之凝炼,道教结圣胎之后,则日渐培养亦终能成天仙,阳明只是借此为比喻,亦非在理论上将心智凝炼直接等同于结圣胎,结圣胎自是结圣胎,立志自是立志,两者在理论与实务上都还是两件事。本文仅是借道教观念说儒家观念,因此说的当然是儒家意旨;王阳明即便是在说道教观念时,也还是说的儒家意旨,参见:

> 问仙家元气、元神、元精。先生曰:"只是一件,流行为气,凝聚为精,妙用为神。"

> 来书云:"元神、元气、元精必各有寄藏发生之处;又有真阴之精,真阳之气,云云。""夫良知一也,以其妙用而言谓之神,以其流行而言谓之气,以其凝聚而言谓之精,安可以形象方所求哉? 真阴之精,即真阳之气之母,真阳之气,即真阴之精之父;阴根阳,阳根阴,亦非有二也。苟吾良知之说明,则凡若此类,皆可以不言而喻;不然,则如来书所云三关、七返、九还之属,尚有无穷可疑者也。"

第一段的意思在第二段中即已全盘显出,良知概念在王阳明的使用中,是以之为本体宇宙论的宇宙本体之义,这在本文中是再明显不过了。因此,仙家的元气、元神、元精的宇宙论知识意义全被消弭了,并非道教的宇宙论概念不成立或不存在,而是在王阳明的知识系统中没有这些知识存在的地位,在王阳明的心中,儒家的气化宇宙论自张载以降的系统就是这个世界的宇宙论知识系统,流行为气、妙用为神就是张载的观念,世界是一气化有无隐显的全然实有之世界,阳明没有明讲神仙不可能,但是知识世界中并不设置它们的位置,以良知为主体价值平治天下而成圣人就是生命的目的以及世界存在的意义。仙家的宇宙论知识不能出此之外,因此仙家的可能与否的问题,阳明根本未予讨论,所论者仅有儒家气化宇宙论的道德价值本体一事而已。

阳明论仙家宇宙论概念是如此,论鬼神亦然,参见:

> 澄问:"有人夜怕鬼者奈何?"先生曰:"只是平日不能'集义'而心有所慊,故怕。若素行合于神明,何怕之有?"子莘曰:"正直之鬼不须怕,恐邪鬼不管人善恶,故未免怕。"先生曰:"岂有邪鬼能迷正人乎?只此一怕即是心邪;故有迷之者,非鬼迷也,心自迷耳!如人好色,即是色鬼迷;好货,即是货鬼迷;怒所不当怒,是怒鬼迷;惧所不当惧,是惧鬼迷也。"

世俗义之鬼神存在与否?阳明此说中没有正面讨论,以集义而行德性生活,则不需怕鬼,似乎即便有鬼之存在,鬼亦尊重德性而不会伤害正直之人。弟子以有恶鬼会伤人质疑之,阳明却不从恶鬼伤人的角度讨论此事,而是以邪鬼不能迷正人的进路回答之,阳明所关心的只是人们自己的正直与否、集义与否、过德性的生活与否,反之,好色、好货、不当怒、不当惧者皆是人之德性生活的缺失,而无所谓鬼迷之事。因此,实际上是否有恶鬼伤人之事,阳明根本未予讨论,而是只管人的德性生活,因此对于宇宙论的鬼神存在问题,阳明不如朱熹,朱熹从宇宙论的魂魄说正面明确地讨论鬼之存在的问题,亦是儒学理论的一大进展,阳明则全无理论上的贡献。但是,对于鬼之伤人的问题,朱熹的立场其实一如阳明,朱熹自己也是不理会恶鬼为祟之事,可以说朱熹也是以德性生活为君子唯一正事,也是无惧于恶鬼的。总之,以此处之讨论而言,阳明就是不讨论恶鬼,只讨论人之正直行善与否,完全没有正面面对宇宙论义的鬼之存在与否及如何对治的问题。

阳明自己曾经修炼仙家神通之术,自称透过静坐而略有前知之神通。但对弟子的静坐活动之提问,却也完全不从修炼术的角度讨论,可以说阳明所重在德性修养,静坐修炼之事也是不提了。参见:

> 一友静坐有见,驰问先生。答曰:"吾昔居滁时,见诸生多务知解,口耳异同,无益于得,姑教之静坐。一时窥见光景,颇收近效;久之渐有喜静厌动,流入枯槁之病或务为玄解妙觉,动人听闻。故迩来只说'致良知'良知明白,随你去静处体悟也好,随你去事上磨炼也好,良知本体原是无动无静:此便是学问头脑。我这个话头,自滁州到今,亦较过几番,只是'致良知'三字无病。医经折肱,方能察人病理。"

道教养生成仙之事,阳明中年以后既已不务,则对静坐活动便不再重视,虽然早期仍有以静坐教人收敛心神,以辅德性,但静坐既久,一般学子便易于流入谈玄说虚的神秘经验中或是喜静厌动,不务社会服务事业的缺点中,因此便不再强调这个身体活动的德性辅助工夫,而是直接提致良知的心理修养工夫。阳明早期为何仍建议静坐呢?理由是学子读书,不务躬行实践,只管口说文义,甚至较竞异同,只管比较知识道理,却不能真正在心上落实、在事上实践,因此要求学子静坐,此时之静坐其实也还是心理修养工夫,因此稍能治愈口谈之病,只是又有上述缺点。后来,阳明便只管心理修养一路,只提致良知教,以提起主体的本心良知以应对事物,这就是头脑处,就是立乎其大者,也就是德性生活的根本之道。阳明自述这是他自己亲身经历的经验,因此知道静坐修炼不是重点,致吾心之良知于事事物物才是真功夫。因此,究竟静坐修炼能有什么身体的效能之事,这在阳明又是一件存而不论的知识了。又见:

> 刘君亮要在山中静坐。先生曰:"汝若以厌外物之心去求之静,是反养成一个骄惰之气了;汝若不厌外物,复于静处涵养,却好。"

弟子问静坐,阳明关切的是静坐之目的若只是要止息私心欲心则可,若是企图逃避世事则不可,这反而是骄惰之气,骄者轻视世事,惰者遗弃责任。至于静坐修炼的目的与知识,阳明又是全未论及。

阳明对道教长生不死之神仙知识,在他建立"知行合一"及"良知"说之后,就都是一概不提的态度了。弟子以仙家之事问之,他便答以圣人君子之道。如弟子王嘉秀表示仙家与佛家有圣人之上一截工夫,故不必先排仙、佛之道,以此问于阳明,问答如下:

> 王嘉秀问:"佛以出离生死诱人入道,仙以长生久视诱人入道,其心亦不是要人做不好;究其极至,亦是见得圣人

上一截。然非入道正路；如今仕者，有由科，有由贡，有由传奉，一般做到大官，毕竟非入仕正路，君子不由也。仙、佛到极处，与儒者略同。但有了上一截，遗了下一截。终不似圣人之全。然其上一截同者，不可诬也。后世儒者又只得圣人下一截，分裂失真，流而为记诵、词章、功利、训诂，亦卒不免为异端。是四家者，终身劳苦，于身心无分毫益，视彼仙、佛之徒，清心寡欲，超然于世累之外者，反若有所不及矣。今学者不必先排仙、佛，且当笃志为圣人之学。圣人之学明，则仙、佛自泯；不然，则此之所学，恐彼或有所屑，而反欲其俯就，不亦难乎！鄙见如此。先生以为何如？"先生曰："所论大略亦是。但谓上一截，下一截，亦是人见偏了如此。若论圣人大中至正之道，彻上彻下，只是一贯，更有甚上一截、下一截？'一阴一阳之谓道'，但'仁者见之便谓之仁，知者见之便谓之智，百姓又日用而不知，故君子之道鲜矣'。仁、智岂可不谓之道？但见得偏了，便有弊病。"

王嘉秀所说的上一节工夫，圣人与仙佛同有，指的应是心性修养的部分。而下一截工夫仙佛没有，独儒家有，但因缺了上一截，故易流于末流，则此下一截工夫的真正要点，当在修齐治平的实事上，修齐治平也需诚意正心的心性工夫以为基础，此诚其然。阳明基本上大致肯定此说，但所谓"大略亦是"却不清楚究竟是指的哪些部分的意见，不过，阳明以圣贤之道是彻上彻下的，因此没有所谓上一截下一截之分之事，亦即是说君子若真务力于圣学之时，则内圣外王一齐通透，并不会有"流而为记诵、词章、功利、训诂，亦卒不免为异端"之事。显见仙佛的修养工夫，阳明仍是一概不取。可以说在阳明的思路中，儒家的圣人境界，就是天道的全幅显现，没有丝毫不足，因此无需取径于仙佛。又见：

> 先生曰："仙家说到虚，圣人岂能虚上加得一毫实？佛氏说到无，圣人岂能无上加得一毫有？但仙家说虚从养生上来，佛氏说无从出离生死苦海上来，却于本体上加却这些子意思在，便不是他虚无的本色了，便于本体有障碍。圣人只是还他良知的本色，更不着些子意在。良知之虚便是天之太虚，良知之无便是太虚之无形，日、月、风、雷、山、川、民、物，凡有貌象形色，皆在太虚无形中发用流行，未尝作得天的障碍。圣人只是顺其良知之发用，天地万物俱在我良知的发用流行中，何尝又有一物起于良知之外能作得障碍？"

仙家说虚，佛家说无，阳明认为其所说确实有值得借鉴的地方，但毕竟仍执着于说虚说无上，亦即于本体上多加了这许多东西，"便不是他虚无的本色了，便于本体有障碍"。归根究底，阳明的意思还是良知提起便是万事毕矣，良知作为宇宙本体，可以说虚可以说无，其虚其无正是张载之太虚无形宗旨，但此太虚无形之宇宙本体却是能发用流行的，一方面是天地万物的生发变化，另一方面是圣人事业的经纶天下，因此根本上还是与仙佛所说之"虚"及"无"之意旨不同。阳明认为，仙家说虚故务于养生，佛家说无故欲脱离生死，这都不及儒家发动良知之后务力于建设家国天下的实事实功。关键即在，良知是阳明本体宇宙论的最高范畴，既是天道本体，亦是人之本性，既是主导天道变化的形上原理，又是主宰人心活动的本心主体，从形而上学的天道本体之存有论切入点说，良知可为太虚无形气之本体，因此可以接受仙家说虚、佛家说无之意旨，但是从天道本体的本体宇宙论说时，这个天道本体就会发用流行了，亦会主宰人心之实践了，故而不需与仙家佛家说虚说无争辩，但是绝不停留在其虚其无的意旨中，那就是仙家佛家的执着，于本体上加了意思，不是真正本体面目。

阳明此说，于仙家之虚与佛家之无都无认识的实义，都就只是儒家本体宇宙论、存有论、本体工夫论的意见发表而已，可以说也谈不上三教辩证了。于道教如此，于佛教亦然。

四、对佛教的批评

阳明对佛教当然也是批评的，但批评的思路与前节对道教的思路差别不大，然而，因为阳明自己有些"无善无恶"的说法，表面上似与佛教价值观接近，因此导致了自己必须予以澄清，这就使得阳明的儒佛之辩似乎复杂多了。下面一段很长的对话，就是阳明自己澄清他的思路与佛教的不同之处，关键还是儒家是要治世的，而佛教是不能治天下的，参见：

> 侃去花间草，因曰："天地间何善难培，恶难去！"先生曰："未培未去耳。"少间，曰："此等看善恶，皆从躯壳起念，便会错。"侃未达。曰："天地生意，花草一般，何曾有善恶之分？子欲观花，则以花为善，以草为恶；如欲用草时，复以草为善矣。此等善恶，皆由汝心好恶所生，故知是错。"曰："然则无善无恶乎？"曰："无善无恶者理之静，有善有恶者气之动。不动于气，即无善无恶，是谓至善。"曰："佛氏亦无善无恶，何以异？"曰："佛氏着在无善无恶上，便一切都不管，不可以治天下。圣人无善无恶，只是'无有作好'，'无有作

恶',不动于气;然'遵王之道',会其有极,便自一循天理,便有个裁成辅相。"曰:"草既非恶,即草不宜去矣。"曰:"如此却是佛、老意见。草若是碍,何妨汝去?"曰:"如此又是作好、作恶。"曰:"不作好恶,非是全无好恶,却是无知觉的人。谓之不作者,只是好恶一循于理,不去又着一分意思。如此,即是不曾好恶一般。"曰:"去草如何是一循于理,不着意思?"曰:"草有妨碍,理亦宜去,去之而已。偶未即去,亦不累心。若着了一分意思,即心体便有贻累,便有许多动气处。"曰:"然则善恶全不在物。"曰:"只在汝心,循理便是善,动气便是恶。"曰:"毕竟物无善恶。"曰:"在心如此,在物亦然。世儒惟不知此,舍心逐物,将'格物'之学错看了,终日驰求于外,只做得个'义袭而取',终身行不着,习不察。"曰:"如好好色,如恶恶臭,则如何?"曰:"此正是一循于理,是天理合如此,本无私意作好作恶。"曰:"如好好色,如恶恶臭,安得非意?"曰:"却是诚意,不是私意。诚意只是循天理,虽是循天理,亦着不得一分意。故有所忿懥、好乐,则不得其正;须是廓然大公,方是心之本体。知此,即知'未发之中'。"伯生曰:"先生云:'草有妨碍,理亦宜去。'缘何又是躯壳起念?"曰:"此须汝心自体当。汝要去草,是什么心?周茂叔窗前草不除,是什么心?"

首先,阳明自持"良知发用流行""意之所在即予正之"的立场,因此主体并非坚持什么相对的善恶的立场,而是在纯粹至善的良知持守中,随顺良知之发用而已。故曰:"无善无恶者理之静,有善有恶者气之动。不动于气,即无善无恶,是谓至善。"原来,弟子以除草喻治恶,依阳明,认为弟子是尚处在以善治恶的状态中,而尚未进至良知纯然发动的状态,因此会随私意转换欲治之对象,故而评为"此等看善恶,皆从躯壳起念,便会错"。关键还是是非善恶的判断尚涉私意,不是纯粹至善的境界。若达纯粹至善的境界,便无私意之恶之除灭,一切依循于理,不落入相对善恶的情绪中,故曰"无善无恶者理之静",然即此说,弟子问以与佛教无善无恶之说何以异? 这才是阳明必须辩说的地方,因此本文之儒佛之辩,其实正是阳明自己无善无恶说造成者。

阳明辩佛之立场,即是以佛教说无善无恶,是认为天下事没有是非善恶之辨,因此没有治天下的价值立场,亦即没有纯粹至善的良知发动的行动力,故曰:"佛氏着在无善无恶上,便一切都不管,不可以治天下。"至于儒家,自有天理在,天理即良知,则必有行善去恶的实践要求在,只此要求一依天理,非个人私意,非刻意作好作恶的私心欲望,因此说圣人亦无善无恶。讨论至此,我们可以说,儒家的价值意识永远是至善的立场,至善是指在家国天下的范围内追求一个理想的社会体制的目标,主体的意志纯粹化之后,一切依天理而行为之时,并无个人的私意好恶,因此在主体的境界上说无善无恶,并且在以天理作为一个永恒不变的理体的抽象存在特征上也可以说无善无恶,此时与朱熹说的理是洁净空阔的讨论是同样的思路。但阳明的抽象思辨进路的思路较少,而多谈的是主体意志完全纯粹化之后,坚定地持守在至善无恶的立场,因此绝无一毫私意之善恶的状态,其实就是做到了不动心,没有私意之好恶,故亦说得上无善无恶。只是这种说法总是易与佛教命题牵扯不清,不知者谓其入佛,弟子境界不够者亦易于依此而流入空疏,此正阳明之说需要自我澄清之处。

接下来一段草需去除与否的语言往来,其实就是儒者的立场,还是要治天下,还是有为天下举事行动的态度,因此该做事就要做事,该去恶就要去恶,但行动依于天理,并非私意好恶,因此有恶必除,并非事事皆无善恶而不必除草。

再下来"然则善恶全不在物"的讨论,便进入了阳明格物致知说的模式里,阳明为导正他自认为的朱熹穷理于外的错误,主张心与理一,亦即主体的意志要用力的是治心中的恶念,善恶只在胸中一念,而非外在事物的本身,道德实践即是实现良知所发之好善恶恶之事,若不能依于良知所发而去实践,而仍在讨论外在事物之是非对错就是驰求于外,则于圣贤事业毫不相干矣。此说之中,对于外在事物本身之有是非对错是一回事,阳明不能否定之,阳明说的善恶全不在物,是工夫论的意旨,是说的主体的善恶而不是外在事物的是非对错。阳明的思路却是,外在之事是对的,主体就要实现它;是错的,主体就要去除它,主体是对是错都还是主体的自我善恶分辨之事,主体没有实践对的或除去错的就是主体的错,就是主体的恶,所以主体的善恶不在外在事物上,而在主体自己之内,因此仍是主体之心的事业,而不是外在事物的问题。阳明的语言有他特定的语意,厘清这套思路,澄清他的语意,则阳明之说可以成立。但朱熹之说也无错误,朱熹所说的就是天下事之如何是对的如何是错的这件事情要讲究清楚,这就是穷理要做的第一步,第二步也就是落实它、实践它,因此朱熹也是知行合一论的立场,不能因后人光知不行就以朱熹穷理于事事物物的命题是舍心逐物,驰求于外。

又下来,"如好好色,如恶恶臭"的讨论,就是一般的本体工夫的说法,守住本体,好恶一依于理,而没有任何个人的私意,就是守在心之本体,就是守住未发之中的性体。

最后一段学生又问"缘何又是躯壳起念",阳明显已不耐,说了一大篇,就是要学生了解主体自己的心念之正与不正才是道德实践的关键,而不是外在事物的是是非非,因此草应不应除去不是重点,重点是自己的心有没有努力于为善去恶,此事非关草之除不除,不是也有窗前草不除的茂叔风范吗?

由本文的讨论可知,阳明用语特殊,因此自己惹来需与佛教命题区别澄清的麻烦,至于价值立场上,儒家就是要治世的,而这正是儒佛之别的关键,这才是阳明辩证儒佛的重要立场。

阳明以无善无恶之说被学生疑为近佛,阳明自己不时会引用佛教术语以说儒家意旨,这是因为,阳明的世界观及价值意识已定于儒家,天道流行与主体实践都是以儒家思想为根本形态,至于道佛则是出入偏差的系统而已,因此道佛中有些说对了的地方自可取为己用。阳明并不是谨慎的理论研究者以及语言的约定使用者,他根本没有去管佛教术语是有其背后整套不同的世界观及价值意识的,因此便有大胆取用的现象,但这却造成阳明儒佛辩证中有意旨不清的缺点。参见:

> 来书云:佛氏于"不思善,不思恶,时认本来面目",于吾儒"随物而格"之功不同。吾若于不思善、不思恶时,用致知之功,则已涉于思善矣。欲善恶不思,而心之良知清静自在,惟有寐而方醒之时耳。斯正孟子"夜气"之说。但于斯光景不能久,倏忽之际,思虑已生。不知用功久者,其常寐初醒而思未起之时否乎?今澄欲求宁静,愈不宁静;欲念无生,则念愈生,如之何而能使此心前念易灭,后念不生,良知独显,而与造物者游乎?(阳明答)"不思善、不思恶,时认本来面目。"此佛氏为未识本来面目者设此方便。本来面目即吾圣门所谓良知。今既认得良知明白,即已不消如此说矣。"随物而格",是致知之功,即佛氏之"常惺惺",亦是常存他本来面目耳,体段工夫大略相似,但佛氏有个自私自利之

心,所以便有不同耳。今欲善恶不思,而心之良知清静自在,此便有自私自利、将迎意必之心,所以有"不思善、不思恶时,用致知之功,则已涉于思善"之患。孟子说"夜气",亦只是为失其良心之人指出个良心萌动处,使他从此培养将去。今已知得良知明白,常用致知之功,即已不消说"夜气";却是得兔后不知守兔,而仍去守株,兔将复失之矣。欲求宁静,欲念无生,此正是自私自利、将迎意必之病,是以念愈生而愈不宁静。良知只是一个良知,而善恶自辨,更有何善何恶可思!良知之体本自宁静,今却又添一个求宁静,本自生生,今却又添一个欲无生,非独圣门致知之功不如此,虽佛氏之学亦未如此将迎意必也。只是一念良知,彻头彻尾,无始无终,即是前念不灭,后念不生,今却欲前念易灭,而后念不生,是佛氏所谓断灭种性,入于槁木死灰之谓矣。

本文是弟子与阳明讨论格物致知之工夫如何操作的文字,旁及儒佛之辩。弟子以为随物而格之工夫不易实施以及此工夫与佛家不思善恶、本来面目之说有所不同。阳明竟答以"本来面目即吾圣门所谓良知",此实为仅其语意相近便直取之的做法,阳明完全不追究佛家之"本来面目"却是佛性般若之智,而非天理流行的儒家良知道体,阳明又以"随物而格"即是佛家之"常惺惺",这还是取其近似即以为同之做法,甚至说"亦是常存他本来面目耳,体段工夫大略相似"。显然阳明对儒家天道流行的世界观是执定以为绝对真实之理,因此佛教之说亦只能是此世界观价值意识的说明系统,只是佛家尚有把握不住的地方而已,于是说"但佛氏有个自私自利之心,所以便有不同耳"。阳明说佛家之自私自利之心,其实完全没有展开真正的辩论,就是一般儒者的通见而已,至于儒家立场,则是培养良知,依天理发动,致力于家国天下之事事物物之中，便不必刻意去除念头、不思善恶，否则便入于"断灭种性""槁木死灰"。阳明自己于千死百难之中体会良知，良知之感应来去真真实实，因此一切依于良知而为之行动即是真正的道德实践事业，便无将迎意必之弊，则既无不思善恶的虚功，也无夜气之需存，其弟子正为不能真致良知才有种种弊端，故说为此。就以上一段之讨论而言，阳明自己天纵圣才，动心忍性不能移，但一般弟子正是做不到此点，阳明的回答还是直守本心提起良知一路，道理是说对了，但于工夫入手、下学上达、渐修渐进之方仍无所说，又因话头太高明，牵引佛教概念不加分辨，反而易起无谓的误解，他自己自信得及，敢于创说，但在带领弟子上，却不能不留下智悟不及、心性不定的后人在理解上的弊端了。下文即是弟子不能掌握其意而再致申问的一段文字，参见：

> 来书云：佛氏又有常提念头之说，其犹孟子所谓"必有事"，夫子所谓"致良知"之说乎？其即"常惺惺，常记得，常知得，常存得"者乎？于此念头提在之时，而事至物来，应之必有其道。但恐此念头提起时少，放下时多，则工夫间断耳。且念头放失，多因私欲客气之动而始，忽然惊醒而后提，其放而未提之间心之昏杂多不自觉，今欲日精日明，常提不放，以何道乎？只此常提不放，即全功乎？抑于常提不放之中，更宜加省克之功乎？虽曰常提不放，而不加戒惧克治之功，恐私欲不去；若加戒惧克治之功焉，又为"思善"之事，而于"本来面目"又未达一闲也。如之何则可？（阳明答：）戒惧克治即是常提不放之功，即是"必有事焉"，岂有两事邪！此节所问，前一段已自说的分晓，末后却是自生迷惑，说的支离，及有""本来面目'未达一闲"之疑，都是自私

自利、将迎意必之为病,去此病自无此疑矣。

本体工夫就是主体意志纯粹化于德性价值一事而已,道理上是简易直截的,实践下去时就是持续纯粹化主体意志一事而已,有任何的私意念起,就是再度克制就是了,而不是于方法上有什么万无一失的途径,所以阳明有行了以后才会知的说法,就是说行动了以后自己还是会产生私意欲望的念头,因为面对的外在世界还会有更新更大的是非利害摆在前面来引诱自己,于是就是再度下正念头、格物欲的工夫。阳明弟子之问,就是尚未好好实践,一意在知解上要求索个万无一失的方法,其实正是意志不纯粹的结果,因此阳明十分不耐,道理都讲过了,只剩自己的意志贯彻之实践一事而已,弟子还是提出这么多的问题,因此指责他有自私自利之病。这一段文字并无更新的义理讨论了,只能说是功力高下不同的两人在话语上已不投机了。

以下还有两段文字亦是阳明辟佛的意见,说法并未有什么新意。参见:

> 先生尝言:"佛氏不着相,其实着了相,吾儒着相,其实不着相。"请问。曰:"佛怕父子累,却逃了父子;怕君臣累,却逃了君臣;怕夫妇累,却逃了夫妇,都是为个君臣、父子、夫妇着了相,便须逃避。如吾儒有个父子,还他以仁;有个君臣,还他以义;有个夫妇,还他以别;何曾着父子、君臣、夫妇的相?"

佛氏之不着相自有佛家的理论意义在,阳明并没有深入佛教义理世界,只是一味以儒家的立场改变不着相的定义。阳明的不着相是依于天理而行之不着相,是当喜怒哀乐即喜怒哀乐而谓之不着相,因此家国天下父子君臣之事都是该承担就承担,故而是不着相,但却必须是以仁义礼知的价值意识来贞定事物之应如何处置,自己心中不再有私意欲望,故而说是不着相。此说中仍是谈不上儒佛辩论,只是儒家立场的申述而已。下文儒家立场的申述意见更为鲜明,参见:

> 或问:"释氏亦务养心,然要之不可以治天下,何也?"先生曰:"吾儒养心未尝离却事物,只顺其天则自然就是功夫。释氏却要尽绝事物,把心看做幻相,渐入虚寂去了;与世间若无些子交涉,所以不可治天下。"

佛教养心,这是儒者知道的,但是儒者必欲于养心一事上再与佛家分个是非,这就是养心要落实在家国天下的承担治理上,而这正是佛教不及之处。佛教如何而不治世?儒者并不追究它们的道理,只是以儒者的立场予以批判而已。所以本文还是自申己意而谈不上辩论的一段文字。

综上所论,阳明于辩佛一事,并无积极的理论贡献,所持者仅有治天下与否之唯一一义,此义却是所有儒者早有的基本立场,因此他于儒佛之辩的理论上并无新说。但是,因为阳明于儒家的价值意识自信最高,其良知说亦已发展为形而上学的本体宇宙论及主体实践的本体工夫论,因此一切言论莫不归儒,所以佛家的话头他也敢拿来使用,于阳明则用之仍为儒义,于弟子便不然,于是他又得自己消化一些说的过头的话,主要即是无善无恶说,其实此说本来不是儒佛之辩的关键问题,问题就在儒者的忌讳之心态,如朱熹以无形说无极即遭象山指斥为道,阳明擅用无善无恶说当然也会遭到弟子的质疑,因此必须费力说明,这才反而成了他自己的儒佛之辩之重要课题。其实这只是一项语意约定的问题而已或者说是问题意识的澄清问题而已,澄清了即无误解了,但也还是没有深入儒佛之辩的课题中。

五、对卜筮活动的意见

卜筮并非直接相关三教辩证,但卜筮在儒学史中仍有是否涉及问告鬼神的问题,这就有了关于儒学理论系统的定位问题,阳明对此事有所发言,这就很值得讨论了。邵雍、朱熹皆以卜筮为求问鬼神预测来事之事,求问与告知的卜筮活动便成为人神互动的事件。然而对于王阳明而言,阳明谈良知发用便一切自足,因此对于卜筮活动的问告之义虽未直接否定,但却更重自觉而非问告了,参见:

> 问:"《易》,朱子主卜筮,程《传》主理,何如?"先生曰:"卜筮是理,理亦是卜筮。天下之理孰有大于卜筮者乎? 只为后世将卜筮专主在占卦上看了,所以看得卜筮似小艺。不知今之师友问答,博学、审问、慎思、明辨、笃行之类,皆是卜筮。卜筮者,不过求决狐疑,神明吾心而已。《易》是问诸天;人有疑,自信不及,故以《易》问天;谓人心尚有所涉,惟天不容伪耳。"

阳明对卜筮的意见,是将卜筮活动上升为穷理之意,因此博学审问慎思明辨笃行既是穷理亦是卜筮,如此其实已经转变了卜筮在中国传统文化中的定义了,因此卜筮不专指问告鬼神,而是一切穷理实践的活动,是"求决狐疑,神明吾心"的事业,只是阳明尚未取消卜筮有问告于天的意义而已,问告于天即仍有问告鬼神之义在。虽然如此，阳明却不鼓励问告于鬼神，不鼓励问告鬼神是因为此举尚涉私利之心。阳明不论卜筮，因此即不论前知，参见：

> 或问至诚前知。先生曰："诚是实理，只是一个良知。实理之妙用流行就是神，其萌动处就是几。诚神几曰圣人。圣人不贵前知；祸福之来，虽圣人有所不免，圣人只是知几，遇变而通耳。良知无前后，只知得见在的几，便是一了百了。若有个前知的心，就是私心，就有趋避利害的意。邵子必于前知，终是利害心未尽处。"

问至诚前知，阳明以周敦颐的"诚神几曰圣人"答之，意即圣人贵至诚，至诚则知机，知机即知是非，知是非是主体性价值自觉地知，而不是问告鬼神预测地知，甚至"圣人不贵前知"，只管是非，因此"祸福之来，虽圣人有所不免"，祸福是外在的，至诚是主体的自觉，自觉善恶之机，因而应世而已，"圣人只是知几，遇变而通耳"。显然，阳明只关心君子是否自己挺立道德主体性，只管良知发动便去正是是非非，圣人事业只此而已，若必欲求知祸福之后才发为举动，便是私心计算，阳明以此批评邵雍。阳明自己的一生，就是良知指导下的人生，没有利害的计算，只有是非的行止，结果成就了无数的事功，但也遭致了巨大的威逼迫害，阳明的生命意志是昂扬的，卜筮、前知对他来讲是不重要的，如此更能显示出良知教的强悍精神，虽然如此，阳明仍未在理论上否定卜筮问告、前知预测等事，只是表示了儒者应有的对待态度而已。

六、王阳明的教学风格

王阳明一生治世教学,事功不忘读书,读书后即刻实践,体悟有得即教学,教学风格中显见严峻精神,亦有似禅之处。其实,禅以明心见性体空证空为方式与方向,禅儒方向不同,亦即价值意识不同,但方式是相同的,亦即皆是本体工夫的心理修养活动,拳守价值意识之后,就是持定不放一事而已。阳明的价值意识以良知概念定位,即是儒家的仁义礼知诚善诸价值,在做工夫时,只有价值意识以为意志之主宰一事,再无其他使多内外之念,还在关心其他问题的就是没有守住良知善念一事,就是没有真为圣人之志,此与禅宗教学只问本心之形式全然相同。阳明有许多与弟子谈修养的话语纪录,弟子的缺点都是立志不足,发为念虑,因而提出如何反回本心的问题,阳明之回应皆是要求直接立起良知本心,因此语多严峻,其实就是弟子没有真在心上下功夫立志的问题而已,因此阳明就是要求弟子直接在心上做工夫而已,也就是要直接做工夫就没有问题了。并且,阳明对于弟子们的私人毛病都看得清清楚楚,一语中的,不留余地,教学过程十分精彩,感人至深,值得介绍与讨论。以下节录若干对话讨论之。

首先从弟子孟源的好名之病说起,参见:

> 孟源有自是好名之病。先生屡责之。一日警责方已,一友自陈日来工夫请正。源从傍曰:"此方是寻着源旧时家当。"先生曰:"尔病又发!"源色变,议拟欲有所辨。先生曰:"尔病又发!"因喻之曰:"此是汝一生大病根!譬如方丈地内,种此一大树,雨露之滋,土脉之力,只滋养得这个大根;

> 四傍纵要种些嘉谷,上面被此树叶遮覆,下面被此树根盘
> 结,如何生长得成? 须用伐去此树,纤根勿留,方可种植嘉
> 种,任汝耕耘培壅,只是滋养得此根。"

孟源的好名之病师已知之,并予警告,无奈孟源病症不轻,当场
发病,便受阳明一再斥责。故事是说有别的人在老师面前谈他
自己的修养毛病,老师尚未开口,孟源即强行出头指导他人,当
场被阳明斥责为"尔病又发!",孟源吓着,欲辩解己意,此一欲辩
之心又是好名之病,阳明二度斥责"尔病又发!"。显见孟源病症
严重,阳明因而以好名之病已成大树喻之,若不将此树连根拔
起,则任何其他的正见都还会被此病遮蔽,亦即行一善行未及成
功,便又将被自己的骄傲之病把效果破坏了,骄傲一出,善行即
失去意义了,好名即是骄傲,好为人师指点他人即是好名。本文
显示好名、骄傲之病是士人常有的病症之一,就是私心的一种显
现,不易除尽,而阳明对弟子此病却是见得十分清楚,并且不留
情面,当场要求改正,这就是他的教学风格。阳明教学直捣病症
之做法又见:

> 先生问在坐之友:"此来工夫何似?"一友举虚明意思。
> 先生曰:"此是说光景。"一友叙今昔异同。先生曰:"此是说
> 效验。"二友惘然请是。先生曰:"吾辈今日用功,只是要为
> 善之心真切。此心真切,见善即迁,有过即改,方是真切工
> 夫。如此,则人欲日消,天理日明。若只管求光景,说效验,
> 却是助长外驰病痛,不是工夫。"

做工夫就是直接要求正心诚意格物致知,就是心上直接下功夫。
阳明要弟子说说自己的工夫,一人说可能的境界,一人说前后的
差别,都没有说到自己的决心与意志上,因此阳明当下批评为只

是在说效验及光景。阳明认为做工夫之重点唯在此心之真切上，而不是已经有了什么成效或想要的境界是什么的问题，说到这些地方时又是务于外了，又是私心出现了。

阳明少时学仙佛，但成一家之言后即不再言及仙佛，若有弟子执意询问，阳明便是严厉斥责的态度，参见：

> 萧惠好仙、释。先生警之曰："吾亦自幼笃志二氏，自谓既有所得，谓儒者为不足学。其后居夷三载，见得圣人之学若是其简易广大，始自叹悔，错用了三十年气力。大抵二氏之学，其妙与圣人只有毫厘之闲。汝今所学，乃其土苴，辄自信自好若此，真鸱鸮窃腐鼠耳！"惠请问二氏之妙。先生曰："向汝说圣人之学简易广大，汝却不问我悟的，只问我悔的！"惠惭谢，请问圣人之学。先生曰："汝今只是了人事问；待汝办个真要求为圣人的心，来与汝说。"惠再三请。先生曰："已与汝一句道尽，汝尚自不会！"

阳明体认圣学易简广大，这是儒佛不同之处，亦即儒学就是以爱民成物之心致力于天下之事而无一毫私欲者，故为易简广大。弟子萧惠好仙佛，阳明为说儒佛之辨，却说萧惠所好之道为二氏土苴，即指养心神通之事者。又说仙佛之妙与圣人接近，阳明之意就是仙佛之妙必即仍是儒家之圣人事业，但世人多为其养心神通能力所吸引，因此只知土苴。无奈萧惠不悟，还要问仙佛之妙，遂被阳明责备，萧惠惭愧，只好硬着头皮再问儒家的圣人之学。此时阳明知道萧惠只是略尽人事，充个场面，做个好球给老师打而已，态度上十分不真诚，因此再度责备他，要求他要真正立志了再来问这个问题。其实萧惠要是真正立志了，则儒家圣学本就只是易简广大而已，直接努力就可以成功了，便也无须再问了。糟糕的是，萧惠真是驽钝，他真以为老师是不想跟他讲，以为老师是责骂他不够诚意，因此一心急切着展现诚意，要求老师务必说与他知，阳明也就只好无奈地冷冷地说，早就跟你讲完了你还是不懂。阳明"已与汝一句道尽"的是什么呢？其实就是易简广大而已，就是直接去做而已，因为儒学就是天道的本身，就是一个良知说尽一切事。

本文中，阳明于儒释之别又是自信过多，"大抵二氏之学，其妙与圣人只有毫厘之闲。汝今所学，乃其土苴"。就是这段话让萧惠不明究理，其实儒佛之别岂是毫厘，只是阳明已全为儒者思维，佛道只是儒家正宗之一小偏之教而已，故有此语。

阳明也有轻松对待弟子之时，而此时也正是他自己的自信展发之时，参见：

> 王汝中、省曾侍坐。先生握扇命曰："你们用扇。"省曾起对曰："不敢。"先生曰："圣人之学不是这等缠缚苦楚的。不是妆做道学的模样。"汝中曰："观仲尼与曾点言志一章略见。"先生曰："然。以此章观之，圣人何等宽洪，包含气象。且为师者问志于群弟子，三子皆整顿以对，至于曾点，飘飘然不看那三子在眼，自去鼓起瑟来，何等狂态；及至言志，又不对师之问目，都是狂言。设在伊川，或斥骂起来了。圣人乃复称许他，何等气象。圣人教人，不是个束缚他通做一般，只如狂者便从狂处成就他，狷者便从狷处成就他，人之才气如何同得。"

阳明自述是狂者胸次，一身承担天下，世俗的议论与礼教是不放在心上的，因为为学的重点是在直接呈现良知以应世事，因此是否提起良知便是工夫的真正关键，有时候生活上的敬畏谨严倒不是他太在意的细节。当然,一旦弟子的行为放纵,而显现骄心私欲时,阳明还是会立即斥责的。一日,阳明与诸弟子坐谈,或是天气炎热,允弟子用扇,诸弟子皆不敢造次。阳明说,圣人气象不是如此拘谨,弟子放松些可也。此时,王龙溪在侍,知师心意,以曾点言志故事喻之,阳明许之,竟谓曾点亦是一狂态,但圣人许其狂,意谓阳明亦许弟子之狂。其实,曾点是云淡风清,没有好胜私欲之心,但也未必就有勠力笃行拯救天下之志。孔夫子心向此意境,故称许之,但孔夫子之一生,可是与阳明更近似些,而非曾点形态,只其晚年回乡教学,看尽天下事,心情已淡然许多了,故而较愿贴近曾点之清淡的心情,而不是曾点有狂者胸次——是阳明以己心体贴曾点了,阳明中年即逝,一生都还在汲营天下事中,狂心不免,只是能守得良知致中和的定力而已,故成儒者典范之一代宗师,因此关心弟子是否真正进取,而不是日常生活的谨畏敬凛而已,故有此一公案。

阳明对弟子立志的要求是最为严厉的,若弟子随便说些立志的话,阳明是会严厉责备的,参见:

> 何廷仁、黄正之、李侯璧、汝中、德洪侍坐。先生顾而言曰:"汝辈学问不得长进,只是未立志。"侯璧起而对曰:"璩亦愿立志。"先生曰:"难说不立,未是必为圣人之志耳。"对曰:"愿立必为圣人之志。"先生曰:"你真有圣人之志,良知上更无不尽;良知上留得些子别念挂带,便非必为圣人之志矣。"洪初闻时心若未服,听说到不觉悚汗。

提起良知就是立志,立志就是立为圣人之志,为圣人就是承担天下事而无私欲,然而这可就是要坚苦卓绝、大死一番才真正承担得了的了,阳明一生亲证及此,因此这是真实工夫的事业,不是嘴上说说而已,至于道理可是简易直截,没有曲折艰困的地方。阳明以此告诫弟子,弟子侯璧,心思单纯,似子路,开口即说愿意承担此志,阳明知其功力未到,评为尚非圣人之志,侯璧欲示其诚,再说愿为圣人之志,阳明应是早知此子之状态,见出他还有许多私心私欲在纠缠,便直说出他的缺失,令侯璧直冒冷汗,也就是说在阳明门下之弟子,老实用功即可,不必逞嘴上之快。阳明智慧第一,弟子的心性修为清清楚楚,稍有言过其实,阳明必不客气地予以纠正。

阳明对自己所说的良知教的修养方法十分自信,不容他人议论,若有随意批评者,必遭指责。参见:

> 一友问:"欲于静坐时,将好名、好色、好货等根,逐一搜寻,扫除廓清,恐是剜肉做疮否?"先生正色曰:"这是我医人的方子,真是去得人病根,更有大本事人,过了十数年,亦还用得着。你如不用,且放起,不要作坏我的方子!"是友愧谢。少闲曰:"此量非你事,必吾们稍知意思者为此说以误汝。"在坐者皆悚然。

有学人放言高论,说私心私欲是人常有之,不可能于静坐时一次扫光,若强说扫除一切私欲,恐将生机一齐灼丧了,即是"剜肉做疮"。阳明闻之十分生气,做工夫除了将私意私欲一起扫除之外还有什么?因此予以指责。这就是阳明的工夫论宗旨,即便是圣人亦只是此一方式,因此丝毫不许弟子轻议。显然阳明对说这话的学人十分不满意,又发觉可能是自己的弟子跟他这么提起的,因此一时之间阳明弟子亦被责骂了。

对于弟子不知自己下功夫而要求有一完备无误的方法时,阳明都是不再说学理,只会要求他们得自己实践了之后才能体

会,参见:

> 一友问功夫不切。先生曰:"学问功夫,我已曾一句道尽,如何今日转说转远,都不着根!"对曰:"致良知盖闻教矣,然亦须讲明。"先生曰:"既知致良知,又何可讲明?良知本是明白,实落用功便是;不肯用功,只在语言上转说,转糊涂。"曰:"正求讲明致之之功。"先生曰:"此亦须你自家求,我亦无别法可道。昔有禅师,人来问法,只把麈尾提起。一日,其徒将其麈尾藏过,试他如何设法。禅师寻麈尾不见,又只空手提起。我这个良知就是设法的麈尾,舍了这个,有何可提得?"少闲,又一友请问功夫切要。先生旁顾曰:"我麈尾安在?"一时在坐者皆跃然。

做工夫就是自己将道德意志提起以应对世间事,弟子讨论做工夫不得力应如何救治,阳明认为根本不是知识上如何提供方法的问题,而是心志贯彻与否的问题,因为道德良知人人心中本有,提起即是。但是弟子却以为自己要问的就是良知如何提起的操作细节的问题,因此问得有理,所以还是提出问题。阳明则讲了禅师的故事,麈尾就是比喻佛教的本心本性,提起麈尾和提起手都只是说明要提起本心本性,实际下功夫而已,因此弟子的问题就是是否实际下功夫的问题,下了工夫之后自然会知晓其中的艰难之关键,而不需要再问更多的细节方法。在另一个场合中又有弟子问如何做工夫的问题,阳明即以禅师之喻说"我麈尾安在?"亦即要弟子去找他自己的良知予以提起即是,即是要弟子去实际做工夫而已。

阳明对弟子的心性修为清清楚楚,因此也有对机教学的风范,参见:

先生锻炼人处，一言之下，感人最深。一日，王汝止出游归，先生问曰："游何见？"对曰："见满街人都是圣人。"先生曰："你看满街人是圣人，满街人倒看你是圣人在。"又一日，董萝石出游而归，见先生曰："今日见一异事。"先生曰："何异？"对曰："见满街人都是圣人。"先生曰："此亦常事耳，何足为异？"盖汝止圭角未融，萝石恍见有悟，故问同答异，皆反其言而进之。洪与黄正之、张叔谦、汝中丙戌会试归，为先生道涂中讲学，有信有不信。先生曰："你们拏一个圣人去与人讲学，人见圣人来，都怕走了，如何讲得行！须做得个愚夫、愚妇，方可与人讲学。"洪又言今日要见人品高下最易。先生曰："何以见之？"对曰："先生譬如泰山在前，有不知仰者，须是无目人。"先生曰："泰山不如平地大，平地有何可见？"先生一言翦裁，剖破终年为外好高之病，在座者莫不悚惧。

圣人心胸广阔，视民如伤，爱民如己，救难天下人，见天下人都有成圣人的可能性，即如佛见众生皆是佛之义。阳明弟子便以"见满街都是圣人"为机锋，展开言谈。王汝止傲气过重，自以为是圣人，故说"见满街人都是圣人"。阳明讽刺他说，是你自以为是圣人，满街人都看你装模作样地扮个圣人。董萝石质朴守分，尊重世人，故其说"见满街人都是圣人"当时阳明知其心中确实诚笃如此，故而说这是平常之事，我辈儒者皆应有见及此，故而无须特异。阳明与弟子对答，反其言而言，不务究理者真不知其意旨为何。

又一次，一群弟子在外宣教，却亦是自傲过人，把别人当作愚夫愚妇，自以为是大人莅临教学。故而阳明指责他们自己高傲得以为是圣人，故而人见之不喜，都无意与之学。一弟子不明此意，以为阳明既是圣人，学生以阳明师说教人，人人皆应尊敬受教，否则人品不高，有眼无珠。阳明则以为弟子过傲，儒者必须自己先尊敬平民百姓，平民百姓才会尊敬你，儒者气象是要谦虚下民的，不是高高在上要人民崇拜的，这都是为外好高之病。

以上借由数则阳明教学的风范展现阳明为师之风采，并无理论建构之新意，但有实践体证的事迹，值得讨论，说明如上。

结　论

本文之作，着重于说明阳明三教辩证的立场及其背后所预设的形而上学基础，立场是说明清楚了，但是阳明自己的哲学论证却是十分不足的，不似阳明于谈工夫论时的知行合一说、致良知说、格物致知说等等之条理分明。虽然如此，阳明于形而上学问题的根本立场却都仍是程朱的一套，不能有任何差别。学术界一般将阳明批评于程朱的学说无限上纲为阳明与朱熹有对道体的不同形而上学立场，笔者完全不赞同。这是阳明首先混淆于前，以致后学者跟着混淆于后的错误，本文即有在此澄清宗旨的积极目的。关键是阳明将本体工夫的命题与朱熹的工夫次第的命题与存有论的命题做了错误的比较，以致产生不必要的对立，细心做哲学史研究即可厘清其说，不必千年之后还是接着犯错。本文对阳明所展开的三教辩证是采批评否定的立场，阳明不是好的形而上学家，也不是好的三教辩证理论家，所说毫无新意，意旨单薄，真无可观之论。不论是否无意于此还是真无所见，他展现出来的辩证道佛结果都还只是儒家立场的再申己意而已。为何如此？关键就在道佛是有不同于儒家的世界观及价值命题系统的教派，有完整的哲学基本问题的理论架构，包括宇宙论、本体论、工夫论及境界论。阳明对道佛的批评，完全出于自己的价值意识,而形而上学的系统,也已预设在整个儒学史的价值意识本体论以及气化宇宙论的系统中了。阳明强调的良知本体说,就是以良知概念替代传统的天道天理概念而以为宇宙本体,就是将主体的实践与天道的流行更予结合的申论模型。既然价值意识及宇宙实相已定位在此,则道佛世界观不必论,那么相应于道佛世界观的道佛修炼论与修行论便失去了理论依据。如此,阳明即得以自己的价值意识否定道佛的工夫境界思想,重申其回到以现实世界的家国天下为目标的儒家修养论上。因此,就阳明哲学特出于儒学之处言,固极有其高明之论,但是,以阳明辩难于道佛哲学的意见观之,这一部分学力甚浅。当然,这其实是所有明儒的共同现象,不独阳明如此。唯当代新儒家学者高举儒学的同时,仍多以阳明学为最高典范,因此不仅阳明儒学的深旨应予彰明,阳明对道佛的批评意见,更值得讨论,本文之作即为此。目的在指出当代新儒家以阳明学为统整三教的最高典范之意见,宜再三思之,笔者即完全不同意。

本文另讨论了阳明的教学风格,确实显现了一代宗师必有的风范气度与严厉气势,为阳明展示出来,以见证他的学说在教学上应有的风采。

对王阳明批评朱熹的理论反省

杜保瑞

前　言

本文针对哲学史上王阳明对朱熹批评的意见做反思,指出这些批评意见,从直接的材料上讲,主要都是依据《大学》文本诠释而来的,从阳明的哲学创作来讲,又多是针对朱熹理论做反对而来,就此而言,王阳明实在是受到朱熹影响很深的人,两人真正的差距,并不是哲学史上将程朱、陆王分为理学、心学两派之差异那样的极端。实际上从王阳明所争辩的问题来看,则多为朱熹工夫不得力的批评,这就又有属于朱熹谈工夫理论还是朱熹自己的工夫修养程度两种问题,阳明亦是混淆此两者。又从工夫理论的批评来讲,阳明又有哲学基本问题的错置,将朱熹谈于工夫次第及形而上学存有论问题的发言都从本体工夫的形式去批评,以致其失去批评的准确度。此外,还有从不同的先秦典籍之义理依据而做的文本诠释之批评以及对《大学》版本本身的意见不同之批评,但上述批评,还是可以化约到哲学基本问题的不同所致之批评。本文即以此为切入点,说明阳明批评朱熹的意见是有可以被消解之处的,关键即在问题意识不同。此外,阳明对朱熹的态度,既有对人格的肯定,又有对理论的否定,对朱陆之争,有站在象山的立场,但更有企图化解争端的态度,不过,这却主要是教导弟子专心修养自己,莫论前贤是非的用意。总之,阳明对朱熹,有种种冷热不一的态度,终其一生,都在与朱熹的理论与人格景象做抗争。可以说他从未摆脱朱熹的影响,纵然创造了他自己的儒学体系,但不宜高看两人之间的理论差异,反而更应该在良好的研究方法使用下,保住两者作为儒家两大体系应有的义理一致性形象,此即本文写作之主旨及内容的要点。

哲学史上对宋明儒学的分系以程朱、陆王为大貌,基本没有疑义,只是如何解读,以及是否真有对立,大家仍有出入。究其实,朱陆有文辞交锋,阳明对朱熹有批评意见,这都是使得程朱、陆王成为宋明不同阵营的原因。至于程朱的程颐或二程的定位,自是另一议题,但基本上不妨碍朱陆二分的格局。

面对此一哲学史的事实,笔者的立场是,朱陆之间有互相批评及阳明对朱熹有所批评之事,已是事实,因此两分阵营实属自然。但是,如何解读,却是一大问题。笔者以为,同属儒门之朱陆及朱王,意气之争难免,误解错读亦极有可能,若说其理论有根本立场的对立,那还谈不上。因此,其互相批评之间,究竟是发生了什么问题?此即本文要探讨的主题。关于朱陆之争问题,笔者已有专书讨论,不在此处重复,而朱、王之间,则是本文要讨论的焦点,并且要以王阳明对朱熹的批评以为讨论的直接材料。

笔者讨论这个问题的方法,则是"哲学基本问题分析法",意旨为以"宇宙论、本体论、工夫论、境界论",为讨论具有实践哲学特色的中国儒释道三家哲学的解释架构。笔者的做法是,深入文本的问题意识,就哲学作品的命题意旨,扣合其问题意识与使用材料,进行文本解读,使文本的意旨获得正确的理解与准确的诠释,如此则不仅能使各家义理清晰,而不同系统间的论争亦将清晰可辨,甚至可以化解争端,关键就是找出问题意识的错置,说明争端本身的不成立,并借由找到共同依据的基础,认定其为同一学派的不同发展形态,从而改变学界对哲学史上同一学派不同系统间的对立、冲突的印象。亦即,意气及误解诚有之,根本冲突则不存在。此即本文讨论王阳明对朱熹批评的基本的态度。

王阳明所处的时代,正是朱学为官学、为士子科举考试所依据之文本的时代,可以说终其一生都是在朱熹的话语系统下做学问,以及励学为人,却因为对于时儒作风的观察,与在自己心行体悟的所得,对朱熹在士林间的影响,有了自己不同的看法。这其中,有衷心服膺的阶段,也有发言批评的内涵,又有调和折衷的做法。陈荣杰先生谓其:"总之在在以朱子为模范。"此一立场,笔者甚为同意。并非阳明不批评朱熹,而是,在个人品格问题的态度上,阳明始终尊崇朱熹,至于对学术理论及文本诠释的意见上,尤其是入道工夫的问题上,阳明则坚持自己的创见,对朱熹的批评丝毫不加宽容。然而或许是为抵挡士林排山倒海的反扑意见,或许是对朱熹仍然衷心佩服,阳明又为《朱子晚年定论》之作,以朱、王相同来告慰自己,并宣扬于世。陈荣杰教授谓此为阳明单边的定论,并非对朱熹的全面评价。阳明的实际做法,就是把朱熹中晚年的一些书信文字中涉及自我反省的文字列出,编辑成《朱子晚年定论》,认为这些反省性文字才是朱熹学思的最后精华,至于早期讨论的知行问题及理气问题,阳明则是激烈地批评。笔者以为，阳明的做法，充满了研究方法与问题意识的混淆，阳明一方面认为自己的学说与朱熹冲突，另一方面又因敬重朱熹的为人，故为《朱子晚年定论》以尊崇之，说朱熹到了晚年，在为学态度上已与己同。讨论这些问题，必须诉诸"哲学基本问题研究法"，而重作文本解读，才能澄清。笔者同意阳明"在在以朱子为模范"，是指阳明哲学创作主要依据《大学》文本，这正是受朱熹以《大学》诠释"先知后行"的"工夫次第论"的根本影响，此其一。阳明自己的学说建立中，又主要以朱熹的命题作为批评反对的对象，但笔者以为这其中充满误解，本文主要焦点即在澄清此事，此其二。阳明在谈到朱熹个人的时候，始终都是崇敬有加，甚至为《朱子晚年定论》以亲近之，此其三。笔者强调这点，主要是为重新疏解阳明批评朱熹的诠释立场做准备，即：朱、王之间在基本立场与理论系统上皆难以划分为对立之系统，而阳明对朱熹之所有批评则是不同问题的错置下的误解。当然，这是需要有良好的理论工具才能说清楚的。

当代中国哲学界，从冯友兰的程朱、陆王二分为理学、心学之说，到牟宗三的陆王嫡传、程朱别子之说以及劳思光的程朱形而上学、陆王心性论之说，在在都是站在朱陆之争及阳明批评朱熹的基础上二分两系。除冯友兰外，牟、劳亦皆有明确宗陆王、贬程朱之立场，至少在港台的中国哲学界，现今的态势仍是阳明地位高于朱熹，理论上的两套典范，就是牟、劳之说。劳思光先生是以程朱形而上学、陆王心性论两分之，而牟宗三先生批评朱熹的理论模型，甚至即是王阳明批评朱熹的思路与词句，可见阳明批评朱熹的影响如此之深。但是，笔者要指出，牟、劳二先生也可以说就是奠基在诠释程朱、陆王之分派对立的评价中，建立他们自己的创造系统，因此，与其说他们在为程朱、陆王学说做文本诠释,不如说他们是借程朱、陆王的互相批评的话语,建立他们自己的哲学系统。因此,这就与以文本诠释为研究切入点的笔者的做法有根本的不同。笔者提出"哲学基本问题分析法",就是要进行文本诠释,还原哲学史本貌,而不是要创为新说。

本文之讨论,首先将从阳明批评朱熹的哲学理论开始,这就包括阳明对朱熹在《大学》《中庸》及《孟子》诠释上的一些不同意见,且是形成阳明最重要的"良知说"及"知行合一"说的部分。其次要转进阳明对于《大学》版本与朱熹有不同意见的讨论,这些意见有些是不涉及基本哲学立场的,而只是文献研究的观点差异而已。最后再讨论阳明对朱熹其人、对朱陆之间以及对象山本人的态度,从这些对朱、陆个别人品的发言态度,可以看出阳明对朱熹的既欲近之又欲远之的复杂心态。不过,心态远近是一回事,理论对立与否则是另一回事,心态不决定理论,而理论则是本文要澄清的重点。

在阳明对朱熹的批评意见中,有涉及阳明哲学创作的核心观点部分,甚至可以说,阳明最重要的创作意见,主要就是针对朱熹的理论而发挥的。其既已成为阳明创作的核心,故而发言众多,限于篇幅,本文仅主要引用直接点名朱熹的文本以为讨论的依据,其余相关的文本便不多引,它们都在笔者讨论阳明学思的其他文章中处理过了。

本文以"基本哲学问题分析法"为研究方法,行文之际,涉及基本哲学问题的厘清者,以基本哲学问题为标题,涉及文本诠释及版本意见及个人态度者,则不以基本哲学问题为标题。以下展开之。故而以下的段落将先由基本哲学问题的"工夫论"批评开始,这当然是因为,阳明就是"工夫论进路"的儒学形态。

一、阳明对朱熹"穷理"工夫论的批评

以下先讨论阳明对朱熹哲学的直接批评意见,首先从工夫论说。事实上,阳明学说中的创造部分主要就是工夫论旨,当然在他的工夫论旨之外,仍有形而上学问题的意见,但核心还是工夫论。阳明对朱熹工夫论旨之批评包括以穷理而说的"义外说""析心理为二说",以格物而说的"知行分裂""没有实做工夫义",以尊德性、道问学而说的"偏于一边义"。笔者以为,这些都是误解,本节及次二节即将予以澄清。首先就朱熹言"穷理"而批评其为"义外"及"析心与理为二"之说者,参见阳明言:

> 爱问:"'知止而后有定',朱子以为'事事物物皆有定理',似与先生之说相戾。"先生曰:"于事事物物上求至善,却是义外也。至善是心之本体,只是明明德到至精至一处便是然,亦未尝离却事物,本注所谓'尽夫天理之极,而无一毫人欲之私'者得之。"

首先,朱熹重视下学上达的工夫修养论问题,借注解《大学》发为工夫次第论说,工夫次第是《大学》本旨,朱熹借注解而发挥,实际上还是做的文本诠释的工作。王阳明则不然,自己创造新说,并依《大学》文句做创造性解释,两人对待《大学》的切入点,一开始就不同。朱熹谈修齐治平的事功,主张需求格物致知之功于先,因此是一"先知后行"的"工夫次第"说,此原《大学》本旨。讲到"工夫次第",即是次第之先及次第之后皆一齐完成才是工夫的完成,否则何须言此次第,所以,理论上次第之先后乃一贯相承,不会有先后割裂的立场。就《大学》最终要平治天下言,其次第之先者需以格物致知为之,再继之以诚正修齐治平,此即是先知后行的主意。又,此先知之工夫即是求事事物物之理,故而说"格物致知"时,常与《易传》"穷理说"合并为一以为讨论。格致即穷理,理者"事事物物皆有理",此事事物物之理即是实事实务之公共政策之理。就工夫次第意旨而言,知后即去行之。此事务客观之道理含"闻见之知"义,亦含"德性之知"义,实践之即是诚正修齐治平诸项,实践之即是此理在心上落实,实践之即是心理为一了。只是工夫次第论旨中必须强调要有正确之知了以后才行而已。

王阳明的解读却不然,基本上就是创造性误读,阳明割裂朱熹依《大学》次第讲工夫之意旨,单提格物致知一事以为朱熹工夫论的全貌,并以其为求事理于心外,故有"义外"之说。实际上只是以朱熹所言之求事物之理之工夫为求其理,不为求实践此理,不求实践即不于心上实现此理,而实践是心上之事,故其求事理于外之事即是外于此心之事,因此是告子的"义外"之旨。告子确实讲"义外",但"义外"没什么不对,而孟子讲的"义内"也无误,有误者为孟子批评告子"义外"是不需要的。因为告子讲敬于年长、孝于父母、爱于子女、信于朋友、别于夫妇等之"义",此"义"之意旨确实是以外在对象与自己的关系来决定的,故说"义外",这是一种"后设伦理学"或"存有论"的讨论。[①] 但孟子讲"义内"亦无误,重点是孟子是在讲主体要去实践这些敬、孝、爱、信、别等义理时,当然是在心内提起此一价值意识才能成就的,故说"义内"。亦即孟子说"工夫论"而主"义内",告子说"价值意识的普遍原理"而土"义外",内边根本问题不同,孟、告"义外"之

---

① 从伦理学的角度说,也可以说告子之论是情境伦理学或道德实在论的讨论。

辩正是问题错置导致误解的明证。至于朱熹格致穷理说则是在谈即事求理之义,求其普遍原理,故属告子"义外"形态的问题意识。① 王阳明虽然是误解朱熹,但说朱熹是"义外"是无误的。因为朱熹说的是存有论的概念范畴之讨论②,谈的是决定于外在事物本身的原理义,义在事理中,说其外之亦无误。但阳明说的是做工夫不得力的心外义之"义外",这就不对了,朱熹绝无此意。朱熹谈理时只是在谈知识,并非不主张要做工夫,朱熹另有谈做工夫处。两路问题不同,没有什么好非议批评的。

文中,王阳明亦说"至善是心之本体"之旨,此即是预设形而上学的性善说,以此性善之本体发为心行实践之工夫,此亦同于孟告之辩中的孟子以仁义为内之说之意旨。可以说阳明是在谈主体实践的工夫,主张义是由心内发出的,这正是谈的本体工夫论。然而,此义亦绝非朱熹所重,惟在工夫次第中讲先知后行时提及,朱熹就是在谈社会实践的事务客观处理原则,与阳明所谈的问题不同。无论如何,阳明批评朱熹的"义外"之说却是一记重击,故应为朱熹辨析。阳明此说畅快淋漓,却于文义的客观认知有所偏差,对朱熹是一大误解。

从朱熹谈格致穷理说以批评其为"义外"之说,与批评其为"析心与理为二"之说,是同一套思路。另见阳明下文:

> 来书云:"闻语学者,乃谓'即物穷理'之说亦是玩物丧

---

① 说朱熹之理学讨论为告子义外说之思路确实是笔者的意见,朱熹也未必正确理解告子,朱熹确实不会承认自己是告子,朱熹还批评象山是告子。但笔者在这个问题上却与牟宗三先生意见相同,但牟先生以此批判朱熹,笔者却同时要替告子及朱熹澄清,主张两人的问题意识合法,且有哲学功能,应予重视及肯定。这种义外之思路就是存有论之思路,而孟子及阳明的义内之思路就是工夫论之思路,问题意识不同,不需批评对方。

② 或者说朱熹在谈的是客观的道德知识,而阳明在谈的是道德实践的主体自觉。

志。又取其'厌繁就约''涵养本原'数说标示学者,指为晚年定论,此亦恐非。"朱子所谓格物云者,在即物而穷其理也。即物穷理,是就事事物物上求其所谓定理者也。是以吾心而求理于事事物物之中,析心与理而为二矣。夫求理于事事物物者,如求孝之理于其亲之谓也。求孝之理于其亲,则孝之理其果在于吾之心邪?抑果在于亲之身邪?假而果在于亲之身,则亲没之后,吾心遂无孝之理欤?见孺子之入井,必有恻隐之理。是恻隐之理果在于孺子之身欤?抑在于吾心之良知欤?其或不可以从之于井欤?其或可以手而援之欤?是皆所谓理也。是果在于孺子之身欤?抑果出于吾心之良知欤?以是例之,万事万物之理莫不皆然,是可以知析心与理为二之非矣。夫析心与理而为二,此告子"义外"之说,孟子之所深辟也。"务外遗内,博而寡要",吾子既已知之矣,是果何谓而然哉?谓之玩物丧志,尚犹以为不可欤?若鄙人所谓致知、格物者,致吾心之良知于事事物物也。吾心之良知,即所谓"天理"也。致吾心良知之"天理"于事事物物,则事事物物皆得其理矣。致吾心之良知者,致知也。事事物物皆得其理者,格物也。是合心与理而为一者也。合心与理而为一,则凡区区前之所云,与朱子晚年之论,皆可以不言而喻矣。

阳明著《朱子晚年定论》，欲牵合朱子之说与己说为一①，所谓阳明己说，即阐释于本文中。本文从朱熹格物穷理说谈到阳明的格物致知说，文中批评朱熹之说为析心与理为二以及为"义外"之说，理由是此理是在自家身内而非外物之中。阳明批评朱熹之思路与孟子对告子之批评几乎完全相同。孟子言主体的意志，谓仁义内在；告子谈价值的确定，谓仁内义外。两造皆成立，且所谈问题根本不同，故无需争辩对错。阳明复制孟、告之辩，以为朱熹有"义外"之立场。其实，朱熹谈的是事事物物之理，且是在"格致诚正修齐治平"的工夫次第脉络下的谈法，故倡先知后行，实际上亦是一"知行合一"之论。先求知事物之理于事物之中，再提起价值意识于诚正工夫中，从而实践于修齐治平的事

①　《朱子晚年定论》阳明子序曰："洙、泗之传，至孟氏而息。千五百余年，濂溪、明道始复追寻其绪。自后辨析日详，然亦日就支离决裂，旋复湮淘。吾尝深求其故，大抵皆世儒之多言有以乱之。守仁早岁业举，溺志词章之习，既乃稍知从事正学，而苦于众说之纷扰疲苶尔，茫无可入，因求诸老、释，欣然有会于心，以为圣人之学在此矣。然于孔子之教，间相出入，而措之日用，往往缺漏无归，依违往返，且信且疑。其后谪官龙场，居夷处困，动心忍性之余，恍若有悟，体验探求，再更寒暑，证诸《五经》《四子》，沛然若决江河而放诸海也。然后叹圣人之道坦如大路，而世之儒者妄开窦经，蹈荆棘，堕坑堑，究其为说，反出二氏之下，宜乎世之高明之士厌此而趋彼也，此岂二氏之罪哉？间尝以语同志，而闻者竞相非议，目以为立异好奇。虽闻痛反探抑，务自搜剔斑瑕，而愈益精明的确，洞然无复可疑。独于朱子之说有相牴牾，恒疚于心，窃疑朱子之贤，而岂其于此尚有未察？及官留都，复取朱子之书而检求之，然后知其晚岁故已大悟旧说之非，痛悔极艾，至以为自诳诳人之罪不可胜赎。世之所传《集注》《或问》之类，乃其中年未定之说，自咎以为旧本之误，思改正而未及；而其诸《语类》之属，又其门人挟胜心以附己见，固于朱子平日之说犹有大相谬戾者。而世之学者局于见闻，不过持循讲习于此，其于悟后之论，概乎其未有闻，则亦何怪乎予言之不信，而朱子之心无以自暴于后世乎？予既自幸其说之不谬于朱子，又喜朱子之先得我心之同然，且慨夫世之学者徒守朱子中年未定之说，而不复知求其晚岁既悟之论，竞相呶呶，以乱正学，不自知其已入于异端，辄采录而裒集之，私以示夫同志，庶几无疑于吾说，而圣学之明可冀矣。正德乙亥冬十一月朔，后学余姚王守仁序。"

业中。阳明是把提起价值意识与意志贯彻合为一事，故需理在心内，义在心内，此时客观的价值意识即已进入主体的意志之内，而为一"知行合一"的状态。至于朱熹跟告子的说法，首先只是专注于那个价值意识的本身的客观知识性定义，如对父母是孝而非慈，对兄长是敬，对弟妹是爱，对朋友是信，等等原理，岂可混乱。然欲贯彻意志以为实践时，又当然是要在心内，意即在心上提起这个价值意识以为主体的意志，朱熹讲主敬时都是这样谈的。

本文批评朱熹的格物说，是即物穷理，故而析心理为二，是告子"义外"之说。而阳明自己的格物致知说，是致吾心之良知于事事物物，使事物物皆得其理，是合心与理为一。此说十分典型，是阳明说朱熹的精要之词。其中析心与理为二之批评，即是以朱熹乃求理于外在之事务，即如求孝亲之理于其亲，然而此心未发，则无有孝亲之行，因此是析心与理为二。这样的说法真是阳明自己的创造性误解，完全不在工夫次第义之格致诚正修齐治平的脉络中阅读朱熹及《大学》之文义。朱熹求理于事物之中是为处事之知之需，此事极为重要，阳明天资过高，可以忽略，但众人皆不能忽略之，否则即是冥行妄做，认真求知之后继之以诚意正心，更继之以修齐治平，这才是各种资质者都能做到的成圣工夫之历程，阳明何需发为言论批评此说？阳明应是因为与他同时代的人经朱熹著书而科举得名，却不能同他一起承担天下，以至于以朱熹先知后行及穷理之说为心理为二之义，故批评之。遗憾的是，命题之内涵不决定于后人之妄行，阳明竟以后学者之妄行以定义朱熹之哲思，岂合理乎？

朱王两种问题根本不同，本来可以层次分明。阳明要不强人曲己，哲学理解力有偏差；要不亦为胜心作祟，必欲逼朱熹一误失不可;而若是以时人之病批判朱熹理论则又是文不对题。总之,以阳明批评朱熹之说来了解阳明的思路则可,以之认识朱熹就是大谬了。

就析心理为二之批评言,又见阳明之文:

> 或问:"晦庵先生曰:'人之所以为学者,心与理而已。'此语如何?"曰:"心即性,性即理。下一'与'字,恐未免为二。此在学者善观之。"

朱熹讲所以为学在心与理,意思是说在这两个概念的材料中谈,至于所谈到的为何,那当然是在谈就工夫论说时应如何处理的问题,则此时朱熹的话语必然是"去人欲,存天理",人欲是心的部分,天理是理的部分,所以说谈为学的问题就是在这两个概念的材料中谈。王阳明却认为朱熹之说"未免为二","未免为二"之意是说不能达到"全心如理"的境界,以致此心此理仍是二事。显见,王阳明是就工夫境界的问题在说的,而朱熹则只是就存有范畴说,意即讨论概念材料的问题,因此只说了"心与理而已"这句话,等于在这句话中朱熹尚未正式宣讲工夫论旨。所以可以说是阳明自己已有了工夫境界论的积极立场,而批评朱熹这句话中没有这个立场。但朱熹亦非没有工夫论旨,只是他是在其他地方说,而"心与理而已"这句话并不是直接讲工夫论问题的立场,而是说针对这个来讲时,该谈的问题就是心的问题及理的问题。这样看来,朱熹何有"未免为二"的主张?何有"析心与理为二"的立场?阳明不善读,又己意甚强,故而误解朱熹。

阳明说朱熹穷理之理为"义外",为"析心与理为二",就等于是说朱熹穷理说是"知而不行",因其"分裂知行",参见:

> 问:"知至然后可以言诚意,今天理人欲知之未尽,如何

用得克己工夫?"先生曰:"人若真实切己用功不已,则于此心天理之精微,日见一日。私欲之细微,亦日见一日。若不用克己工夫,终日只是说话而已。天理终不自见,私欲亦终不自见。如人走路一般,走得一段,方认得一段,走到歧路处,有疑便问,问了又走,方渐能到得欲到之处。今人于已知之天理不肯存,已知之人欲不肯去,且只管愁不能尽知,只管闲讲,何益之有? 且待克得自己无私可克,方愁不能尽知,亦未迟在。"

本文不是直接批评朱熹理论,而是对后人曲解朱熹"先知后行"说后的不当行为之批评。朱熹理论关心的是治国的事功要先讲究方法细节才能去实行,以免贻误天下事。一般人的毛病是,不去实践,却借口要先知道方法细节,再来实践。这正是阳明的批评重点,阳明关心的是,真正在实践上产生障碍的是自己的私心,因此首先要拿已经知道的道理去实践,实践之后,接着也还是会产生私欲,这时就要继续克制私欲,所以才说"走得一段,方认得一段"。阳明谈的正是本体工夫的宗旨,然依朱熹,要追求国治与天下平的目标,故而是要先知道往哪里走,才去走,这是就外在事物的客观认识来说的。阳明谈的是自己的私心私欲,要碰到了威胁利诱之后才会引发出来,引发出来就克制即是,未出来前也觉察不到,因此"今人于已知之天理不肯存,已知之人欲不肯去,且只管愁不能尽知,只管闲讲,何益之有?"阳明问题方向与朱熹不同,因此命题重点就不同于朱熹,不可谓阳明有不同于朱熹的工夫理论,只能说阳明有不同于朱熹谈知行问题时的问题意识。至于就阳明的问题意识及其哲学立场而言,朱熹亦不会反对其说的。

二、王阳明对朱熹"格物"工夫论的批评

"格物"是《大学》文本中的命题,朱熹依《大学》本末终始、先知后行之意旨以为文本诠释,而阳明却以本体工夫切入点做创造性诠释,并且对朱熹的工夫实践成果有所批评,也就是说,对法病与人病一齐攻击。笔者以为,朱熹的工夫理论是一回事,朱熹的工夫实践成效是另一回事,两者问题不同,讨论的依据亦应不同。阳明混淆两事为一事,对朱熹的理论而言也没看清楚,就朱熹的为人部分则是立场不一致,或肯定,或否定,意旨不断改变。下文就是典型的混淆理论与实践的一段批评文字,参见:

> 士德问曰:"格物之说,如先生所教,明白简易,人人见得。文公聪明绝世,于此反有未审,何也?"先生曰:"文公精神气魄大,是他早年合下便要继往开来,故一向只就考索著述上用功。若先切己自修,自然不暇及此。到得德盛后,果忧道之不明,如孔子退修六籍,删繁就简,开示来学,亦大段不费甚考索。文公早岁便疑作"著"许多书,晚年方悔是倒做了。"士德曰:"晚年之悔,如谓'向来定本之误',又谓'虽读得书,何益于吾事',又谓'此与守书籍,泥言语,全无交涉',是他到此方悔从前用功之错,方去切己自修矣。"曰:"然,此是文公不可及处,他力量大,一悔便转,可惜不久即去世,平日许多错处皆不及改正。"

本文从格物概念谈对朱熹工夫论的批评,阳明批评朱熹的格物就是"一向只就考索著述上用功",而不能"先切己自修",至晚年才悔悟:为学与书籍、语言无涉。笔者不同意这种批评。阳明自

己的格物意旨此处不再申述。仅就本文对朱熹的批评言，阳明以为朱熹的工夫就是"考索著述"，而不能为"切己自修"。笔者不以为然。察朱熹"考索著述"，是为了知识传承，本身即是儒门的大事业。为学有讲明、有践履，都是重要的事。至于于讲明之际，亦必有"切己自修"之反省事业在，"切己自修"是提起价值意识，自我觉醒，知是非善恶及知人生方向，"考索著述"是研议经典，究明知识，传承文化，为士子留下治学的依据。"切己自修"是阳明要强调的本体工夫，但是，朱熹之所以能够"考索著述"，就是站在"切己自修"的意志上千锤百炼而出来的实功。因此对朱熹而言，"考索著述"是他"切己自修"后的人生选择。终身奉行，荷担儒门家业，两事一事。此外，朱熹多有书信言及自己修心反省得不够之事，这确实是重新"切己自修"。阳明以此为标准，收集朱熹言录，编为《朱子晚年定论》，以为朱熹至此才真正"切己自修"，并引为自己同道。笔者以为，"自修"都是要"切己"的，切己就是自己真实实践，自修则有多种目标，人各不同，阳明多在"事功"上"切己自修"，而朱熹多在"著述"的生活历程中"切己自修"。朱熹一生亦不少动心忍性的磨难，即如王阳明所言之"知即是行，行即是知"之本意，求知的著述生涯即是朱熹道德实践的行动。但是朱熹曾经反思自己用力在著述讲学时不能同时切己自修，意即没有去实践切进身边当为之事。而王阳明即将朱熹所提修养不够的反省意见，说成是朱熹最终走上了与自己相同的道路，亦即切己反思之实践，甚至发为《朱子晚年定论》之作，以证实朱熹有切己自修的实践，此事笔者亦不以为然。朱熹不必等到反省实践不够时才是在实践，朱熹不必等到阳明所谓的晚年才有在实践，这就是因为阳明以自己的切己自修的模式去论断朱熹走考索著述的实践模式，才会不以为那也是切己自修的实践。论断他人的实践是不容易的,研议他人的理论才是有明确工作对象的学术活动。王阳明谈的是朱熹的实践活动,而不是他的理论。朱熹的理论有不同于王阳明的问题意识,因而有不同的命题主张,朱熹不会因为反省自己的修养不足,即改定他的哲学意见,这是完全不同的范畴,是阳明自己混淆了。因此,朱熹并非晚年才走上跟阳明一样的路,朱熹一生跟阳明一样都是终生实践切己自修的儒者,只是路径不同,故典范不同,但两人都是儒家实践的高级典范。

格物是要面对外在事物的,朱熹格物旨在此处,阳明格物却在正心念,对此,罗整庵有严厉的批评,阳明因此必须有所回应,参见下文:

> 凡执事所以致疑于"格物"之说者,必谓其是内而非外也,必谓其专事于反观、内省之为,而遗弃其讲习、讨论之功也,必谓其一意于纲领、本原之约,而脱略于支条、节目之详也,必谓其沉溺于枯槁、虚寂之偏,而不尽于物理、人事之变也。审如是,岂但获罪于圣门,获罪于朱子,是邪说诬民,叛道乱正,人得而诛之也。而况于执事之正直哉?审如是,世之稍明训诂,闻先哲之绪论者,皆知其非也。而况执事之高明哉?凡某之所谓"格物",其于朱子九条之说,皆包罗统括于其中。但为之有要,作用不同。正所谓毫厘之差耳。然毫厘之差,而千里之缪,实起于此,不可不辨。

阳明批评朱熹分内分外,主要是指是朱熹的穷理,是讲究求理于事物之中,是外于吾心而求物理,故是"义外"之说。阳明自己则主张求事事物物于吾心中。罗整庵即反问这样岂不是等于是"是内而非外"了。阳明则又不同意这样的解释,认为自己的立场将朱子九条皆包括了。所谓朱子九条,条条皆是格物穷理的做法,也正是面对外在事物的求知做法。阳明并不认为其说有误,也不认为自己的说法没有包括这些要点,因此否认自己有遗外之病。但是,阳明仍然认为自己的做法与朱熹有所不同,两者正有要点与作用的不一,且将导致千里之谬。而这个差异,就在他更重内心的工夫一面。

笔者以为,阳明否认自己弃外遗外,但所说遭致此番质疑,故需辩之。其实,若非其指控他人弃内遗内,则如何引来他人批评阳明弃外遗外呢?阳明对朱熹即是指控其偏外遗内,然而,朱熹岂有遗内?只是就次第上说先知后行的格致穷理义而已,内心的工夫岂不都在诚正的次第阶段中落实,阳明本不必刻意求异。对于阳明亦须重视外在事物的知识而言,参见以下的一段讨论:

> 问:"名物度数,亦须先讲求否?"先生曰:"人只要成就自家心体,则用在其中。如养得心体'果有'未发之中',自然有'发而中节之和',自然无施不可。苟无是心,虽预先讲得世上许多名物度数,与己原不相干,只是装缀,临时自行不去。亦不是将名物度数全然不理,只要'知所先后,则近道'。"又曰:"人要随才成就,才是其所能为,如夔之乐,稷之种。是他资性合下便如此,成就之者,亦只是要他心体纯乎天理。其运用处,皆从天理上发来,然后谓之才。到得纯乎天理处,亦能'不器',使夔稷易艺而为,当亦能之。"又曰:"如'素富贵,行乎富贵。素患难,行乎患难',皆是'不器'。此惟养得心体正者能之。"

"名物度数"之讲求即是朱熹先知后行的问题意识重点,阳明亦不反对，只是更关切"成就自家心体"的问题，亦即是否在主体心行上立志实践的问题。至于"名物度数"，"亦不是将名物度数全然不理，只要'知所先后，则近道'"。在《大学》中的"知所先后"者，即是格物致知为先，至少是朱熹及其他阳明以前所有儒者的共解之意，包括象山亦持此解。《大学》确乎言于先后之道，而阳明之先后却是先立志于主体则自然能于用上求知，故而格物致知变成致良知，几乎就是诚意、正心之意。对于阳明，人生的苦难磨炼无一不是良知发动之后才得度过艰难的，他自幼聪颖过人，名物度数从来不是问题，倒是在道德实践的过程中遭受无限的痛苦，此时是否仍能坚持仁义之心才是真正的问题，因此坚持仁义的本体工夫才是他以为的先后之先，因此要求做本体工夫，提起主体（亦即致良知）意志才是他所关切的工夫实践之重点。于是，格物之义变成正念头，而面对事物以求知识的格物义便需另外强调，可以说把《大学》好好一套工夫次第的论述脉络给打乱了。虽然如此，阳明仍不否定求知事务知识义的格物说，因此，不能说他与朱熹有对立的意见，但也不能说他与朱熹有共同的核心问题，同时，也无须争辩何者才是《大学》正解，只是一部《大学》同时被不同的问题意识及思路观点所诠释而已。

朱熹就《大学》释格物义，阳明就纯粹化主体意志释格物义，可以说本来就不是《大学》本旨，连带地，阳明对朱熹格物说根本错解，下文即是最典型的一段讨论，阳明以为就此得以否定朱熹格物说，实际上正是错谬异常。参见：

> 先生曰："众人只说'格物'要依晦翁，何曾把他的说去用！我着实曾用来。初年与钱友同论做圣贤要格天下之物，如今安得这等大的力量！因指亭前竹子，令去格看。钱子早夜去穷格竹子的道理，竭其心思至于三日，便致劳神成

疾。当初说他这是精力不足,某因自去穷格,早夜不得其理,到七日,亦以劳思致疾,遂相与叹圣贤是做不得的,无他大力量去格物了。及在夷中三年,颇见得此意思,乃知天下之物本无可格者,其格物之功只在身心上做,决然以圣人为人人可到,便自有担当了。这里意思,却要说与诸公知道。"

这段话是阳明直接批评朱熹格物致知的修养方法的话语,阳明以为朱熹格物就是坐在事物面前去空想,后来才领悟为学之道是在自家身心上做工夫的事业,阳明即以此反对朱熹的格物工夫的方法,而发展出批评朱熹将心与理及心与物分而为二的理论。其实,王阳明想的是实践得力的问题,而朱熹格物穷理处理的是工夫次第中的先知后行阶段,知即所以为行,亦不割裂知行。而阳明处理的是行的意志力在于自家身心中,实践之前早已预设了知道所行的方向与方法,所以竹子本身当然没有行动的道理,而是主体的意志决定了行动,因此枯坐竹前必致思成疾。但是,朱熹的格物穷理是实践之前的知识准备,最终是为了平天下,因此过程中需要客观知识的建立。而建立知识也不是枯坐冥想,当然是要眼到、口到、心到、手到,而知识的建立中却同时包括闻见之知与德性之知,亦即是外在事物的客观知识与主体实践的价值决断,从而接续之以诚正修齐治平。可以说,确实是王阳明穷格竹子的做法天真过度,自己会错意,而不是朱熹格物穷理的理论有何不当。

总之,阳明以己意解《大学》,就哲学创作言,本无不可,但朱熹以《大学》本义说格物,不应被批评。阳明既不能否定名物度数之知,就无需批评朱熹格物义,至于因其自己误解而格庭前竹子之举,更不能由此切入点以批评朱熹。

三、王阳明对朱熹尊德性与道问学工夫论的批评

自阳明倡知行合一宗旨之后，凡言工夫皆合两边为一事，格致与诚正一事，尊德性与道问学又一事，见朱熹于此有反省，即予批评为分作两件。参见：

> 以方问"尊德性"一条。先生曰："'道问学'即所以'尊德性'也。晦翁言子静以'尊德性'晦人，某教人岂不是'道问学'处多了些子！是分'尊德性''道问学'作两件。且如今讲习讨论下许多工夫，无非只是存此心，不失其德性而已。岂有'尊德性'只空空去尊，更不去问学，问学只是空空去问学，更与德性无关涉？如此则不知今之所以讲习讨论者更学何事！"问"致广大"二句，曰："'尽精微'即所以'致广大'也，'道中庸'即所以'极高明'也。盖心之本体自是广大底，人不能'尽精微'，则便为私欲所蔽，有不胜其小者矣。故能细微曲折无所不尽，则私意不足以蔽之，自无许多障碍遮隔处，如何广大不致！"又问："精微还是念虑之精微，是事理之精微？"曰："念虑之精微，即事理之精微也。"

这段文字是阳明批评朱熹分尊德性与道问学为两件事的话，实际上的依据是朱熹对于自己与象山为学风格的评价与反省的话语。朱熹的评价是象山尊德性做得好，但问学不仔细，而自己这边则是道问学做得好，但尊德性讲究不够，亦即朱熹在做实践不得力的反省，而不是在做尊德性与道问学两者孰轻孰重的理论讨论。关于朱熹对于《中庸》文本诠释的尊德性与道问学的意见，其实是两者一样重要，且是二合一的，亦即两边互倚，无从割

离。而这也正是阳明的意见,阳明倡知行合一,故而尊德性与道问学乃两相为用,而且"'尽精微'即所以'致广大'也,'道中庸'即所以'极高明'也",皆是两相为用。由此可见,阳明特重实践一路,也只从实践一路理解别人的所有的话语及诠释别人的理论,但对涉及理论的材料认识却不够全面,仅以一两句话语的内容即发为评论。阳明从实践方法的理论去解读朱熹的意见,而不是从生活语言来了解朱熹的反省,阳明因此判朱熹为主张尊德性与道问学为两事者,这实在是一个很浅薄的误解。其实,依据阳明所编著之《朱子晚年定论》的精神标准,朱熹上述那一段话,是很可以编入《朱子晚年定论》里的,因为那正是一套反省尊德性不得力的话语,可为阳明引为同道的切己自修的路数。至于朱熹如何被视为分尊德性与道问学为二,此事象山亦有责任,象山闻朱熹此言,斥之曰:"既不知尊德性,如何道问学?"此又象山直指朱熹修养境界的人格批评话语,象山自是将朱熹自我反省的说话当成对象山的攻击,因此反过来攻击朱熹。但细究朱熹的理论立场,尊德性与道问学根本就是不可分割的整体,至于朱熹自己反省尊德性不得力,这是实践的问题,而不是理论主张的问题,因此,这是阳明对朱熹的又一误解了。

四、王阳明对朱熹"理气说"存有论的继承

阳明对朱熹的批评有工夫论旨也有文本诠释意见,但就哲学基本问题而言,形而上学论旨部分却就是继承而已,这指的是朱熹在理气说、心性情说的存有论系统。至于本体宇宙论,阳明确有唯心主义倾向的创作,以有别于道佛体系,这一部分倒是朱熹未及言之者。然而,笔者要强调的是,朱熹已有存有论系统,

阳明却没有批判,直接继承。这就显示,只要问题意识对焦,只要大家想到的是相同的问题,则儒者之间实无可争辩之空间,就是继承及再发挥而已。参见:

> 来书云:"有引程子'人生而静以上不容说,才说性,便已不是性'。何故不容说?何故不是性?晦庵答云:'不容说者,未有性之可言;不是性者,已不能无气质之杂矣。'二先生之言皆未能晓,每看书至此,辄为一惑,请问。""生之谓性",生字即是气字,犹言"气即是性"也。气即是性,"人生而静以上不容说",才说"气即是性",即已落在一边,不是性之本原矣。孟子性善,是从本原上说,然性善之端须在气上始见得,若无气亦无可见矣。恻隐、羞恶、辞让、是非即是气,程子谓:"论性不论气,不备;论气不论性,不明。"亦是为学者各认一边,只得如此说。若见得自性明白时,气即是性,性即是气,原无性、气之可分也。

这一段文字,是阳明讨论程颐及朱熹的性气说,程朱在此一议题的讨论上全然是存有论的思路,亦即是从概念关系说出一套形而上学存有论的理论。阳明的讨论可谓直接继承,甚至为之疏解。可以说王阳明不讨论存有论问题则已,若要讨论,则一定是和程朱一样的立场,本文的意见即是例证。王阳明在此处的唯一特殊意见,就是最后所说的:"若见得自性明白时,气即是性,性即是气,原无性、气之可分也。"这指的是主体做了工夫以后的特殊且个别的状态,而不是在谈普遍原理的存有论。没有性气之可分的重点是说没有气禀不良的影响,主体虽是以气禀而存在,但其行为皆符合天命之性。这里并不是在说存有论义的性气不分,所以并没有阳明提出了新的存有论理论而有异于朱熹之事者。

阳明谈存有论的话语尚不只此，惟本文直接点名晦庵，故引出讨论，这表明阳明对朱熹并非全都是批评的意见，至于阳明继承朱熹存有论旨的其他说法，笔者已讨论于它文，且非本文主题，故不再申引。

总之，透过哲学基本问题的分疏，阳明与晦庵之别异，几乎都可以化解。这也正是笔者的基本立场。

五、王阳明对朱熹文本诠释及《大学》版本意见的批评

前四节讨论在工夫论上阳明对朱熹的批评意见，以及存有论上的继承意见。当然，这些工夫论或存有论的理论也直接是文本诠释下的理论，或依《大学》，或依《中庸》，或依《孟子》，只是这些讨论脉络里哲学问题意识极为明确，因此本文先以哲学基本问题为标题而专节处理之。接下来要讨论的一些阳明批评朱熹的意见，却主要是文本文义及文本版本的问题，但也是针对朱熹的批评。实在来说，除了朱熹以外，阳明也没有什么值得他郑重发言的对象，所以，说阳明一生在在以朱熹为典范，诚非虚言。

以下这段文字，是阳明针对朱熹的《孟子》文本诠释提出的批评意见。朱熹依《大学》说《孟子》，阳明依《论语》说《孟子》，两者所思考的问题并不相同，可以说是各说各话。参见：

> 来书云："所释《大学》古本谓'致其本体之知'，此固孟子'尽心'之旨，朱子亦以虚灵知觉为此心之量。然尽心由于知性，致知在于格物。""尽心由于知性，致知在于格物。"此语然矣。然而推本吾子之意，则其所以为是语者，尚有未

明也。朱子以"尽心知性知天"为"物格、知致"。以"存心养性事天"为"诚意正心修身",以"夭寿不二,修身以俟"为"知至仁尽""圣人之事"。若鄙人之见,则与朱子正相反矣。夫"尽心知性知天"者,生知安行,圣人之事也;"存心养性事天"者,学知利行,贤人之事也;"夭寿不二,修身以俟"者,困知勉行,学者之事也。岂可专以"尽心知性"为知,"存心养性"为行乎! 吾子骤闻此言,必又以为大骇矣! 然其间实无可疑者。一为吾子言之。夫心之体,性也;性之原,天也。能尽其心,是能尽其性矣。《中庸》云:"惟天下至诚,为能尽其性。"又云:"知天地之化育。""质诸鬼神而无疑,知天也。"此惟圣人而后能然,故曰:此生知安行,圣人之事也。"存其心"者,未能尽其心者也,故须加存之之功,必存之既久,不待于存而自无不存,然后可以进而言尽。盖"知天"之"知",如"知州""知县"之知,"知州",则一州之事皆己事也,"知县",则一县之事皆己事也,是与天为一者也。"事天"则如子之事父,臣之事君,犹与天为二也。天之所以命于我者,心也,性也,吾但存之而不敢失,养之而不敢害,如"父母全而生之,子全而归之"者也,故曰此学知利行,贤人之事也。至于"夭寿不二",则与存其心者又有间矣,存其心者虽未能尽其心,固已一心于为善,时有不存,则存之而已,今使之"夭寿不二",是犹以夭寿二其心者也,犹以夭寿二其心,是其为善之心犹未能一也,存之尚有所未可,而何尽之可云乎? 今且使之不以夭寿二其为善之心,若曰死生夭寿皆有定命,吾但一心于为善,修吾之身以俟天命而已,是其平日尚未知有天命也。事天虽与天为二,然已真知天命之所在,但惟恭敬奉承之而已耳,若俟之云者,则尚未能真知天命之所在,犹有所俟者,故曰"所以立命"。立者,创立之立,如立德、立言、立功、立名之类,凡言立者,皆是昔未尝有而今始建立之谓,孔子所谓"不知命,无以为君子"者也,故曰此困知勉行,学者之事也。今以"尽心知性知天"为"格物致知",使初学之士,尚未能不二其心者,而遽责之以圣人生知安行之事,如捕风捉影,茫然莫知所措其心,几何而不至于"率天下而路"也!今世致知格物之弊,亦居然可见矣。吾子所谓"务外遗内、博而寡要"者,无乃亦是过欤?此学问最紧要处,于此而差,将无往而不差矣。此鄙人之所以冒天下之非笑,忘其身之陷于罪戮,呶呶其言有不容已者也!

这一段文字是针对《孟子·尽心篇》一文的讨论,《孟子》原文如下:"孟子曰:尽其心者,知其性也。知其性,则知天矣。存其心,养其性,所以事天也。殀寿不二,修身以俟之,所以立命也。"这一段文字朱熹有发挥,阳明完全不同意朱熹的发挥,自己另讲一套。孟子语意如何?可以有多种解读,但阳明与朱熹之争辩,却是将《孟子》语意套用在《大学》或《论语》文字脉络的解读上所造成的意见差异,《孟子》与《大学》及《论语》本不一事,各自有各自的面对的问题、语言的系统以及意见的主张。朱熹强为结构,基本上是在他的先知后行的架构上设定的,文本依据是《大学》。阳明硬是反对,则是在他的知行合一的架构下及工夫境界论合构的思维下所提出的,文本依据是《论语》。笔者以为,此事无需争辩,各人有各人的系统,都是借《孟子》来发挥的,一旦以自己的系统来发挥,则《孟子》的原意已退位给朱、王两人各自的系统,所以是两套不同的理论系统共享了同一套文字系统的冲突,其实是没有真正的理论上的冲突的。

朱熹的诠释就是他的先知后行的思路,也是依据《大学》工夫次第的次序在解读《孟子》的文本的。所以"尽心知性知天"是属于格物致知的层次。"存心养性事天"是属于诚意正心修身的层次。"殀寿不二，修身以俟"是属于齐家治国以至平天下的层次。王阳明则不然。他是从工夫境界的等级，诉说了三项命题，分别是圣人、贤人、学者的事业，理由是生知安行、学知利行、困知勉行。这正是《论语·季氏篇》的一段内容。其实，朱熹的《大学》工夫次第诠释的版本也好，王阳明的《论语》境界等级诠释的版本也好，都各是另一套理论的事实，阳明无须与朱熹争辩，阳明更能体会《论语》生知、学知、困知的思路，以此发挥即是，无须批评朱熹的解读。尤其是"尽心知性知天"应为圣人事业，却被朱熹放在初学者工夫上说，必致生迷惘，这一段批评，是因为格物致知是工夫次第的开端，故而说是初学者，这也是对朱熹所说的正解，只是用在了阳明自己的系统后就不对路了而已。

不过，阳明对于如何是生知、学知、困知的诠释，却是十分精彩的哲学创作。他是将"尽心"解读成为真能彻底做到尽其心者，此一解读就像是程颢对"识仁"的解读一般，程颢的"识仁"也是指真正做到了彻头彻尾的识仁者境界，所以是圣人事业。至于"存心养性事天"，阳明解为"学而知之"，理由是尚须为存养之功，其实这是刻意的排比而已，解为工夫达致最高境界的存养亦无不可。至于将"修身以俟"解为"困知勉行"则又更为牵强了，理由是此时是"以殀寿贰其心"以及"尚未知有天命"。总之，脱离了《孟子》原意之后，学者尽可从各种思路来套住文本以为创造性的解读，既有创造，则为另一新的哲学义理系统，重点在其创造，而不在其文本诠释，因其文本诠释是会溢出文本原意的。既然如此，去说朱王孰是孰非已无意义。

以上是文本讨论上的一段批评朱熹的文字，以下是版本问题上的一段批评朱熹的文字。参见：

> 来教谓某："《大学》古本之复，以人之为学但当求之于
> 内，而程、朱'格物'之说不免求之于外，遂去朱子之分章，而
> 削其所补之传。"非敢然也。学岂有内外乎？《大学》古本乃
> 孔门相传旧本耳，朱子疑其有所脱误而改正补缉之，在某则
> 谓其本无脱误，悉从其旧而已矣。失在于过信孔子则有之，
> 非故去朱子之分章而削其传也。夫学贵得之心，求之于心
> 而非也，虽其言之出于孔子，不敢以为是也，而况其未及孔
> 子者乎；求之于心而是也，虽其言之出于庸常，不敢以为非
> 也，而况其出于孔子者乎！且旧本之传数千载矣，今读其文
> 词，既明白而可通，论其工夫，又易简而可入，亦何所按据而
> 断其此段之必在于彼，彼段之必在于此，与此之如何而缺，
> 彼之如何而补，而遂改正补缉之，无乃重于背朱而轻于叛孔
> 已乎？

朱子为《大学》分章，且做《格致章》补传，自此影响天下读书人皆依朱子之章句、集注为认识《大学》的切入点。阳明学思亦为从《大学》文义中诠释而来，但其切入点似程颢所谓之"吾学虽有所受，天理二字却是自家体贴出来"。意思是说，阳明对《大学》文本的诠释意见，亦是从自家动心忍性中锻炼出来的，自其龙场悟道之后，倡知行合一、良知教等意旨，终于连带地对人人所熟悉的朱子注之《大学》文义意旨，甚至章节段落，都有了自己的看法。且阳明几条最重要的哲学命题，更是借《大学》文本诠释而说出的，如致良知说、格物说、四句教等。阳明对《大学》的意见，如罗整庵来书所言，有对经传编辑的意见，也有对文义宗旨的意见。经传编辑部分反对朱熹之分章及补传，文义宗旨部分则是

阳明整个《大学》哲学的创作系统。其实,章句补传不是重点,重点还是哲学诠释的立场。但是就这一段书信的文字来看,阳明讨论的重点却是章句补传,阳明的立场是古本无误,无须重新编排,也无须补传。否则似是轻于叛孔、重于背朱,意即不敢反对朱熹的修改,就等于是敢于反对孔子,这样就变成反对孔子反而很容易,而反对朱熹变成不敢去做了。依据阳明自己的创造性解读,古本文义宗旨已然可解,不须修改,朱熹的修改反而有误。罗整庵说阳明主张朱熹之章句补传有分内分外的缺失,这当然是阳明的立场,阳明的回答也重述了此意,虽口说非敢然也,只是谦词,实际上就是这个立场,只其讨论的方向转入章句补传中。不过,批评朱熹分内外的立场是阳明一贯的思路,仍应视为是这段文字的真正要点。阳明反对朱熹对《大学》的编排、章句、补传的意见,当然是基于对朱熹的《大学》诠释的反对意见,但笔者要强调的是,阳明对朱熹的反对意见,说为不同问题上的创作差异则可,说为文本诠释的正解之争则不可,说为哲学立场的截然对立亦不可。

六、王阳明对朱熹及陆象山的个人态度

本文讨论王阳明对朱熹的批评意见,主要的立场是要消解这些批评的合法性,也并不是要否定阳明的理论,只是要否定阳明对朱熹的批评意见,因为这些意见是基于不同问题意识而来。事实上,阳明对朱熹个人确是十分崇敬的,只是误以为有什么理论上不得不争的立场而已。本节即要从阳明对朱熹个人、朱陆之争及对象山个人的意见,重新定位阳明对朱子的根本态度。首先,针对朱熹个人,参见其言:

孟子辟杨、墨，至于"无父、无君"。二子亦当时之贤者，使与孟子并世而生，未必不以之为贤。墨子兼爱，行仁而过耳。杨子为我，行义而过耳。此其为说，亦岂灭理乱常之甚而足以眩天下哉？而其流之弊，孟子则比于禽兽、夷狄，所谓以学术杀天下后世也。今世学术之弊，其谓之学仁而过者乎？谓之学义而过者乎？抑谓之学不仁、不义而过者乎？吾不知其于洪水、猛兽何如也。孟子云："予岂好辩哉？予不得已也。"杨、墨之道塞天下。孟子之时，天下之尊信杨、墨，当不下于今日之崇尚朱之说。而孟子独以一人呶呶于其间。噫！可哀矣！韩氏云："佛、老之害，甚于杨、墨。"韩愈之贤，不及孟子，孟子不能救之于未坏之先，而韩愈乃欲全之于已坏之后，其亦不量其力，且见其身之危，莫之救以死也。呜呼！若某者，其尤不量其力，果见其身之危，莫之救以死也矣！夫众方嘻嘻之中，而犹出涕嗟若。举世恬然以趋，而独疾首蹙额以为忧。此其非病狂丧心，殆必诚有大苦者隐于其中。而非天下之至仁，其孰能察之？其为"朱子晚年定论"，盖亦不得已而然。中间年岁早晚，诚有所未考，虽不必尽出于晚年，固多出于晚年者矣。然大意在委曲调停，以明此学为重。平生于朱子之说，如神明蓍龟，一日与之背驰，心诚有所未忍，故不得已而为此。"知我者谓我心忧，不知我者谓我何求。"盖不忍牴牾朱子者，其本心也，不得已而与之牴牾者，道固如是，不直则道不见也。执事所谓"决与朱子异"者，仆敢自欺其心哉？夫道，天下之公道也，学，天下之公学也，非朱子可得而私也，非孔子可得而私也，天下之公也。公言之而已矣，故言之而是，虽异于己，乃益于己也。言之而非，虽同于己，适损于己也。益于己者，己

必喜之；损于己者，己必恶之；然则某今日之论，虽或于朱子
异，未必非其所喜也。君子之过，如日月之食，其更也，人皆
仰。而小人之过也必文。某虽不肖，固不敢以小人之心
事朱子也。

这段文字是王阳明自己在讨论他与朱子有所差异的立场。这段
文字，看似重要，实际上只是一些心情的发抒与立场的再表明而
已，义理上的铺陈并未展开。阳明之意，今时之世，众人"学不仁
不义而过者"之世，孟子、韩愈与自己都是力挽狂澜、不畏生死之
人，故孟子辟杨墨，韩愈辩佛，而阳明则批朱子。这些话说下来，
分量已经太重了，即是把朱熹比作阳墨、比作佛、比作倡不仁不
义且又有所过之者了，但阳明竟说出口了，当然这也显示阳明认
定朱熹理论有时代性的巨大影响，因此必须辩之。阳明虽然批
评朱熹的很多理论，但是私心上阳明对朱熹倒并不是视为小人
之辈，相反地，仍有极高的敬意，阳明的《朱子晚年定论》，就是要
引之为同道之作，然学界一般不明其意，便在知识细节上批评反
对，有人谓其所引之书信有些并非朱熹晚年之作，阳明自己澄
清，重点不在时段早晚，而在意旨的立场，此诚其然，笔者同意，
且岂止晚年、中年而已，若论于自我反省，本就是儒门基本工夫，
朱熹实是终其一生早中晚岁皆在实践的。阳明虽对朱熹晚年有
实践上的尊敬与肯定，但是对于朱熹的言论，因为涉及入道要
门，故而不能不辩，但虽辩其理论，却对朱熹之本心，诚无疑义。
意即只是说朱熹的为学方法不好，而不是他的价值意识及道德
立场有问题。只是为了天下之公学与天下之公道，非朱子可得
而私，乃人人可与议。且朱熹为一大儒，必能受人实攻，故阳明
子所言，未必非朱熹所喜，此不以小人之心度朱熹也。阳明说来
说去，把自己对朱熹的批评及对晚年朱熹的肯定，说成了是孟

子、韩愈的事业了。笔者以为,此诚言之有过矣。但阳明主张自己的方法与朱熹不同,这是可以做哲学讨论的,而笔者则是不同意两者的哲学理论有什么根本上的对立的。至于把朱熹当成了君子而非小人,因此可以实攻之,这当然算是正面的恭维了,只不过这个恭维是为了提出批评,所以也只能说阳明是在讲一些漂亮话而已。

阳明对朱熹本人的态度,又见下文:

> 朋友观书,多有摘议晦庵者。先生曰:"是有心求异,即不是。吾说与晦庵时有不同者,为入门下手处有毫厘千里之分,不得不辩。然吾之心与晦庵之心,未尝异也。若其余文义解得明当处,如何动得一字?"

王阳明说自己的心与晦庵的心未尝异也,是说追求理想的儒者境界之心意是相同的,但是入门下手的方案却有所不同,于是将有毫厘千里之分。王阳明讲的入门下手之不同,就是他对朱熹的种种批评的意见中所示的,包括析心与理为二、理在心外、义外说、格物的方法等等。但其实,这些阳明所以为的不同,笔者皆认为是他自己的误解,并非事实,但亦无妨借此了解阳明的思路,至于其说与朱熹的差异,则并不是阳明所自以为的那样。

对朱陆之争,阳明有所明言:

> 来书云:"今之为朱陆之辨者尚未已,每对朋友言,正学不明已久,且不须枉费心力为朱陆争是非,只依先生'立志'二字点化人。若其人果能辨得此志来,决意要知此学,已走大段明白了;朱陆虽不辨,彼自能觉得。又尝见朋友中见有人议先生之言者,辄为动气。昔在朱陆二先生所以遗后世纷纷之议者,亦见二先生功夫有未纯熟分明,亦有动气之

病。若明道则无此矣。观其与吴涉礼论介甫之学云：'为我
尽达诸介甫，不有益于他，必有益于我也。'气象何等从容！
尝见先生与人书中，亦引此言，愿朋友皆如此，如何？"此节
议论得极是，极是。愿道通遍以告于同志，各自且论自己是
非，莫论朱陆是非也。以言语谤人，其谤浅，若自己不能身
体实践，而徒入耳出口，呶呶度日，是以身谤也，其谤深矣。
凡今天下之论议我者，苟能取以为善，皆是砥砺切磋我也，
则在我无非警惕修省进德之地矣。昔人谓攻吾之短者是吾
师，师又可恶乎？

本文为阳明弟子道通之来信及阳明的回应，道通讨论对朱陆之
争的态度问题，道通自己的态度是不需论究朱陆是非，论究者都
是自学不明的人，而朱陆彼此之争，正显示朱陆二先生工夫不纯
熟。道通这个责诸己的态度是正确的，但道通关于朱陆有功夫
不纯熟的说法，却是以朱陆之争的现象去证明朱陆两人修养不
纯熟，所以等于道通也批评了朱陆两人的个人修养境界。但是，
重点仍是，朱陆之争是在争什么？是争两人的形而上学理论？
还是工夫论的理论？还是做工夫后的修养境界？以道通之见，
朱陆两人的修养不够，似乎所争者亦在两人各自的修养境界上，
而这个立场，亦是笔者的立场。朱陆在形而上学问题上没有对
立，在工夫论问题上也没有对立，却对彼此及对方子弟的工夫修
养境界时有争执，因此这便是个人修养之争的问题，而这正是道
通对两人的批评的重点。对于朱陆之争的问题，笔者另有专书
讨论，此暂不多论。

　　阳明对弟子道通这一段谈话的态度是支持的，阳明也是要
求弟子反求诸己即可，而勿议论前贤是非，至于阳明自己对朱陆
之争的意见，在这段文字中却没有谈出来。而阳明的讨论，重点

在讲究自我反省的重要,切勿谤人。若是谤人而己更未达之,则既是言谤,更是身谤,所谤者正为己尔。若是别人议论于我,则引别人以为师,正好自我砥砺,岂能反谤于师?

以本文观之,阳明对朱熹个人修养是不做批评的,若有所批评,则是以针对理论为主。然而,事实上,阳明针对朱熹理论所做的批评,却多有朱熹工夫不得力的批评,如尊德性、道问学分为二事的批评,至于析心理为二及义外诸说,则为错误的工夫理论的批评。工夫理论都错了,则工夫岂能做对?则亦等于进入了对朱熹工夫做不好的批评了。当然,阳明自己更没少被时人批评之事,政治官场上暂不说,就是在哲学讨论的学术阵营里,如罗整庵及湛甘泉对其都有批评,但却多为直接针对理论,而不是针对个人了,此阳明或为不及罗整庵及湛甘泉之处矣。

阳明对象山个人亦有说法,参见:

> 又问:"陆子之学何如?"先生曰:"濂溪、明道之后,还是象山;只还粗些。"九川曰:"看他论学,篇篇说出骨髓,句句似针膏肓,却不见他粗。"先生曰:"然他心上用过功夫,与揣摹依仿、求之文义,自不同。但细看有粗处,用功久,当见之。"①

本段文字是王阳明直接表达对陆象山学术成就的看法,认为象山能继濂溪、明道之路,但却粗些。"粗些"何意?阳明未明讲细节,故意旨难揣,便不多加猜测。无论如何,阳明对朱陆之争的态度是建议子弟不要去议论,但是对朱熹有义理上的直接批评,不过又作《朱子晚年定论》一书,以为朱熹与阳明自己也是同道,关键正是朱子书信中有许多自我反省的话语。这就是说,阳明

---

① 《传习录下·陈九川录》。

是把理论立场与为人修养合在一起谈了，这对儒学作为一套生命的学问、一套人生哲学而言，本是适宜的。但在今日的学术分工下，对儒学的讨论，仍应是放在理论面，而不是放在哲学家本身的人格修养面，因为所据以讨论的材料多是哲学家的理论著作。因此，人格修养固然会影响到理论，但若不是直接谈修养境界的理论，则其实与人格修养的命题不能混为一事。朱熹的"理气说"就是被当作工夫修养论而被阳明批评的；而朱熹与象山的争执，则也是被当作朱陆两人修养不好的证据而被阳明弟子批评的。但是朱熹有关自己修养反省的话语却被阳明大力赞赏。那么，象山的修养理论，与象山的修养，应该也是被阳明混在一起批评评价了。

结　　论

哲学史上王阳明对朱熹多有批评，虽然阳明偶尔发为对朱熹个人的亲善态度，但是朱、王对立的印象却已深入人心，学界多言其异，说同者少。笔者并非刻意要说其同，而是要指出其所异者正非同一事尔，因此说异亦无甚重大意义。当代学者，固有针对程朱、陆王之别异者大作文章说其不同者，但笔者以为，仅从文本诠释而非哲学创作角度言，朱王二人的差异实可解消，当代学者的讨论，不如说是要建立自己的新哲学系统，而借由朱王之别异的创造性诠释来落实的。笔者在朱陆之争的研究中，即已获得此项心得。笔者认为，通过良好的研究工具，即可看出，阳明对朱熹的批评，都没有对准朱熹的问题意识，阳明自己的问题意识主要是工夫论切入点的，而且是直接谈本体工夫的，在工夫论的批评上，"析心与理为二说"的批评，是以阳明自己的"心即理"的本体工夫,对上朱熹谈"先知后行""格致、穷理"的工夫次第论;"义外说"是以"仁义内在"的本体工夫论,对上朱熹谈"一物有一物的道理"的存有论普遍原理。既然文不对题,硬说其异者,则只能见到哲学理性的薄弱而已。阳明是求实践之心甚切,导致薄于对朱熹的文本理解;至于当代学者是造为新说之心切,导致薄于对哲学基本问题的分判。至于谈到阳明对朱熹个人的态度而言,反而多见阳明认同朱熹之说法,但却在理论上严厉批评朱熹,则阳明是否真在人格修养上十分同情朱熹,笔者也要置疑了。阳明大作《朱子晚年定论》之书,既受当时人反驳,亦不被后学接受,这还是要怪阳明自己批评朱熹过甚,区区书信之内文,不足以推翻早已深入人心的朱王别异之印象。然而,笔者的努力却是,尽管阳明有种种的理论错置,及对朱熹忽冷忽热的不一态度,朱、王之间的根本形式应该是,虽有差别,却无对立。要说对立,三教之间对立更多,更应去谈,但在同一学派内,教内之间的别异,多是基本哲学问题意识的混淆所致。本文之作,即是以哲学基本问题分析法,澄清朱王之别异,主张其并非对立之作。

第二部分
王阳明哲学文选

《王阳明哲学文选》皆从《传目录》中辑出，重点在对阳明心学思想进行材料汇编，以供阳明心学的意旨阐述之用。阳明心学从《大学》诠释出发，其致良知、知行合一诸说皆是出自《大学》概念，但其思路却是孟子学的，孟子学旨在于对良知固有的绝对信心以及对于个人修养的直截要求。阳明学，一言以蔽之，要求个人立志做圣人之学。工夫发自心性内在，故而谓之心学。阳明心学，在指点弟子修养工夫方面，取得重大实效，故而天下景从，自其而后，明代儒学皆是阳明后学。迤至当代新儒家，阳明学亦是新儒家学者高视道佛、较劲西学的典范宗规。阳明学在今日的倡导，宜在国人心性修养的志节砥砺上，人人立志做个君子，人人于心性上自我要求，要求事事利他，要求时时勘查良知，亦即念头上做工夫，每事问其价值利害，是利他的天理之路，还是从己的人欲之途？如此下功夫，凡是反求诸己，便是孟子学及阳明学的心学要旨。

本书之文选，将阳明《传习录》列出二十四个子题，以供阳明心学入门之用，每个子题之内文的排列次序则仍依《传习录》编次之序，以利检索。

二十四个子题及其内涵要点如下。

01. 王阳明心境自述——答聂文蔚

阳明中年以后，肩上责任艰巨，个人意志更强，总有一人之身兼负天下重担之感，却心志艰苦，而无人能识其衷心之所存。此时，聂文蔚的拜访，让他备感欣慰，两人相谈俱感，文蔚离去后又来信，使得阳明更加心系，借由回信之文，不知不觉地将自己内心深处隐藏的胸怀，挥洒奉告，可谓得一平生知己而无憾矣。是以选为阳明心境自述，并为阳明心学课程开篇。

02. 王阳明面对的时代问题——答顾东桥书

顾东桥以朱熹《大学》诠释"先知后行"之说,以为天下人寻一"工夫次第"的学习理论为基础,与王阳明强势论难。阳明之学诚屹立不摇,然而用力之态或见,关键就是阳明有他自己心中真正面对的时代课题,并非朱熹学问立说时之所对。阳明对时代、历史、政治的感受更为纤细敏锐,忧国之心几于屈原,欲拔天下之病痛,不能不下一大猛药。与顾东桥展开了扎实有基础的学术争辩之后,不得已敞开心门,倾泻了万顷的心忧,后人以其文中所述之"拔本塞源"之说,编为《王阳明拔本塞源论》,诚阳明文选之精华篇章之一。选为本讲次书,以为时代课题之背景说明。

03. 心学进路的工夫心法——致良知

王阳明哲学有几个重要的核心观念,以下诸节即一一陈列之,这些核心观念就是心学的要目,阳明心学就是工夫论的命题意旨,亦即是谈如何做工夫的心法的。阳明以孟子"良知、良能我固有之"为人性的性善本体,将《大学》致知工夫诠释为"致良知"工夫,成为阳明心学最核心的工夫心法观念之第一目。世人皆知阳明倡"致良知"之学,本节之文选即是将阳明涉及谈"致良知"观念的文字辑纂于此。

04. 心学进路的工夫心法——知行合一

"致良知"之外,阳明就是最为倡议"知行合一"之说,阳明以朱熹"格物致知"为闻见工夫,缺了"知行合一"的功效,遂重解"格物致知"为"正物正心"以"致良知",从而"格致诚正"皆一"即知即行"之工夫,而创"知行合一""知易行难"之说,以为阳明心学之核心的工夫心法之第二目。

05. 心学进路的工夫心法——格物致知

王阳明"致良知"工夫及"知行合一"立说的意旨本来十分清晰,唯此二说皆因《大学》文本诠释而来,其中最与朱熹注解意旨相异的,就是"格物致知"概念的解读方向,此二说不明,阳明心学不能成立,故而务必再三致意其说,"格物致知"论遂成为阳明心学工夫心法中最重要的观念之第三目。

06. 心学进路的工夫心法——止于至善

《大学》之道,在明明德,在亲民,在止于至善,至善之说,与孟子性善论一贯,又为实践哲学进路的阳明心学之工夫极则,修道求学则必仁极仁、义极义不可,此善恶之间又是儒佛两家的几微之地,不可不辩。阳明"四句教"及"四无说"即是辩之于此,是以"止于至善"乃阳明心学工夫心法要目之第四目。

07. 心学进路的工夫心法——圣人之道

作天下第一等人,这就是年轻时候的王阳明心中所想所志之事,但一般人就是想想而已,王阳明却是身体力行,奉献一生从事于此,百死千难中体会至深,反观孔孟圣人之心,便体贴如己心,于是阳明关于圣人之述说甚伙,其中,"成色分两"说便是出于圣人之道的讨论,该文亦是阳明文选精华篇章之一,因此,论于圣人之道乃阳明心学工夫心法之要目之一,为第五目。

08. 心学进路的工夫心法——心即理

阳明唱"心即理",程朱讲"性即理",两说实有关涉交流之空间在,后人以为必损其一,形成哲学史上的大辩论。实际上"心即理"说就是说工夫境界的话头,"性即理"说就是说本体价值的话头,阳明以朱熹"外理于心",倡"心即理",后人不免于"心即理"和"性即理"说中大作对立文章。"心即理"亦成为阳明心学工夫心法的要目,编为第六目。

09. 心学进路的工夫心法——去人欲存天理

朱熹讲"去人欲存天理",阳明也讲"去人欲存天理",大本大节中不能有别,"天理人欲"说也是阳明心学工夫心法要目之一,编为第七目。

10. 心学进路的工夫心法——人心道心说

并"天理人欲"说又有"人心道心"说,意旨相同,亦为《中庸》文本解读之旨,阳明亦多次论及,编为阳明心学工夫心法之第八目。

11. 心学进路的工夫心法——主一说

程朱讲敬存,讲涵养需用敬,而敬即主一之功,敬即本体工夫的操作型定义,主一即敬之操作型定义,此义,阳明用之亦然,不多不少亦正是朱熹之用法。列为阳明工夫心法要目之第九目。

12. 心学进路的工夫指点

除以上九目之外,阳明随口言说的工夫心法尚有不尽的话头,未免遗漏要旨精文,以下拾掇之。重点在几句话中就说出了一番大道理,有点像智慧语录的格式,却不像前九目之配合《大学》文本诠释的理论,而形成一整套的系统。

13. 心学进路的工夫问答

阳明才高过人,理论透彻,实践到位,在教学现场上亦是直指人心,弟子每有疑问,常是一针见血,直透病灶,却多忠言逆耳。阅读阳明教诲弟子的问答之说,常使人自觉汗颜惭愧。以下所选,是将前述心学工夫落实于己身病痛上的实际疗程,与下

节机锋往来所选,同是阳明《传习录》最惊心动魄的加护病房医疗现场。

14.心学进路的机锋现场

阳明授徒,颇似禅门师弟子间的机锋往来,问答之际不是知见交流,而是当下治疗,直刺弟子心性病痛之所在。以下所选,都是阳明与弟子在问答之际有多次往返的对话文本,透过来往之间,看到弟子的闪躲、规避、好辩、惊恐以及阳明的自由挥洒与责心深切,真是血淋淋的圣学教学现场。遇上阳明这样的教席,弟子内心世界无一可逃,受其针砭之时,亦是最具疗效之际,惟受之不易,故而疗效也是有别。本节所选,可以说是阳明文选中最精彩的一部分,读者自行阅读之际,若能不需解释就能立即明白,则读者已是阳明知音,剩下自己力学力行就能朝向圣位。

15.心意相通的师弟问答——答欧阳崇一

在阳明与弟子的问答往来之间,有被他责骂不已的如萧惠,也有不得不婉转启迪的如陆源静,但其中也有如欧阳崇一者,始终被阳明视为善学的及门好弟子。欧阳崇一和王阳明的问答语录,得见弟子几已达到师说的境界,但就差那么一点点,还有师父可以指点的小空间在,读其师弟子间的问答,才真是善问善答,心意相通的师徒两人。陆源静也是问了许多问题,又善于纪录,人们谓其善问,其实不然,都是书本上没有实战经验的书生议论,阳明已屡次责备,责其没有真正的见地。若欧阳崇一,则是实践到位,故而问题亦是精准,本身就是很好的智慧知见了。因为欧阳崇一非常优秀,故而其与阳明之问答文本全部选录于此。

16.捍卫朱熹学说正面挑战阳明《大学》诠释的师友辩难——答顾东桥书

阳明名气如日中天,各方论难亦随之而来,其中有善学朱熹理论者,亦来问难,其中之翘楚,当为顾东桥。顾东桥对朱熹理学所知甚详,所提问题也都切中要点,只是阳明之学乃《大学》新说,其心学进路的修养论的《大学》解读,确能自成一家之言,因此也能应对不乱。所问之中,包括对《大学》文本的解读,对"工夫次第"和"工夫入手"的争辩,对"闻见之知"和"德性之知"的安排处理,集中在王阳明格物致知、知行合一说的对谈上。本节所选,所问太理论性,不适合心学课程,倒适合写学术论文之用。

17.高手过招的师友问答——答罗整庵少宰书

除顾东桥外,尚有罗整庵的问难亦是针锋相对,唯后者的话头内敛,两人的意气相交,没有火气,却更多的是客观的思辨,阳明招架之余,也是感动于对方的问学真诚。借由罗整庵不带批判色彩的客观思辨,亦更能见出阳明心学宗旨的核心要点。感觉上两人的交锋都是绵里针,笑脸过招。

18.从个人风格上评价朱熹与陆象山

阳明学没有朱熹是出不来的,至少绝非现在面貌,关键在于阳明几乎就是冲着朱熹《大学》诠释理论——对辩问难,而提出他的致良知、知行合一种种诸说的。然而或许是为免心中不安,遂制《朱子晚年定论》一书,借朱熹种种书信中与其心学工夫意旨相同的文字引文为据,说朱子有与自己相同的立场,以免自己辟朱太甚。除此而外,阳明所有《大学》文本解释都是与朱熹辩论而言说的,表面上出冲突不已。本节所选,则是有别于《大学》诠释诸说,选出阳明直接针对朱熹个人的风格评价,其中从不见阳明恶意喝斥的口语,反而是充满敬意的高重。可以说吾爱吾师吾更爱真理的写照而已。文末亦选评阳明对于陆象山的一段诂。

19.心学进路的道佛知见

阳明心学,就儒学界而言,有人视为两千年儒学的第一高峰,而在儒释道三教辩证的问题上,阳明心学,亦是尽收道佛之优点而无其缺点的顶峰之学。果其然乎?事实上,阳明确实有对道佛的知见话语,其内涵显现阳明大胆引用道佛名相入于儒学世界观中,可以说是以儒学世界观看道佛的名相,其中道佛的意旨不见了,这就是阳明融会三教的做法,理论上言,是不成功的。但是,其说虽不足以否定道佛以及辩驳道佛,却是最好的呈现儒学立场的材料,亦值得阅读理解。

20. 心学进路的世界观

消化了道佛的世界观之后,阳明儒学的世界观却因此变得模糊了,他所提出的儒学理论,心学色彩最重,难免于冯友兰说其主观唯心论的形态。然而,儒学世界观自孔孟以降,得言之若此乎?此诚阳明论说太过之失,亦有意旨不明之处,可以说,两千年儒学是朝阳明学走,还是朝朱熹学走?若就世界观而言,朱熹辩鬼神,理论上说其不存在,朱熹理气论,明说了现实世界的存有结构。若就工夫论言,阳明讲工夫入手、本体工夫最为畅透,朱熹讲工夫次第亦明白严谨,其实都是儒学的好去路,若一意高扬王学而贬抑朱学,其结果就是留下了本节所选诸文的世界观话语,究竟如何解读的问题。若要依据扬明话头再去申述,就是牟宗三所走的路——主观唯心论的境界形而上学。此处已进入当代新儒学的一大辩论议题矣。本人之见,阳明这些话,就当作他讲过头了的话吧,不要再去发挥创作了。否则,儒学的面貌模糊了,三教同异之辩也不成其理了,世间只剩儒学一支,道佛义理淹没,其实是误解不明而浪费资产了。

21. 心学进路的经典诠释——论语篇

阳明的亲身实践是儒学史上的第一人,他的学力洞见也是常儒所不及,阳明的学术,主要在《大学》的重新诠释,但对于《论语《孟子》《中庸》《易传》亦是功底深厚,本节选录其《论语》文本讨论的若干条文。文中见出,阳明有一种绝对理想主义的政治哲学心态,论于蒯聩与辄的父子争国事件,清澈如阳明子,便是父子相让而最终由辄立位,结果与过程皆非历史史实,而是阳明的道德心境而已。其他条文,也都可以见到王阳明特殊的道德心法进路,来解读《论语》意旨。

22. 心学进路的经典诠释——孟子篇

阳明学毫无疑问是孟子学,孟子学意旨重点在于性善论以及工夫论,阳明以《大学》文本诠释发挥孟子学,概念都是《大学》《孟子》共通的。因此阳明的孟子学亦是最为可观,本节选录阳明论于《孟子》文本意旨解读若干条,重点还是在工夫论上。包括集义说、必有事焉说、立志说等等,其中,尽心知性知天、存心养性事天、夭寿不贰修身以俟之解读,又正与朱熹有异,可以说从经典诠释角度言,阳明学表面上是《大学》之学,骨子里却真真正正就是孟子学。因此,最后落实在他的《孟子》文本诠释意见上,正是必须收尾的要点。

23. 心学进路的经典诠释——中庸篇

陆象山以"不知尊德性,如何道问学"贬抑朱熹,阳明则有自己的《中庸》解。程朱以"未发涵养、已发察识"为"工夫次第",阳明则以涵养是涵养那察识底,察识是察识那涵养底说之。朱熹说戒惧是未发涵养工夫,慎独是已发察识工夫,阳明辩之。可见,《中庸》文本经程朱深入发挥之后,依然是阳明论学的要紧之地,其中,"未发之中"即是"良知之地",阳明亦处处用之于良知教中。此外,阳明亦合性道教于一义之中。朱熹说《四书》阅读次序以《大学》《论语》《孟子》而后《中庸》,本文选也以阳明《中庸》之解为末。圆满结束。

24.王阳明:大学问

这是一篇王阳明针对《大学》文本解读的自问自答之撰文,弟子钱德洪以为本文宗旨是所有王门弟子初学的教本,阳明殁后,弟子编辑出版,视为阳明风范的经典,《大学问》一文,也是阳明文选中的精华之文,列在本文选之最终之篇,以为收尾之作。意旨清晰完整,学习效果圆满。

01.王阳明心境自述——答聂文蔚

阳明中年以后,肩上责任艰巨,个人意志更强,总有一人之身兼负天下重担之感,却心志艰苦,而无人能识其衷心之所存。此时,聂文蔚的拜访,让他备感欣慰,两人相谈俱感,文蔚离去后又来信,使得阳明更加心系,借由回信之文,不知不觉地将自己内心深处隐藏的胸怀,挥洒奉告,可谓得一平生知己而无憾矣。是以选为阳明心境自述,并为阳明心学课程开篇。

(1)春闲远劳迁途,枉顾问证,惓惓此情,何可当也!已期二三同志,更处静地,扳留旬日,少效其鄙见,以求切劘之益;而公期俗绊,势有不能,别去极怏怏如有所失。忽承笺惠,反覆千余言,读之无甚浣慰。中间推许太过,盖亦奖掖之盛心,而规砺真切,思欲纳之于贤圣之域,又托诸崇一以致其勤勤恳恳之怀,此非深交笃爱何以及是;知感知愧,且惧其无以堪之也。虽然,仆亦何敢不自鞭勉,而徒以感愧辞让为乎哉!其谓"思、孟、周、程无意相遭于千载之下,与其尽信于天下,不若真信于一人;道固自在,学亦自在,天下信之不为多,一人信之不为少"者,斯固君子"不见是而无闷"之心,岂世之谆谆屑屑者知足以及之乎!乃仆之情,则有大不得已者存乎其间,而非以计人之信与不信也。

（2）夫人者，天地之心，天地万物本吾一体者也。生民之困苦荼毒，孰非疾痛之切于吾身者乎？不知吾身之疾痛，无是非之心者也。是非之心，不虑而知，不学而能，所谓"良知"也。良知之在人心，无间于圣愚，天下古今之所同也。世之君子惟务致其良知，则自能公是非，同好恶，视人犹己，视国犹家，而以天地万物为一体，求天下无治，不可得矣。古之人所以能见善不啻若己出，见恶不啻若己入，视民之饥溺犹己之饥溺，而一夫不获，若己推而纳诸沟中者，非故为是而以蕲天下之信己也，务致其良知求自慊而已矣。尧、舜、三王之圣，言而民莫不信者，致其良知而言之也；行而民莫不说者，致其良知而行之也。是以其民熙熙皞皞，杀之不怨，利之不庸，施及蛮貊，而凡有血气者莫不尊亲；为其良知之同也。呜呼！圣人之治天下，何其简且易哉！

（3）后世良知之学不明，天下之人用其私智以相比轧，是以人各有心，而偏琐僻陋之见，狡伪阴邪之术，至于不可胜说；外假仁义之名，而内以行其自私自利之实，诡辞以阿俗，矫行以干誉；掩人之善而袭以为己长，讦人之私而窃以为己直，忿以相胜而犹谓之徇义，险以相倾而犹谓之疾恶；妒贤忌能而犹自以为公是非，恣情纵欲而犹自以为同好恶；相陵相贼，自其一家骨肉之亲，已不能无尔我胜负之意、彼此藩篱之形，而况于天下之大，民物之众，又何能一体而视之，则无怪于纷纷籍籍而祸乱相寻于无穷矣。

（4）仆诚赖天之灵，偶有见于良知之学，以为必由此而后天下可得而治。是以每念斯民之陷溺，则为之戚然痛心，忘其身之不肖，而思以此救之，亦不自知其量者。天下之人见其若是，遂相与非笑而诋斥之，以为是病狂丧心之人耳。呜呼，是奚足恤哉！吾方疾痛之切体，而暇计人之非笑乎？人固有见其父子兄弟之坠溺于深渊者,呼号匍匐,裸跣颠顿,扳悬崖壁而下拯之。士之见者,方相与揖让谈笑于其旁,以为是弃其礼貌衣冠而呼号颠顿若此,是病狂丧心者也。故夫揖让谈笑于溺人之傍而不知救,此惟行路之人,无亲戚骨肉之情者能之,然已谓之无恻隐之心非人矣;若夫在父子兄弟之爱者,则固未有不痛心疾首,狂奔尽气,匍匐而拯之,彼将陷溺之祸有不顾,而况于病狂丧心之讥乎?而又况于蕲人之信与不信乎?呜呼!今之人虽谓仆为病狂丧心之人,亦无不可矣。天下之人心,皆吾之心也。天下之人犹有病狂者矣,吾安得而非病狂乎!犹有丧心者矣,吾安得而非丧心乎?

(5)昔者孔子之在当时,有议其为谄者,有讥其为佞者,有毁其未贤,诋其为不知礼,而侮之以为东家丘者,有嫉而沮之者,有恶而欲杀之者,晨门、荷蒉之徒,皆当时之贤士,且曰"是知其不可而为之者欤?""鄙哉硁硁乎!莫己知也,斯已而已矣。"虽子路在升堂之列,尚不能无疑于其所见,不悦于其所欲往,而且以之为迂,则当时之不信夫子者,岂特十之二三而已乎?然而夫子汲汲遑遑,若求亡子于道路,而不暇于暖席者,宁以蕲人之知我、信我而已哉?盖其天地万物一体之仁,疾痛迫切,虽欲已之而自有所不容已。故其言曰:"吾非斯人之徒与而谁与?""欲洁其身而乱大伦。""果哉,末之难矣!"呜呼!此非诚以天地万物为一体者,孰能以知夫子之心乎?若其遁世无闷,乐天知命者,则固无入而不自得,道并行而不相悖也。

(6)仆之不肖,何敢以夫子之道为己任;顾其心亦已稍知疾痛之在身,是以彷徨四顾,将求其有助于我者,相与讲去其病耳。今诚得豪杰同志之士,扶持匡翼,共明良知之学于天下,使天下之人皆知自致其良知,以相安相养,去其自私自利之蔽,一洗谗妒胜忿之习,以济于大同,则仆之狂病固将脱然以愈,而终免于丧心之患矣,岂不快哉?嗟乎!今诚欲求豪杰同志之士于天下,非如吾文蔚者,而谁望之乎?如吾文蔚之才与志,诚足以援天下之溺者,今又既知其具之在我,而无假于外求矣,循是而充,若决河注海,孰得而御哉?文蔚所谓一人信之不为少,其又能逊以委之何人乎?

(7)会稽素号山水之区,深林长谷,信步皆是,寒暑晦明,无时不宜,安居饱食,尘嚣无扰,良朋四集,道义日新,优哉游哉,天地之闲宁复有乐于是者?孔子云:"不怨天,不尤人,下学而上达。"仆与二三同志方将请事斯语,奚暇外慕?独其切肤之痛,乃有未能恝然者,辄复云云尔。咳疾暑毒,书札绝懒,盛使远来,迟留经月,临歧执笔,又不觉累纸,盖于相知之深,虽已缕缕至此,殊觉有所未能尽也。

02.王阳明面对的时代问题——答顾东桥书——拔本塞源论

顾东桥以朱熹《大学》诠释"先知后行"之说,以为天下人寻一"工夫次第"的学习理论为基础,与王阳明强势论难。阳明之学诚屹立不摇,然而用力之愆态或见,关键就是阳明有他自己心中真正面对的时代课题,并非朱熹学问立说时之所对。阳明对时代、历史、政治的感受更为纤细敏锐,忧国之心几于屈原,欲拔天下之病痛,不能不下一大猛药。与顾东桥展开了扎实有基础的学术争辩之后,不得已敞开心门,倾泻了万顷的心忧,后人以其文中所述之"拔本塞源"(拔起树根,塞住水源)之说,编为《王阳明拔本塞源论》,诚阳明文选之精华篇章之一。选为本讲次书，以为时代课题之背景说明。

来书云：杨、墨之为仁义，乡愿之辞忠信，尧、舜、子之之禅让，汤、武、楚项之放伐，周公、莽、操之摄辅，漫无印正，又焉适从？且于古今事变、礼乐、名物，未常考识，使国家欲兴明堂，建辟雍(学宫)，制历律，草封禅，又将何所致其用乎？故《论语》曰"生而知之"者，义理耳。若夫礼乐、名物、古今事变，亦必待学而后有以验其行事之实。此则可谓定论矣。

所喻杨、墨、乡愿、尧、舜、子之、汤、武、楚项、周公、莽、操之辨，与前舜、武之论，大略可以类推。古今事变之疑，前于良知之说，已有规矩尺度之喻，当亦无俟多赘矣。至于明堂、辟雍诸事，似尚未容于无言者；然其说甚长，姑就吾子之言而取正焉，则吾子之惑将亦可少释矣。夫明堂、辟雍之制，始见于吕氏之"月令"，汉儒之训疏，六经、四书之中，未尝详及也。岂吕氏、汉儒之知，乃贤于三代之贤圣乎？齐宣之时，明堂尚有未毁，则幽、厉之世，周之明堂皆无恙也。尧、舜茅茨土阶，明堂之制未必备，而不害其为治；幽、厉之明堂，固犹文、武、成、康之旧，而无救于其乱，何邪？岂能"以不忍人之心，而行不忍人之政"，则虽茅茨土阶，固亦明堂也；以幽、厉之心，而行幽、厉之政，则虽明堂，亦暴政所自出之地邪？武帝肇讲于汉，而武后盛作于唐，其治乱何如邪？天子之学曰辟雍，诸侯之学曰泮宫，皆象地形而为之名耳。然三代之学，其要皆所以明人伦，非以辟不辟、泮不泮为重轻也。孔子云："人而不仁，如礼何！人而不仁，如乐何！"制礼作乐，必具中和之德，声为律而身为度者，然后可以语此。若夫器数之末，乐工之事，祝史之守。故曾子曰："君子所贵乎道者三，笾豆之事，则有司存也。"尧"命羲和，钦若昊天(密切注意天象日月)，历象日月星辰"，其重在于"敬授人时"也。舜"在璇玑玉衡"，其重在于"以齐七政"也。是皆汲汲然以仁民之心而行其养民之政，治历明时之本，固在于此也。羲和历数之学，皋、契未必能之也，禹、稷未必能之也，尧、舜之知而不遍物，虽尧、舜亦未必能之也；然至于今循羲和之法而世修之，虽曲知小慧之人、星术浅陋之士，亦能推步占候而无所忒。则是后世曲知小慧之人，反贤于禹、稷、尧、舜者邪？"封禅（祭祀天地）"之说，尤为不经，是乃后世佞人谀士所以求媚于其上，倡为夸侈，以荡君心而靡国费；盖欺天罔人无耻之大者，君子之所不道，司马相如之所以见讥于天下后世也（上书汉武帝封禅）。吾子乃以是为儒者所宜学，殆亦未之思邪？夫圣人之所以为圣者，以其生而知之也；而释论语者曰："'生而知之'者，义理耳。若夫礼乐、名物、古今事变，亦必待学而后有以验其行事之实。"夫礼乐、名物之类，果有关于作圣之功也，而圣人亦必待学而后能知焉，则是圣人亦不可以谓之"生知"矣。谓圣人为"生知"者，专指义理而言，而不以礼乐、名物之类，则是礼乐、名物之类无关于作圣之功矣。圣人之所以谓之"生知"者，专指义理而不以礼乐、名物之类。则是"学而知之"者，亦惟当学知此义理而已。"困而知之"者，亦惟当困知此义理而已。今学者之学圣人，于圣人之所能知者，未能"学而知之"，而顾汲汲焉求知圣人之所不能知者以为学，无乃失其所以希圣之方欤？凡此皆就吾子之所惑者而稍为之分释，未及乎拔本塞源之论也。

夫拔本塞源之论不明于天下，则天下之学圣人者，将日繁日难，斯人沦于禽兽、夷狄，而犹自以为圣人之学。吾之说虽或暂明于一时，终将冻解于西而冰坚于东，雾释于前而云滃于后，呶呶焉危困以死，而卒无救于天下之分毫也已。

夫圣人之心，以天地万物为一体，其视天下之人，无外内远近，凡有血气，皆其昆弟赤子之亲，莫不欲安全而教养之，以遂其万物一体之念。天下之人心，其始亦非有异于圣人也，特其间于有我之私，隔于物欲之蔽，大者以小，通者以塞，人各有心，至有视其父、子、兄、弟如仇雠者。圣人有忧之，是以推其天地万物一体之仁以教天下，使之皆有以克其私，去其蔽，以复其心体之同然。其教之大端，则尧、舜、禹之相授受，所谓"道心惟微，惟精惟一，允执厥中"；而其节目，则舜之命契，所谓"父子有亲，君臣有义，夫妇有别，长幼有序，朋友有信"五者而已。唐、虞、三代之世，教者惟以此为教，而学者惟以此为学。当是之时，人无异见，家无异习，安此者谓之圣，勉此者谓之贤，而背此者虽其启明如朱，亦谓之不肖；下至闾井、田野，农、工、商、贾之贱，莫不皆有是学，而惟以成其德行为务。何者？无有闻见之杂，记诵之烦，辞章之靡滥，功利之驰逐，而但使之孝其亲，弟其长，信其朋友，以复其心体之同然；是盖性分之所固有，而非有假于外者，则人亦孰不能之乎？学校之中，惟以成德为事，而才能之异或有长于礼乐、长于政教、长于水土播植者，则就其成德，而因使益精其能于学校之中。迨夫举德而任，则使之终身居其职而不易。用之者惟知同心一德，以共安天下之民，视才之称否，而不以崇卑为轻重，劳逸为美恶；效用者亦惟知同心一德，以共安天下之民，苟当其能，则终身处于烦剧而不以为劳，安于卑琐而不以为贱。当是之时，天下之人熙熙皞皞，皆相视如一家之亲。其才质之下者，则安其农、工、商、贾之分，各勤其业，以相生相养，而无有乎希高慕外之心。其才能之异，若皋、夔（音魁）、稷、契者，则出而各效其能，若一家之务或营其衣食或通其有无或备其器用，集谋并力，以求遂其仰事俯育之愿，惟恐当其事者之或怠而重己之累也。故稷勤其稼，而不耻其不知教，视契之善教，即己之善教也；

夔司其乐，而不耻于不明礼，视夷之通礼，即己之通礼也。盖其心学纯明，而有以全其万物一体之仁，故其精神流贯，志气通达，而无有乎人己之分、物我之间；譬之一人之身，目视、耳听、手持、足行，以济一身之用，目不耻其无聪，而耳之所涉，目必营焉，足不耻其无执，而手之所探，足必前焉；盖其元气充周，血脉条畅，是以痒疴呼吸，感触神应，有不言而喻之妙。此圣人之学所以至易至简，易知易从，学易能而才易成者，正以大端惟在复心体之同然，而知识技能非所与论也。

三代之衰，王道熄而霸术焻；孔、孟既没，圣学晦而邪说横；教者不复以此为教，而学者不复以此为学。霸者之徒，窃取先王之近似者，假之于外以内济其私己之欲，天下靡然而宗之，圣人之道遂以芜塞。相仿相效，日求所以富强之说，倾诈之谋、攻伐之计，一切欺天罔人，苟一时之得，以猎取声利之术，若管、商、苏、张之属者，至不可名数。既其久也，斗争劫夺，不胜其祸，斯人沦于禽兽、夷狄，而霸术亦有所不能行矣。世之儒者慨然悲伤，搜猎先圣王之典章法制而掇拾修补于煨烬之余，盖其为心良亦欲以挽回先王之道。圣学既远，霸术之传积渍已深，虽在贤知，皆不免于习染，其所以讲明修饰，以求宣畅光复于世者，仅足以增霸者之藩篱，而圣学之门墙，遂不复可睹，于是乎有训诂之学，而传之以为名；有记诵之学，而言之以为博，有词章之学，而侈之以为丽。若是者，纷纷籍籍，群起角立于天下，又不知其几家，万径千蹊，莫知所适。世之学者如人百戏之场，欢谑跳踉、骋奇斗巧、献笑争妍者，四面而竞出，前瞻后盼，应接不遑，而耳目眩瞀，精神恍惑，日夜遨游，淹息其间，如病狂丧心之人，莫自知其家业之所归；时君世主亦皆昏迷颠倒于其说，而终身从事于无用之虚文，莫自知其所谓。间有觉其空疏谬妄、支离牵滞，而卓然自奋,欲以见诸行事之实者,极其所抵,亦不过为富强功利、五霸之事业而止。圣人之学日远日晦,而功利之习愈趋愈下;其间虽尝瞀惑于佛、老,而佛、老之说卒亦未能有以胜其功利之心(佛老对他们而言,也不真正入心);虽又尝折衷于群儒,而群儒之论终亦未能有以破其功利之见。盖至于今,功利之毒沦浃于人之心髓,而习以成性也,几千年矣。相矜以知,相轧以势,相争以利,相高以技能,相取以声誉;其出而仕也,理钱谷者则欲兼夫兵刑,典礼乐者又欲与于铨轴,处郡县则思藩臬之高,居台谏则望宰执之要。故不能其事则不得以兼其官,不通其说则不可以要其誉;记诵之广,适以长其敖也;知识之多,适以行其恶也;闻见之博,适以肆其辨也;辞章之富,适以饰其伪也。是以皋、夔、稷、契所不能兼之事,而今之初学小生皆欲通其说、究其术,其称名僭号,未尝不曰吾欲以共成天下之务,而其诚心实意之所在,以为不如是则无以济其私而满其欲也。呜呼,以若是之积染,以若是之心志,而又讲之以若是之学术,宜其闻吾圣人之教,而视之以为赘疣枘凿;则其以良知为未足,而谓圣人之学为无所用,亦其势有所必至矣!呜呼,士生斯世,而尚何以求圣人之学乎!尚何以论圣人之学乎!士生斯世,而欲以为学者,不亦劳苦而繁难乎!不亦拘滞而险艰乎!呜呼,可悲也已!所幸天理之在人心,终有所不可泯,而良知之明,万古一日,则其闻吾拔本塞源之论,必有恻然而悲,戚然而痛,愤然而起,沛然若决江河,而有所不可御者矣。非夫豪杰之士,无所待而兴起者,吾谁与望乎?

03. 心学进路的工夫心法——致良知

王阳明哲学有几个重要的核心观念,以下诸节即一一陈列之,这些核心观念就是心学的要目,阳明心学就是工夫论的命题意旨,亦即是谈如何做工夫的心法的。阳明以孟子"良知、良能我固有之"为人性的性善本体,将《大学》致知工夫诠释为"致良知"工夫,成为阳明心学最核心的工夫心法观念之第一目。世人皆知阳明唱"致良知"之学,本节之文选即是将阳明涉及谈"致良知"观念的文字辑纂于此。

(1)又曰:"知是心之本体,心自然会知。见父自然知孝,见兄自然知弟,见孺子入井,自然知恻隐。此便是'良知',不假外求。若'良知'之发,更无私意障碍。即所谓充其恻隐之心,而仁不可胜用矣。然在常人不能无私意障碍,所以须用'致知''格物'之功。胜私复理,即心之'良知'更无障碍,得以充塞流行,便是致其知。知致则意诚。"

(2)来书云:良知,心之本体,即所谓性善也,未发之中也,寂然不动之体也,廓然大公也,何常人皆不能而必待于学邪?中也,寂也,公也,既以属心之体,则良知是矣。今验之于心,知无不良,而中、寂、大公实未有也,岂良知复超然于体用之外乎?

性无不善,故知无不良。良知即是未发之中,即是廓然大公、寂然不动之本体,人人之所同具者也。但不能不昏蔽于物欲,故须学以去其昏蔽;然于良知之本体,初不能有加损于毫末也。知无不良,而中、寂、大公未能全者,是昏蔽之未尽去,而存之未纯耳。体即良知之体,用即良知之用,宁复有超然于体用之外者乎?

(3)来书云:尝试于心,喜、怒、忧、惧之感发也,虽动气之极,而吾心良知一觉,即罔然消阻或遏于初或制于中或悔于后。然则良知常若居优闲无事之地而为之主,于喜、怒、忧、惧若不与焉者,何欤?

知此,则知未发之中、寂然不动之体,而有发而中节之和、感而遂通之妙矣。然谓"良知常若居于优闲无事之地",语尚有病。盖良知虽不滞于喜、怒、忧、惧,而喜、怒、忧、惧亦不外于良知也。

(4)来书云:夫子昨以良知为照心。窃谓良知心之本体也,照心人所用功,乃戒慎恐惧之心也。犹思也,而遂以戒慎恐惧为良知,何歟?能戒慎恐惧者,是良知也。

(5)来书云:先生又曰:"照心非动也。"岂以其循理而谓之静歟?"妄心亦照也。"岂以其良知未常不在于其中,未尝不明于其中,而视听言动之不过则者,皆天理歟?且既曰妄心,则在妄心可谓之照,而在照心则谓之妄矣。妄与息何异?今假妄之照以续至诚之无息,窃所未明,幸再启蒙。"照心非动"者,以其发于本体明觉之自然,而未尝有所动也;有所动即妄矣。"妄心亦照"者,以其本体明觉之自然者,未尝不在于其中,但有所动耳;无所动即照矣。无妄、无照,非以妄为照、以照为妄也。照心为照,妄心为妄,是犹有妄、有照也。有妄、有照,则犹贰也,贰则息矣。无妄、无照则不贰,不贰则不息矣。

(6)文蔚谓"致知"之说,求之事亲、从兄之间,便觉有所持循者,此段最见近来真切笃实之功。但以此自为不妨,自有得力处,以此遂为定说教人,却未免又有因药发病之患,亦不可不一讲也。盖良知只是一个天理自然明觉发见处,只是一个真诚恻怛,便是他本体。故致此良知之真诚恻怛以事亲便是孝,致此良知之真诚恻怛以从兄便是弟,致此良知之真诚恻怛以事君便是忠,只是一个良知,一个真诚恻怛。若是从兄的良知不能致其真诚恻怛,即是事亲的良知不能致其真诚恻怛矣;事君的良知不能致其真诚恻怛,即是从兄的良知不能致其真诚恻怛矣。故致得事君的良知,便是致却从兄的良知;致得从兄的良知,便是致却事亲的良知。不是事君的良知不能致，却须又从事亲的良知上去扩充将来。如此，又是脱却本原，着在支节上求了。良知只是一个，随他发见流行处，当下具足，更无去来，不须假借。然其发见流行处，却自有轻重厚薄，毫发不容增减者，所谓天然自有之中也。虽则轻重厚薄，毫发不容增减，而原又只是一个。虽则只是一个，而其间轻重厚薄，又毫发不容增减；若可得增减，若须假借，即已非其真诚恻怛之本体矣。此良知之妙用，所以无方体，无穷尽，语大天下莫能载，语小天下莫能破者也。

（7）"亿、逆、先觉"之说，文蔚谓"诚则旁行曲防，皆良知之用"，甚善甚善！闲有搀搭处，则前已言之矣。惟濬之言，亦未为不是。在文蔚须有取于惟濬之言而后尽，在惟濬又须有取于文蔚之言而后明；不然，则亦未免各有倚着之病也。舜察迩言而询刍荛（割草打柴者），非是以迩言当察，刍荛当询，而后如此，乃良知之发见流行，光明圆莹，更无罣碍遮隔处，此所以谓之大知；才有执着意必，其知便小矣。讲学中自有去取分辨，然就心地上着实用工夫，却须如此方是。

（8）先生曰："我辈致知，只是各随分限所及；今日良知见在如此，只随今日所知扩充到底，明日良知又有开悟，便从明日所知扩充到底，如此方是精一功夫。与人论学，亦须随人分限所及；如树有这些萌芽，只把这些水去灌溉，萌芽再长，便又加水，自拱把以至合抱，灌溉之功皆是随其分限所及，若些小萌芽，有一桶水在，尽要倾上，便浸坏他了。"

（9）先生一日出游禹穴，顾田间禾曰："能几何时，又如此长了！"范兆期在傍曰："此只是有根。学问能自植根，亦不患无长。"先生曰："人孰无根，良知即是天植灵根，自生生不息；但着了私累，把此根戕贼蔽塞，不得发生耳。"

(10)黄勉之问："'无适也，无莫也，义之与比。'事事要如此否?"先生曰："固是事事要如此，须是识得个头脑乃可。义即是良知，晓得良知是个头脑，方无执着。且如受人馈送，也有今日当受的，他日不当受的。也有今日不当受的，他日当受的。你若执着了今日当受的，便一切受去。执着了今日不当受的，便一切不受去。便是'适、莫'，便不是良知的本体。如何唤得做义?"

(11)问："'逝者如斯'是说自家心性活泼泼地否?"先生曰："然。须要时时用致良知的功夫，方才活泼泼地，方才与他川水一般;若须臾闲断，便与天地不相似。此是学问极至处，圣人也只如此。"

(12)一友静坐有见，驰问先生。答曰："吾昔居滁时，见诸生多务知解口耳异同，无益于得，姑教之静坐。一时窥见光景，颇收近效;久之渐有喜静厌动，流入枯槁之病或务为玄解妙觉，动人听闻。故迩来只说'致良知'。良知明白，随你去静处体悟也好，随你去事上磨炼也好，良知本体原是无动无静的;此便是学问头脑。我这个话头，自滁州到今，亦较过几番，只是'致良知'三字无病。医经折肱，方能察人病理。"

(13)一友问："功夫欲得此知时时接续，一切应感处反觉照管不及，若去事上周旋，又觉不见了。如何则可?"先生曰："此只认良知未真，尚有内外之闲。我这里功夫不由人急心，认得良知头脑是当，去朴实用功，自会透彻。到此便是内外两忘，又何心事不合一。"

(14)又曰："功夫不是透得这个真机，如何得他充实光辉?若能透得时，不由你聪明知解接得来。须胸中渣滓浑化，不使有毫发沾带始得。"

(15)问："通乎昼夜之道而知。"先生曰："良知原是知昼知夜的。"又问:"人睡熟时,良知亦不知了。"曰:"不知何以一叫便应?"曰:"良知常知,如何有睡熟时?"曰:"向晦宴息,此亦造化常理。夜来天地混沌,形色俱泯,人亦耳目无所睹闻,众窍俱翕,此即良知收敛凝一时。天地既开,庶物露生,人亦耳目有所睹闻,众窍俱辟,此即良知妙用发生时。可见人心与天地一体,故上下与天地同流。今人不会宴息,夜来不是昏睡,即是妄思魔寐。"曰:"睡时功夫如何用?"先生曰:"知昼即知夜矣。日间良知是顺应无滞的,夜间良知即是收敛凝一的,有梦即先兆。"

(16)又曰:"良知在夜气发的方是本体,以其无物欲之杂也。学者要使事物纷扰之时,常如夜气一般,就是'通乎昼夜之道而知'。"

(17)或问至诚前知。先生曰:"诚是实理,只是一个良知。实理之妙用流行就是神,其萌动处就是几。诚神几曰圣人。圣人不贵前知;祸福之来,虽圣人有所不免,圣人只是知几,遇变而通耳。良知无前后,只知得见在的几,便是一了百了。若有个前知的心,就是私心,就有趋避利害的意。邵子必于前知,终是利害心未尽处。"

(18)先生曰:"无知无不知,本体原是如此。譬如日未尝有心照物,而自无物不照,无照无不照,原是日的本体。良知本无知,今却要有知,本无不知,今却疑有不知,只是信不及耳。"

(19)问:"孔子所谓远虑,周公夜以继日,与将迎不同何如?"先生曰:"远虑不是茫茫荡荡去思虑,只是要存这天理。天理在人心,亘古亘今,无有终始。天理即是良知,千思万虑,只是要致良知。良知愈思愈精明,若不精思,漫然随事应去,良知便粗了。若只着在事上茫茫荡荡去思,教做远虑,便不免有毁誉得丧人欲搀入其中,就是将迎了。周公终夜以思,只是'戒慎不睹,恐惧不闻'的功夫;见得时其气象与将迎自别。"

(20)"良知只是个是非之心;是非只是个好恶,只好恶就尽了是非,只是非就尽了万事万变。"又曰:"是非两字是个大规矩,巧处则存乎其人。"

(21)问:"知譬日,欲譬云,云虽能蔽日,亦是天之一气合有的,欲亦莫非人心合有否?"先生曰:"喜、怒、哀、惧、爱、恶、欲,谓之七情,七者俱是人心合有的;但要认得良知明白。比如日光,亦不可指着方所,一隙通明,皆是日光所在;虽云雾四塞,太虚中色象可辨,亦是日光不灭处;不可以云能蔽日,教天不要生云。(天为何要生云? 善恶问题)七情顺其自然之流行,皆是良知之用,不可分别善恶;但不可有所着。七情有着,俱谓之欲,俱为良知之蔽。然才有着时,良知亦自会觉,觉即蔽去,复其体矣。此处能勘得破,方是简易透彻功夫。"

(22)问:"良知原是中和的,如何却有过、不及?"先生曰:"知得过、不及处,就是中和。"

(23)"'所恶于上'是良知,'毋以使下'即是致知。"

(24)薛尚谦,邹谦之、马子莘、王汝止侍坐,因叹先生自征宁藩以来,天下谤议益众,请各言其故。有言先生功业势位日隆,天下忌之者日众;有言先生之学日明,故为宋儒争是非者亦日博;有言先生自南都以后,同志信从者日众,而四方排阻者日益力。先生曰:"诸君之言,信皆有之,但吾一段自知处,诸君俱未道及耳。"诸友请问。先生曰:"我在南都已前,尚有些子乡愿的意思在;我今信得这良知真是真非,信手行去,更不着些覆藏;我今才做得个狂者的胸次,使天下之人都说我行不掩言也罢。"尚谦出曰:"信得此过,方是圣人的真血脉。"

(25)问:"声、色、货、利,恐良知亦不能无。"先生曰:"固然。

但初学用功,却须扫除荡涤,勿使留积,则适然来遇,始不为累,自然顺而应之。良知只在声、色、货、利上用功。能致得良知精精明明,毫发无蔽,则声、色、货、利之交,无非天则流行矣。"

04.心学进路的工夫心法——知行合一

"致良知"之外,阳明就是最为倡议"知行合一"之说,阳明以朱熹"格物致知"为闻见工夫,缺了"知行合一"的功效,遂重解"格物致知"为"正物正心"以"致良知",从而"格致诚正"皆一"即知即行"之工夫,而创"知行合一""知易行难"之说,以为阳明心学之核心的工夫心法之第二目。

(1)爱因未会先生知行合一之训,与宗贤、惟贤往复辩论,未能决,以问于先生。先生曰:"试举看。"爱曰:"如今人尽有知得父当孝、兄当弟者,却不能孝、不能弟。便是知与行分明是两件。"先生曰:"此已被私欲隔断,不是知行的本体了。未有知而不行者;知而不行,只是未知。圣贤教人知行,正是要复那本体,不是着你只恁的便罢。故大学指个真知行与人看,说'如好好色,如恶恶臭'。见好色属知,好好色属行,只见那好色时,已自好了,不是见了后,又立个心去好;闻恶臭属知,恶恶臭属行,只闻那恶臭时,已自恶了,不是闻了后,别立个心去恶。如鼻塞人虽见恶臭在前,鼻中不曾闻得,便亦不甚恶,亦只是不曾知臭。就是称某人知孝,某人知弟,必是其人已曾行孝、行弟,方可称他知孝、知弟;不成只是晓得说些孝、弟的话,便可称为知孝、弟。又如知痛,必已自痛了方知痛;知寒,必已自寒了;知饥,必已自饥了。知行如何分得开?此便是知行的本体,不曾有私意隔断的。圣人教人,必要是如此,方可谓之知;不然,只是不曾知。此却是何等紧切着实的工夫。如今苦苦定要说知行做两个，是什么意？某要说做一个，是什么意？若不知立言宗旨，只管说一个两个，亦有甚用！"爱曰："古人说知行做两个，亦是要人见个分晓，一行做知的功夫，一行做行的功夫，即功夫始有下落。"先生曰："此却失了古人宗旨也。某尝说知是行的主意，行是知的功夫；知是行之始，行是知之成。若会得时，只说一个知，已自有行在，只说一个行，已自有知在。古人所以既说一个知，又说一个行者，只为世间有一种人，懵懵懂懂的任意去做，全不解思惟省察，也只是个冥行妄作，所以必说一个知，方才行得是；又有一种人，茫茫荡荡悬空去思索，全不肯着实躬行，也只是个揣摸影响，所以必说一个行，方才知得真。此是古人不得已补偏救弊的说话，若见得这个意时，即一言而足。今人却就将知行分作两件去做，以为必先知了，然后能行，我如今且去讲习讨论做知的工夫，待知得真了，方去做行的工夫，故遂终身不行，亦遂终身不知。此不是小病痛，其来已非一日矣。某今说个知行合一，正是对病的药，又不是某凿空杜撰，知行本体原是如此。今若知得宗旨时，即说两个亦不妨，亦只是一个；若不会宗旨，便说一个，亦济得甚事？只是闲说话。"

（2）"知者行之始，行者知之成。圣学只一个功夫。知、行不可分作两事。"

（3）问知、行合一。先生曰："此须识我立言宗旨。今人学问，只因知、行分作两件，故有一念发动，虽是不善，然却未曾行，便不去禁止。我今说个'知、行合一'，正要人晓得一念发动处，便即是行了；发动处有不善，就将这不善的念克倒了，须要彻根彻底不使那一念不善潜伏在胸中；此是我立言宗旨。"

（4）或疑知行不合一，以"知之匪艰"二句为问。先生曰："良知自知，原是容易的；只是不能致那良知，便是'知之匪艰，行之惟艰'。"

（5）门人问曰："知、行如何得合一？且如《中庸》言'博学之'，又说个'笃行之'，分明知、行是两件。"先生曰："博学只是事事学存此天理，笃行只是学之不已之意。"又问："《易》'学以聚之'，又言'仁以行之'，此是如何？"先生曰："也是如此。事事去学存此天理，则此心更无放失时，故曰：'学以聚之。'然常常学存此天理，更无私欲闲断，此即是此心不息处，故曰'仁以行之'。"又问："孔子言'知及之，仁不能守之'，知行却是两个了。"先生曰："说'及之'，已是行了，但不能常常行，已为私欲闲断，便是'仁不能守'。"又问："心即理之说，程子云'在物为理'，如何谓心即理？"先生曰："在物为理，在字上当添一心字；此心在物则为理，如此心在事父则为孝，在事君则为忠之类。"先生因谓之曰："诸君要识得我立言宗旨。我如今说个心即理是如何，只为世人分心与理为二，故便有许多病痛。如五伯攘夷狄，尊周室，都是一个私心，便不当理，人却说他做得当理，只心有未纯，往往悦慕其所为，要来外面做得好看，却与心全不相干。分心与理为二，其流至于伯道之伪而不自知。故我说个心即理，要使知心理是一个，便来心上做工夫，不去袭义于外，便是王道之真。此我立言宗旨。"又问："圣贤言语许多，如何却要打做一个？"曰："我不是要打做一个，如曰'夫道一而已矣'。又曰'其为物不二，则其生物不测'。天地圣人皆是一个，如何二得？"

05. 心学进路的工夫心法——格物致知

王阳明"致良知"工夫及"知行合一"立说的意旨本来十分清

晰,唯此二说皆因《大学》文本诠释而来,其中最与朱熹注解意旨相异的,就是"格物致知"概念的解读方向,此二说不明,阳明心学不能成立,故而务必再三致意其说,"格物致知"论遂成为阳明心学工夫心法中最重要的观念丛之第三目。

(1)先生又曰:"'格物'如孟子'大人格君心'之'格'。是去其心之不正,以全其本体之正。但意念所在,即要去其不正,以全其正,即无时无处不是存天理,即是穷理,'天理'即是'明德','穷理'即是'明明德'。"

(2)爱问:"昨闻先生'止至善'之教,已觉功夫有用力处。但与朱子'格物'之训,思之终不能合。"先生曰:"'格物'是'止至善'之功。既知'至善',即知'格物'矣。"爱曰:"昨以先生之教,推之'格物'之说,似亦见得大略。但朱子之训,其于书之'精一',论语之'博约',孟子之'尽心知性',皆有所证据,以是未能释然。"先生曰:"子夏笃信圣人,曾子反求诸己,笃信固亦是,然不如反求之切。今既不得于心,安可狃于旧闻,不求是当!就如朱子亦尊信程子,至其不得心处,亦何尝苟从?'精一''博约''尽心',本自与吾说吻合,但未之思耳。朱子'格物'之训,未免牵合附会,非其本旨。精是一之功,博是约之功,曰仁既明知行合一之说,此可一言而喻。'尽心知性知天'是'生知安行'事,'存心养性事天'是'学知利行'事,'殀寿不二,修身以俟'是'困知勉行'事。朱子错训'格物',只为倒看了此意,以'尽心知性'为'物格知至',要初学便去做'生知安行'事,如何做得!"爱问:"'尽心知性'何以为'生知安行'?"先生曰:"性是心之体,天是性之原,尽心即是尽性,惟天下至诚为能尽其性,知天地之化育。'存心'者,心有未尽也。'知天'如'知州''知县'之'知',是自己分上事,己与天为一。事天如子之事父,臣之事君,须是恭敬奉承，然后能无失，尚与天为二。此便是圣贤之别。至于夭寿不二其心，乃是教学者一心为善，不可以穷通夭寿之故，便把为善的心变动了，只去修身以俟命，见得穷通夭寿有个命在，我亦不必以此动心。'事天'虽与天为二，已自见得个天在面前；'俟命'便是未曾见面，在此等候相似，此便是初学立心之始，有个困勉的意在。今却倒做了，所以使学者无下手处。"爱曰："昨闻先生之教，亦影影见得功夫须是如此。今闻此说，益无可疑。爱昨晓思，'格物'的'物'字，即是'事'字，皆从心上说。"先生曰："然。身之主宰便是心，心之所发便是意，意之本体便是知，意之所在便是物。如意在于事亲，即事亲便是一物。意在于事君，即事君便是一物。意在于仁民、爱物，即仁民、爱物便是一物。意在于视、听、言、动，即视、听、言、动便是一物。所以某说无心外之理，无心外之物。中庸言'不诚无物'，大学'明明德'之功，只是个'诚意'；'诚意'之功，只是个'格物'。"

（3）问："名物度数亦须先讲求否？"先生曰："人只要成就自家心体，则用在其中。如养得心体，果有'未发之中'，自然有'发而中节之和'，自然无施不可。苟无是心，虽预先讲得世上许多名物度数，与己原不相干，只是装缀，临时自行不去。亦不是将名物度数全然不理，只要'知所先后则近道'。"又曰："人要随才成就。才是其所能为，如夔之乐，稷之种，是他资性合下便如此；成就之者，亦只是要他心体纯乎天理，其运用处皆从天理上发来，然后谓之才。到得纯乎天理处，亦能'不器'，使夔、稷易艺而为，当亦能之。"又曰："如'素富贵行乎富贵，素患难行乎患难'，皆是'不器'。此惟养得心体正者能之。"

（4）先生曰："今为吾所谓'格物'之学者，尚多流于口耳，况为口耳之学者，能反于此乎！天理、人欲，其精微必时时用力省察克治，方日渐有见。如今一说话之间，虽只讲天理，不知心中倏忽之间，已有多少私欲；盖有窃发而不知者，虽用力察之，尚不易见，况徒口讲而可得尽知乎！今只管讲天理来顿放着不循，讲人欲来顿放着不去，岂'格物''致知'之学！后世之学，其极至只做得个'义袭而取'的工夫。"

（5）"心外无物。如吾心发一念孝亲，即孝亲便是物。"

（6）问格物。先生曰："格者，正也，正其不正以归于正也。"

（7）问："'格物'于动处用功否？"先生曰："'格物'无间动、静，静亦物也。孟子谓'必有事焉'，是动、静皆有事。"

（8）"工夫难处，全在'格物''致知'上。此即'诚意'之事。意既诚，大段心亦自正，身亦自修。但'正心''修身'工夫亦各有用力处，修身是已发边，'正心'是未发边。心正则中，身修则和。"

（9）"自'格物''致知'至'平天下'，只是一个'明明德'，虽'亲民'亦'明德'事也。'明德'是此心之德，即是仁。仁者以天地万物为一体，使有一物失所，便是吾仁有未尽处。"

（10）惟干问："知如何是心之本体？"先生曰："知是理之灵处；就其主宰处说，便谓之心，就其禀赋处说，便谓之性。孩提之童，无不知爱其亲，无不知敬其兄，只是这个灵能不为私欲遮隔，充拓得尽，便完完是他本体，便与天地合德。自圣人以下，不能无蔽，故须'格物'以致其知。"

（11）守衡问："大学工夫只是诚意，诚意工夫只是格物、修、齐、治、平；只诚意尽矣，又有正心之功，有所忿懥好乐则不得其正，何也？"先生曰："此要自思得之，知此则知'未发之中'矣。"守衡再三请。曰："为学工夫有浅深，初时若不着实用意去好善、恶恶，如何能为善、去恶！这着实用意便是诚意。然不知心之本体原无一物,一向着意去好善、恶恶,便又多了这分意思,便不是廓然大公。书所谓'无有作好、作恶',方是本体。所以说'有所忿懥、好乐,则不得其正'。正心只是诚意工夫。里面体当自家心体,常要鉴空衡平,这便是'未发之中'。"

〔所谓修身在正其心者:身有所忿懥,则不得其正。有所恐惧,则不得其正。有所好乐,则不得其正。有所忧患,则不得其正。(懥,音至,愤怒。)心不在焉,视而不见,听而不闻,食而不知其味。此谓修身在正其心。〕

(12)蔡希渊问:"文公大学新本,先'格致'而后'诚意'工夫,似与首章次第相合;若如先生从旧本之说,即'诚意'反在'格致'之前,于此尚未释然。"先生曰:"大学工夫即是'明明德'。'明明德'只是个'诚意'。'诚意'的工夫只是'格物''致知'。若以'诚意'为主,去用'格物''致知'的工夫,即工夫始有下落,即为善、去恶无非是'诚意'的事。如新本先去穷格事物之理,即茫茫荡荡,都无着落处,须用添个'敬'字,方才牵扯得向身心上来。然终是没根源;若须用添个'敬'字,缘何孔门倒将一个最紧要的字落了,直待千余年后要人来补出?正谓以'诚意'为主,即不须添'敬'字。所以提出个'诚意'来说,正是学问的大头脑处。于此不察,真所谓'毫厘之差,千里之谬'。大抵中庸工夫只是'诚身','诚身'之极便是'至诚';大学工夫只是'诚意','诚意'之极便是'至善'。工夫总是一般。今说这里补个'敬'字,那里补个'诚'字,未免画蛇添足。"

(13)黄以方问:"先生格致之说,随时格物以致其知,则知是一节之知,非全体之知也,何以到得'溥博如天,渊泉如渊'地位?"先生曰:"人心是天、渊。心之本体无所不该,原是一个天,只为私欲障碍,则天之本体失了;心之理无穷尽,原是一个渊,只为私欲窒塞,则渊之本体失了。如今念念致良知,将此障碍窒塞一齐去尽,则本体已复,便是天、渊了。"乃指天以示之曰:"比如面前见天,是昭昭之天,四外见天,也只是昭昭之天。只为许多房子墙壁遮蔽,便不见天之全体,若撤去房子墙壁,总是一个天矣。不可道眼前天是昭昭之天,外面又不是昭昭之天也。于此便见一节之知即全体之知,全体之知即一节之知,总是一个本体。"

(14)先生曰:"吾教人'致良知',在'格物'上用功,却是有根本的学问;日长进一日,愈久愈觉精明。世儒教人事事物物上去寻讨,却是无根本的学问;方其壮时,虽暂能外面修饰,不见有过,老则精神衰迈,终须放倒;譬如无根之树,移栽水边,虽暂时鲜好,终久要憔悴。"

(15)先生曰:"先儒解'格物'为'格天下之物',天下之物如何格得?且谓一草一木亦皆有理,今如何去格?纵格得草木来,如何反来诚得自家意?我解'格'作'正'字义,'物'作'事'字义。《大学》之所谓'身',即耳、目、口、鼻、四肢是也。欲修身便是要目非礼勿视,耳非礼勿听,口非礼勿言,四肢非礼勿动。要修这个身,身上如何用得工夫?心者身之主宰,目虽视而所以视者心也,耳虽听而所以听者心也,口与四肢虽言、动而所以言、动者心也,故欲修身在于体当自家心体,常令廓然大公,无有些子不正处。主宰一正,则发窍于目,自无非礼之视;发窍于耳,自无非礼之听;发窍于口与四肢,自无非礼之言、动;此便是修身在正其心。然至善者,心之本体也,心之本体那有不善?如今要正心,本体上何处用得功?必就心之发动处才可着力也。心之发动不能无不善,故须就此处着力,便是在诚意。如一念发在好善上,便实实落落去好善,一念发在恶恶上,便实实落落去恶恶,意之所发,既无不诚,则其本体如何有不正的?故欲正其心在诚意。工夫到诚意,始有着落处。然诚意之本,又在于致知也。所谓人虽不知而己所独知者,此正是吾心良知处。然知得善,却不依这个良知便做去,知得不善,却不依这个良知便不去做,则这个良知便遮蔽了,是不能致知也。吾心良知既不得扩充到底,则善虽知好,不能着实好了,恶虽知恶,不能着实恶了,如何得意诚?故致知者,意诚之本也。然亦不是悬空的致知,致知在实事上格。如意在于为善,便就这件事上去为,意在于去恶,便就这件事上去不为;去恶固是格不正以归于正,为善则不善正了,亦是格不正以归于正也。如此,则吾心良知无私欲蔽了,得以致其极,而意之所发,好善、去恶,无有不诚矣。诚意工夫实下手处在格物也。若如此格物,人人便做得;人皆可以为尧、舜,正在此也。”

(16)先生曰:“众人只说‘格物’要依晦翁,何曾把他的说去用!我着实曾用来。初年与钱友同论做圣贤要格天下之物,如今安得这等大的力量;因指亭前竹子令去格看。钱子早夜去穷格竹子的道理,竭其心思至于三日,便致劳神成疾。当初说他这是精力不足,某因自去穷格,早夜不得其理,到七日,亦以劳思致疾,遂相与叹圣贤是做不得的,他大力量去格物了。及在夷中三年,颇见得此意思,乃知天下之物本无可格者;其格物之功,只在身心上做;决然以圣人为人人可到,便自有担当了。这里意思,却要说与诸公知道。”

(17)门人有言邵端峰论童子不能格物,只教以洒扫、应对之说。先生曰:“洒扫、应对就是一件物。童子良知只到此,便教去洒扫、应对,就是致他这一点良知了。又如童子知畏先生长者,此亦是他良知处,故虽嬉戏中见了先生长者,便去作揖恭敬,是他能格物以致敬师长之良知了。童子自有童子的格物致知。”又曰:"我这里言格物,自童子以至圣人,皆是此等工夫;但圣人格物,便更熟得些子,不消费力。如此格物,虽卖柴人亦是做得,虽公卿大夫以至天子,皆是如此做。"

(18)先生曰:"吾与诸公讲'致知''格物',日日是此,讲一二十年俱是如此。诸君听吾言,实去用功,见吾讲一番,自觉长进一番;否则只作一场话说,虽听之一何用。"

06.心学进路的工夫心法——止于至善

《大学》之道,在明明德,在亲民,在止于至善,至善之说,与孟子性善论一贯,又为实践哲学进路的阳明心学之工夫极则,修道求学则必仁极仁、义极义不可,此善恶之间又是儒佛两家的几微之地,不可不辩。阳明"四句教"及"四无说"即是辩之于此,是以"止于至善"乃阳明心学工夫心法要目之第四目。

(1)爱问:"'知止而后有定',朱子以为'事事物物皆有定理',似与先生之说相戾。"先生曰:"于事事物物上求至善,却是义外也。至善是心之本体,只是明明德到至精至一处便是。然亦未尝离却事物,本注所谓'尽夫天理之极,而无一毫人欲之私'者得之。"

(2)爱问:"至善只求诸心,恐于天下事理有不能尽。"先生曰:"心即理也。天下又有心外之事,心外之理乎?"爱曰:"如事父之孝,事君之忠,交友之信,治民之仁,其间有许多理在,恐亦不可不察。"先生叹曰:"此说之蔽久矣,岂一语所能悟;今姑就所问者言之。且如事父不成去父上求个孝的理,事君不成去君上求个忠的理,交友、治民不成去友上、民上求个信与仁的理,都只在此心。心即理也,此心无私欲之蔽,即是天理,不须外面添一分。以此纯乎天理之心，发之事父便是孝，发之事君便是忠，发之交友、治民便是信与仁。只在此心去人欲、存天理上用功便是。"爱曰："闻先生如此说，爱已觉有省悟处。但旧说缠于胸中，尚有未脱然者。如事父一事，其间温清定省之类，有许叫多节目，不知亦须讲求否？"先生曰："如何不讲求？只是有个头脑，只是就此心去人欲、存天理上讲求。就如讲求冬温，也只是要尽此心之孝，恐怕有一毫人欲闲杂；讲求夏清，也只是要尽此心之孝，恐怕有一毫人欲闲杂，只是讲求得此心。此心若无人欲，纯是天理，是个诚于孝亲的心，冬时自然思量父母的寒，便自要去求个温的道理，夏时自然思量父母的热，便自要去求个清的道理，这都是那诚孝的心发出来的条件。却是须有这诚孝的心，然后有这条件发出来；譬之树木，这诚孝的心便是根，许多条件便是枝叶，须先有根，然后有枝叶，不是先寻了枝叶，然后去种根。礼记言'孝子之有深爱者，必有和气。有和气者，必有愉色。有愉色者，必有婉容'。须是有个深爱做根，便自然如此。"

（3）郑朝朔问："至善亦须有从事物上求者。"先生曰："至善只是此心纯乎天理之极便是。更于事物上怎生求？且试说几件看。"朝朔曰："且如事亲，如何而为温清之节，如何而为奉养之宜，须求个是当，方是至善；所以有学问思辨之功。"先生曰："若只是温清之节，奉养之宜，可一日二日讲之而尽，用得甚学问思辨！惟于温清清时，也只要此心纯乎天理之极，奉养时也只要此心纯乎天理之极，此则非有学问思辨之功，将不免于毫厘千里之谬；所以虽在圣人，犹加'精一'之训。若只是那些仪节求得是当，便谓至善，即如今扮戏子扮得许多温清奉养的仪节是当，亦可谓之至善矣。"爱于是日又有省。

（4）问："'知止'者，知至善只在吾心，元不在外也，而后志定。"曰："然。"

（5）"只说'明明德'而不说'亲民'，便似老、佛。"

（6）"至善者，性也；性元无一毫之恶，故曰至善。止之，是复其本然而已。"

（7）问："知至善即吾性，吾性具吾心，吾心乃至善所止之地，则不为向时之纷然外求而志定矣；定则不扰扰而静；静而不妄动则安；安则一心一意只在此处，千思万想，务求必得此至善，是能虑而得矣。如此说是否？"先生曰："大略亦是。"

（8）问："程子云：'仁者以天地万物为一体。'何墨氏兼爱，反不得谓之仁？"先生曰："此亦甚难言，须是诸君自体认出来始得。仁是造化生生不息之理，虽渐漫周遍，无处不是，然其流行发生，亦只有个渐，所以生生不息。如冬至一阳生，必自一阳生而后渐渐至于六阳；若无一阳之生，岂有六阳？阴亦然。惟其渐，所以便有个发端处；惟其有个发端处，所以生；惟其生，所以不息。譬之木，其始抽芽，便是木之生意发端处；抽芽然后发干，发干然后生枝生叶，然后是生生不息。若无芽，何以有干有枝叶？能抽芽，必是下面有个根在；有根方生，无根便死。无根何从抽芽？父子、兄弟之爱，便是人心生意发端处，如木之抽芽；自此而仁民，而爱物，便是发干生枝生叶。墨氏兼爱无差等，将自家父子、兄弟与途人一般看，便自没了发端处；不抽芽便知得他无根，便不是生生不息，安得谓之仁！孝、弟为仁之本，却是仁理从里面发生出来。"

（9）来书云：有引程子"人生而静，以上不容说，才说性便已不是性。"何故不容说？何故不是性？晦庵答云："不容说者，未有性之可言；不是性者，已不能无气质之杂矣。"二先生之言皆未能晓，每看书至此，辄为一惑，请问。

"生之谓性。"生字即是气字,犹言"气即是性"也。气即是性,"人生而静,以上不容说",才说"气即是性",即已落在一边,不是性之本原矣。孟子性善,是从本原上说。然性善之端,须在气上始见得,若无气亦无可见矣。恻隐、羞恶、辞让、是非即是气。程子谓"论性不论气,不备;论气不论性,不明。"亦是为学者各认一边,只得如此说。若见得自性明白时,气即是性,性即是气,原无性、气之可分也。

(10)问:"先生尝谓善、恶只是一物。善、恶两端,如冰、炭相反,如何谓只一物?"先生曰:"至善者,心之本体。本体上才过当些子,便是恶了;不是有一个善,却又有一个恶来相对也。故善、恶只是一物。"直因闻先生之说,则知程子所谓"善固性也,恶亦不可不谓之性"。又曰:"善、恶皆天理。谓之恶者,本非恶,但于本性上过与不及之闲耳。"其说皆无可疑。

(11)黄勉叔问:"心无恶念时,此心空空荡荡的,不知亦须存个善念否?"先生曰:"既去恶念,便是善念,便复心之本体矣;譬如日光被云来遮蔽,云去光已复矣。若恶念既去,又要存个善念,即是日光之中添燃一灯。"

(12)丁亥年九月,先生起复征思田,将命行时,德洪与汝中论学。汝中举先生教言曰:"无善无恶是心之体,有善有恶是意之动,知善知恶是良知,为善去恶是格物。"德洪曰:"此意如何?"汝中曰:"此恐未是究竟话头;若说心体是无善、无恶,意亦是无善、无恶的意,知亦是无善、无恶的知,物亦是无善、无恶的物矣。若说意有善、恶,毕竟心体还有善、恶在。"德洪曰:"心体是'天命之性',原是无善、无恶的;但人有习心,意念上见有善恶在,格、致、诚、正、修,此正是复那性体功夫,若原无善恶,功夫亦不消说矣。"是夕侍坐天泉桥,各举请正。先生曰:"我今将行,正要你们来讲破此意。二君之见,正好相资为用,不可各执一边。我这里接人,原有此二种。利根之人,直从本原上悟入,人心本体原是明莹无滞的,原是个未发之中;利根之人一悟本体即是功夫,人己内外一齐俱透了。其次不免有习心在,本体受蔽,故且教在意念上实落为善、去恶,功夫熟后,渣滓去得尽时,本体亦明尽了。汝中之见,是我这里接利根人的;德洪之见,是我这里为其次立法的。二君相取为用,则中人上下皆可引入于道;若各执一边,眼前便有失人,便于道体各有未尽。"既而曰:"已后与朋友讲学,切不可失了我的宗旨。无善,无恶是心之礼,有善、有恶是意之动,知善、知恶的是良知,为善、去恶是格物。只依我这话头随人指点,自没病痛,此原是彻上彻下功夫。利根之人,世亦难遇,本体功夫一悟尽透,此颜子、明道所不敢承当,岂可轻易望人。人有习心,不教他在良知上实用为善、去恶功夫,只去悬空想个本体,一切事为俱不着实,不过养成一个虚寂;此个病痛不是小小,不可不早说破。"是日德洪、汝中俱有省。

07. 心学进路的工夫心法——圣人之道

作天下第一等人,这就是年轻时候的王阳明心中所想所志之事,但一般人就是想想而已,王阳明却是身体力行,奉献一生从事于此,百死千难中体会至深,反观孔孟圣人之心,便体贴如己心,于是阳明关于圣人之述说甚伙,其中,"成色分两"说便是出于圣人之道的讨论,该文亦是阳明文选精华篇章之一,因此,论于圣人之道乃阳明心学工夫心法之要目之一,为第五目。

(1)问:"圣人应变不穷,莫亦是预先讲求否?"先生曰:"如何讲求得许多?圣人之心如明镜,只是一个明,则随感而应,无物不照。未有已往之形尚在，未照之形先具者。若后世所讲，却是如此，是以与圣人之学大背。周公制礼作乐以文天下，皆圣人所能为，尧、舜何不尽为之而待于周公？孔子删述六经以诏万世，亦圣人所能为，周公何不先为之而有待于孔子？是知圣人遇此时，方有此事。只怕镜不明，不怕物来不能照。讲求事变，亦是照时事，然学者却须先有个明的工夫。学者惟患此心之未能明，不患事变之不能尽。"曰："然则所谓'冲漠无朕，而万象森然已具'者，其言何如？"曰："是说本自好，只不善看，亦便有病痛。"

（2）"义理无定在，无穷尽，吾与子言，不可以少有所得，而遂谓止此也。再言之十年，二十年，五十年，未有止也。"他日又曰："圣如尧、舜，然尧、舜之上善无尽；恶如桀、纣，然桀、纣之下恶无尽。使桀、纣未死，恶宁止此乎？使善有尽时，文王何以'望道而未之见'？"

（3）问："先儒曰：'圣人之道，必降而自卑。贤人之言，则引而自高。'如何？"先生曰："不然。如此却乃伪也。圣人如天，无往而非天，三光之上，天也，九地之下亦天也，天何尝有降而自卑！此所谓大而化之也。贤人如山岳，守其高而已。然百仞者不能引而为千仞，千仞者不能引而为万仞，是贤人未尝引而自高也，引而自高则伪矣。"

（4）希渊问："圣人可学而至，然伯夷、伊尹于孔子才力终不同，其同谓之圣者安在？"先生曰："圣人之所以为圣，只是其心纯乎天理而无人欲之杂；犹精金之所以为精，但以其成色足而无铜铅之杂也。人到纯乎天理方是圣，金到足色方是精。然圣人之才力，亦有大小不同；犹金之分两有轻重。尧、舜犹万镒，文王、孔子犹九千镒，禹、汤、武王犹七八千镒，伯夷、伊尹犹四五千镒。才力不同，而纯乎天理则同，皆可谓之圣人；犹分两虽不同，而足色则同,皆可谓之精金。以五千镒者而入于万镒之中,其足色同也;以夷、尹而厕之尧、孔之间,其纯乎天理同也。盖所以为精金者,在足色,而不在分两,所以为圣者,在纯乎天理,而不在才力也。故虽凡人而肯为学,使此心纯乎天理,则亦可为圣人;犹一两之金比之万镒,分两虽悬绝,而其到足色处,可以无愧。故曰'人皆可以为尧、舜'者以此。学者学圣人,不过是去人欲而存天理耳。犹炼金而求其足色,金之成色所争不多,则锻炼之工省而功易成,成色愈下,则锻炼愈难。人之气质清浊粹驳,有中人以上、中人以下,其于道,有生知安行,学知利行,其下者必须人一己百,人十己千,及其成功则一。后世不知作圣之本是纯乎天理,却专去知识、才能上求圣人,以为圣人无所不知,无所不能,我须是将圣人许多知识、才能逐一理会始得;故不务去天理上着工夫,徒弊精竭力,从册子上钻研、名物上考索、形迹上比拟;知识愈广而人欲愈滋,才力愈多而天理愈蔽;正如见人有万镒精金,不务锻炼成色,求无愧于彼之精纯,而乃妄希分两,务同彼之万镒,锡、铅、铜、铁杂然而投,分两愈增而成色愈下,既其梢末,无复有金矣。"时曰仁在傍,曰:"先生此喻足以破世儒支离之惑,大有功于后学。"先生又曰:"吾辈用功,只求日减,不求日增。减得一分人欲,便是复得一分天理,何等轻快脱洒,何等简易!"

(5)德章曰:"闻先生以精金喻圣,以分两喻圣人之分量,以锻炼喻学者之工夫,最为深切;惟谓尧、舜为万镒,孔子为九千镒,疑未安。"先生曰:"此又是躯壳上起念,故替圣人争分两;若不从躯壳上起念,即尧、舜万镒不为多,孔子九千镒不为少,尧、舜万镒,只是孔子的;孔子九千镒,只是尧、舜的,原无彼我。所以谓之圣,只论'精一',不论多寡,只要此心纯乎天理处同,便同谓之圣,若是力量气魄,如何尽同得?后儒只在分两上较量,所以流入功利;若除去了比较分两的心,各人尽着自己力量精神,只在此心纯天理上用功,即人人自有,个个圆成,便能大以成大,小以成小,不假外慕,无不具足;此便是实实落落明善诚身的事。后儒不明圣学,不知就自己心地良知良能上体认扩充,却去求知其所不知,求能其所不能,一味只是希高慕大,不知自己是桀、纣心地,动辄要做尧、舜事业,如何做得! 终年碌碌,至于老死,竟不知成就了个什么,可哀也已!"

(6)问:"后世著述之多,恐亦有乱正学。"先生曰:"人心天理浑然,圣贤笔之书,如写真传神,不过示人以形状大略,使之因此而讨求其真耳;其精神意气,言笑动止,固有所不能传也。后世著述,是又将圣人所画摹仿誊写,而妄自分析加增以逞其技,其失真愈远矣。"

(7)来书云:凡学者才晓得做工夫,便要识认得圣人气象。盖认得圣人气象,把做准的,乃就实地做工夫去,才不会差,才是作圣工夫。未知是否?

先认圣人气象,昔人尝有是言矣,然亦欠有头脑。圣人气象自是圣人的,我从何处识认? 若不就自己良知上真切体认,如以无星之称而权轻重,未开之镜而照妍媸,真所谓以小人之腹,而度君子之心矣。圣人气象何由认得? 自己良知原与圣人一般,若体认得自己良知明白,即圣人气象不在圣人而在我矣。程子尝云:"觑着尧学他行事,无他许多聪明睿智,安能如彼之动容周旋中礼?"又云:"心通于道,然后能辨是非。"今且说通于道在何处? 聪明睿智从何处出来?

(8)先生曰:"圣贤非无功业气节;但其循着这天理则便是道,不可以事功气节名矣。"

(9)"'发愤忘食'是圣人之志如此,真无有已时。'乐以忘忧'是圣人之道如此,真无有戚时。恐不必云得不得也。"

(10)"圣人无所不知,只是知个天理;无所不能,只是能个天理。圣人本体明白,故事事知个天理所在,便去尽个天理;不是本体明后,却于天下事物都便知得,便做得来也。天下事物,如名物度数、草木鸟兽之类,不胜其烦,圣人须是本体明了,亦何缘能尽知得。但不必知的,圣人自不消求知,其所当知的,圣人自能问人;如'子入太庙,每事问'之类。先儒谓'虽知亦问,敬谨之至';此说不可通。圣人于礼乐名物,不必尽知,然他知得一个天理,便自有许多节文度数出来,不知能问,亦即是天理节文所在。"

(11)先生尝谓"人但得好善如好好色,恶恶如恶恶臭,便是圣人"。直初时闻之,觉甚易,后体验得来,此个功夫着实是难。如一念虽知好善、恶恶,然不知不觉,又夹杂去了。才有夹杂,便不是好善如好好色、恶恶如恶恶臭的心。善能实实的好,是无念不善矣;恶能实实的恶,是无念及恶矣。如何不是圣人?故圣人之学,只是一诚而已。

(12)问"修道说"言"率性之谓道"属圣人分上事,"修道之谓教"属贤人分上事。先生曰:"众人亦率性也,但率性在圣人分上较多,故'率性之谓道'属圣人事;圣人亦修道也,但修道在贤人分上多,故'修道之谓教'属贤人事。"又曰:"《中庸》一书,大抵皆是说修道的事;故后面凡说君子,说颜渊,说子路,皆是能修道的;说小人,说贤知、愚不肖,说庶民,皆是不能修道的;其他言舜、文、周公、仲尼至诚至圣之类,则又圣人之自能修道者也。"

(13)问:"'中人以下,不可以语上',愚的人与之语上尚且不进,况不与之语可乎?"先生曰:"不是圣人终不与语,圣人的心忧不得人人都做圣人;只是人的资质不同,施教不可躐等,中人以下的人，便与他说性、说命，他也不省得，也须慢慢琢磨他起来。"

（14）问："叔孙武叔毁仲尼，大圣人如何犹不免于毁谤？"先生曰："毁谤自外来的，虽圣人如何免得？人只贵于自修，若自己实实落落是个圣贤，纵然人都毁他，也说他不着；却若浮云掩日，如何损得日的光明。若自己是个象恭色庄、不坚不介的，纵然没一个人说他，他的恶慝终须一日发露。所以孟子说'有求全之毁，有不虞之誉'。毁誉在外的，安能避得，只要自修何如尔。"

（15）先生曰："孔子无不知而作；颜子有不善未尝不知；此是圣学真血脉路。"

（16）先生曰："'惟天下之圣，为能聪明睿知'，旧看何等玄妙，今看来原是人人自有的。耳原是聪，目原是明，心思原是睿知，圣人只是一能之尔，能处正是良知。众人不能，只是个不致知。何等明白简易！"

（17）"圣人之知，如青天之日，贤人如浮云天日，愚人如阴霾天日，虽有昏明不同，其能辨黑白则一。虽昏黑夜里，亦影影见得黑白，就是日之余光未尽处。困学功夫，亦只从这点明处精察去耳。"

（18）问："圣人生知、安行是自然的，如何有甚功夫？"先生曰："知、行二字，即是功夫，但有浅深难易之殊耳。良知原是精精明明的。如欲孝亲，生知、安行的只是依此良知实落尽孝而已，学知、利行者只是时时省觉，务要依此良知尽孝而已；至于困知、勉行者，蔽锢已深，虽要依此良知去孝，又为私欲所阻，是以不能，必须加人一己百、人十己千之功，方能依此良知以尽其孝。圣人虽是生知、安行，然其心不敢自是，肯做困知、勉行的功夫。困知、勉行的却要思量做生知、安行的事，怎生成得？（需做工夫不可自恃）"

（19）先生曰：“苏秦、张仪之智，也是圣人之资。后世事业文章，许多豪杰名家，只是学得仪、秦故智。仪、秦学术善揣摸人情，无一些不中人肯綮，故其说不能穷。仪、秦亦是窥见得良知妙用处，但用之于不善尔。”

08.心学进路的工夫心法——心即理

阳明倡“心即理”，程朱讲“性即理”，两说实有关涉交流之空间在，后人以为必损其一，形成哲学史上的大辩论。实际上“心即理”说就是说工夫境界的话头，“性即理”说就是说本体价值的话头，阳明以朱熹“外理于心”，倡“心即理”，后人不免于“心即理”和“性即理”说中大作对立文章。“心即理”亦成为阳明心学工夫心法的要目，编为第六目。

（1）“虚灵不昧，众理具而万事出。心外无理，心外无事。”

（2）或问：“晦庵先生曰：‘人之所以为学者，心与理而已。’此语如何？”曰：“心即性，性即理，下一‘与’字，恐未免为二。此在学者善观之。”

（3）或曰：“人皆有是心，心即理，何以有为善，有为不善？”先生曰：“恶人之心，失其本体。”

09.心学进路的工夫心法——去人欲存天理

朱熹讲“去人欲存天理”，阳明也讲“去人欲存天理”，大本大节中不能有别，“天理人欲”说也是阳明心学工夫心法要目之一，编为第七目。

（1）一日论为学工夫。先生曰：“教人为学，不可执一偏。初学时心猿意马,拴缚不定,其所思虑,多是'人欲'一边,故且教之静坐息思虑。久之,俟其心意稍定,只悬空静守,如槁木死灰,亦无用,须教他省察克治。省察克治之功则无时而可闲,如去盗贼,须有个扫除廓清之意。无事时将好色好货好名等私,逐一追究搜寻出来,定要拔去病根,永不复起,方始为快;常如猫之捕鼠,一眼看着,一耳听着,才有一念萌动,即与克去,斩钉截铁,不可姑容,与他方便,不可窝藏,不可放他出路,方是真实用功,方能扫除廓清。到得无私可克,自有端拱时在。虽曰'何思何虑',非初学时事。初学必须思,省察克治即是思诚,只思一个天理,到得天理纯全,便是'何思何虑'矣。"

(2)问:"知至然后可以言诚意,今天理、人欲知之未尽,如何用得克己工夫?"先生曰:"人若真实切己用功不已,则于此心天理之精微,日见一日,私欲之细微,亦日见一日;若不用克己工夫,终日只是说话而已,天理终不自见,私欲亦终不自见;如人走路一般,走得一段方认得一段,走到歧路处,有疑便问,问了又走,方渐能到得欲到之处。今人于已知之天理不肯存,已知之人欲不肯去,且只管愁不能尽知,只管闲讲,何益之有?且待克得自己无私可克,方愁不能尽知,亦未迟在。"

(3)子仁问:"'学而时习之,不亦说乎!'先儒以学为效先觉之所为,如何?"先生曰:"学是学去人欲、存天理。从事于去人欲、存天理,则自正诸先觉,考诸古训,自下许多问辨思索、存省克治工夫,然不过欲去此心之人欲,存吾心之天理耳。若曰'效先觉之所为',则只说的学中一件事,亦似专求诸外了。'时习'者,'坐如尸',非专习坐也,坐时习此心也;'立如斋',非专习立也,立时习此心也。'说'是理义之说,我心之说;人心本自说理义,如目本说色,耳本说声,惟为人欲所蔽所累,始有不说;今人欲日去，则理义日洽浃，安得不说。"

10. 心学进路的工夫心法——人心道心说

并"天理人欲"说又有"人心道心"说，意旨相同，亦为《中庸》文本解读之旨，阳明亦多次论及，编为阳明心学工夫心法之第八目。

（1）爱问："'道心'常为一身之主，而'人心'每听命；以先生精一之训推之，此语似有弊。"先生曰："然。心一也，未杂于人谓之'道心'，杂以人伪谓之'人心'，'人心'之得其正者即'道心'，'道心'之失其正者即'人心'，初非有二心也。程子谓'人心即人欲，道心即天理'。语若分析，而意实得之。今曰道心为主，而人心听命，是二心也。'天理''人欲'不并立，安有'天理'为主，'人欲'又从而听命者！"

（2）问："道一而已，古人论道，往往不同，求之亦有要乎？"先生曰："道无方体，不可执着；却拘滞于文义上求道，远矣。如今人只说天，其实何尝见天！谓日、月、风、雷即天，不可；谓人、物、草、木不是天，亦不可。道即是天。若识得时，何莫而非道。人但各以其一隅之见，认定以为道止如此，所以不同。若解向里寻求，见得自己心体，即无时无处不是此道，亘古亘今，无终无始，更有甚同异。心即道，道即天，知心则知道、知天。"又曰："诸君要实见此道，须从自己心上体认，不假外求，始得。"

（3）问道心、人心。先生曰："'率性之谓道'便是道心；但着些人的意思在，便是人心。道心本是无声无臭，故曰'微'；依着人心行去，便有许多不安稳处，故曰'危'。"

11.心学进路的工夫心法——主一说

程朱讲敬存,讲涵养需用敬,而敬即主一之功,敬即本体工夫的操作型定义,主一即敬之操作型定义,此义,阳明用之亦然,不多不少亦正是朱熹之用法。列为阳明工夫心法要目之第九目。

(1)梁日孚问:"居敬、穷理是两事,先生以为一事,何如?"先生曰:"天地间只有此一事,安有两事!若论万殊,礼仪三百,威仪三千,又何止两!公且道居敬是如何?穷理是如何?"曰:"居敬是存养工夫,穷理是穷事物之理。"曰:"存养个甚?"曰:"是存养此心之天理。"曰:"如此,亦只是穷理矣。"曰:"且道如何穷事物之理?"曰:"如事亲便要穷孝之理,事君便要穷忠之理。"曰:"忠与孝之理在君、亲身上,在自己心上?若在自己心上,亦只是穷此心之理矣。且道如何是敬?"曰:"只是主一。""如何是主一?"曰:"如读书便一心在读书上,接事便一心在接事上。"曰:"如此则饮酒便一心在饮酒上,好色便一心在好色上,却是逐物,成甚居敬功夫!"日孚请问。曰:"一者,天理。主一是一心在天理上。若只知主一,不知一即是理,有事时便是逐物,无事时便是着空。惟其有事无事,一心皆在天理上用功,所以居敬亦即是穷理;就穷理专一处说,便谓之居敬,就居敬精密处说,便谓之穷理,却不是居敬了别有个心穷理,穷理时别有个心居敬;名虽不同,功夫只是一事。就如易言'敬以直内,义以方外'。敬即是无事时义,义即是有事时敬,两句合说一件。如孔子言'修己以敬',即不须言义;孟子言'集义',即不须言敬。会得时,横说竖说,工夫总是一般;若泥文逐句,不识本领,即支离决裂,工夫都无下落。"问："穷理何以即是尽性？"曰："心之体性也，性即理也。穷仁之理真要仁极仁，穷义之理真要义极义，仁、义只是吾性，故穷理即是尽性。如孟子说充其恻隐之心至仁不可胜用，这便是穷理工夫。"日孚曰："先儒谓一草一木亦皆有理，不可不察，如何？"先生曰："夫我则不暇。公且先去理会自己性情，须能尽人之性，然后能尽物之性。"日孚悚然有悟。

（2）陆澄问："主一之功，如读书则一心在读书上，接客则一心在接客上，可以为主一乎？"先生曰："好色则一心在好色上，好货则一心在好货上，可以为主一乎？是所谓遂物，非主一也。主一是专主一个天理。"

12. 心学进路的工夫指点

除以上九目之外，阳明随口言说的工夫心法尚有不尽的话头，未免遗漏要旨精文，以下拾掇之。重点在几句话中就说出了一番大道理，有点像智慧语录的格式，却不像前九目之配合《大学》文本诠释的理论，而形成一整套的系统。

（1）"日间工夫觉纷扰，则静坐；觉懒看书，则且看书；是亦因病而药。"

（2）"处朋友务，相下则得益，相上则损。"

（3）"省察是有事时存养，存养是无事时省察。"

（4）"定者，心之本体，天理也。动静，所遇之时也。"

（5）"精神、道德、言动，大率收敛为主，发散是不得已；天地人物皆然。"

（6）"喜、怒、哀、乐本体自是中和的；才自家着些意思，便过不及，便是私。"

（7）问哭则不歌。先生曰："圣人心体自然如此。"

（8）"克己须要扫除廓清，一毫不存，方是；有一毫在，则众恶相引而来。"

（9）"与其为数顷无源之塘水，不若为数尺有源之井水，生意不穷。"时先生在塘边坐，傍有井，故以之喻学云。

（10）"善念发而知之，而充之，恶念发而知之，而遏之。知与充与遏者，志也，天聪明也。圣人只有此，学者当存此。"

（11）"只存得此心常见在，便是学。过去未来事，思之何益？徒放心耳。"

（12）"言语无序，亦足以见心之不存。"

（13）先生曰："这些子看得透彻，随他千言万语，是非诚伪，到前便明，合得的便是，合不得的便非，如佛家说'心印'相似，真是个试金石，指南针。"

（14）先生曰："人若知这良心诀窍，随他多少邪思枉念，这里一觉，都自消融；真个是灵丹一粒，点铁成金。"（关键是平常都在欲念上打转）

（15）问："大人与物同体，如何《大学》又说个厚薄？"先生曰："惟是道理自有厚薄。比如身是一体，把手足捍头目，岂是偏要薄手足，其道理合如此。禽兽与草木同是爱的，把草木去养禽兽，又忍得；人与禽兽同是爱的，宰禽兽以养亲与供祭祀，燕宾客，心又忍得；至亲与路人同是爱的，如箪食豆羹，得则生，不得则死，不能两全，宁救至亲，不救路人，心又忍得；这是道理合该如此。及至吾身与至亲，更不得分别彼此厚薄。盖以仁民爱物皆从此出，此处可忍，更无所不忍矣。《大学》所谓厚薄，是良知上自然的条理，不可踰越，此便谓之义；顺这个条理，便谓之礼；知此条理，便谓之智；终始是这个条理，便谓之信。"

（16）先生曰："诸公在此，务要立个必为圣人之心，时时刻刻须是一棒一条痕，一掴一掌血，方能听吾说话，句句得力。若茫茫荡荡度日，譬如一块死肉，打也不知得痛痒，恐终不济事，回家只寻得旧时伎俩而已，岂不惜哉？"

13. 心学进路的工夫问答

阳明才高过人，理论透彻，实践到位，在教学现场上亦是直指人心，弟子每有疑问，常是一针见血，直透病灶，却多忠言逆耳。阅读阳明教诲弟子的问答之说，常使人自觉汗颜惭愧。以下所选，是将前述心学工夫落实于己身病痛上的实际疗程，与下一节机锋往来所选，同是阳明《传习录》最惊心动魄的加护病房医疗现场。

（1）问立志。先生曰："只念念要存天理，即是立志。能不忘乎此，久则自然心中凝聚，犹道家所谓'结圣胎'也。此天理之念常存，驯至于美大圣神，亦只从此一念存养扩充去耳。"

（2）问："静时亦觉意思好，才遇事便不同，如何？"先生曰："是徒知静养，而不用克己工夫也。如此，临事便要倾倒。人须在事上磨，方立得住，方能静亦定，动亦定。"

（3）问上达工夫。先生曰："后儒教人，才涉精微，便谓上达未当学，且说下学；是分下学、上达为二也。夫目可得见，耳可得闻，口可得言，心可得思者，皆下学也；目不可得见，耳不可得闻，口不可得言，心不可得思者，上达也。如木之栽培灌溉，是下学也；至于日夜之所息，条达畅茂，乃是上达，人安能预其力哉！故凡可用功、可告语者皆下学，上达只在下学里。凡圣人所说，虽极精微，俱是下学。学者只从下学里用功，自然上达去，不必别寻个上达的工夫。"

（4）问："宁静存心时，可为'未发之中'否？"先生曰："今人存心，只定得气。当其宁静时，亦只是气宁静，不可以为'未发之中'。"曰："未便是中，莫亦是求中功夫？"曰："只要去人欲、存天理，方是功夫。静时念念去人欲、存天理，动时念念去人欲、存天理，不管宁静不宁静。若靠那宁静，不惟渐有喜静厌动之弊，中间许多病痛，只是潜伏在，终不能绝去，遇事依旧滋长。以循理为主，何尝不宁静；以宁静为主，未必能循理。"

（5）问："知识不长进，如何？"先生曰："为学须有本原，须从本原上用力，渐渐盈科而进。仙家说婴儿，亦善譬。婴儿在母腹时，只是纯气，有何知识；出胎后，方始能啼，既而后能笑，又既而后能认识其父母兄弟，又既而后能立、能行、能持、能负，卒乃天下之事无不可能；皆是精气日足，则筋力日强，聪明日开，不是出胎日便讲求推寻得来。故须有个本原。圣人到'位天地、育万物'也只从'喜怒哀乐未发之中'上养来。后儒不明格物之说，见圣人无不知、无不能，便欲于初下手时讲求得尽，岂有此理！"又曰："立志用功如种树然，方其根芽，犹未有榦，及其有榦，尚未有枝，枝而后叶，叶而后花实。初种根时，只管栽培灌溉，勿作枝想，勿作叶想，勿作花想，勿作实想——悬想何益？但不忘栽培之功，怕没有枝叶花实！"

（6）问："看书不能明，如何？"先生曰："此只是在文义上穿求，故不明。如此，又不如为旧时学问。他到看得多，解得去。只是他为学虽极解得明晓，亦终身无得；须于心体上用功。凡明不得、行不去，须反在自心上体当，即可通。盖四书、五经不过说这心体，这心体即所谓道，心体明即是道明，更无二。此是为学头脑处。"

（7）澄尝问象山在人情事变上做工夫之说。先生曰："除了人情事变，则无事矣。喜、怒、哀、乐，非人情乎？自视、听、言、动以至富贵、贫贱、患难、死生，皆事变也。事变亦只在人情里，其要只在'致中和'，'致中和'只在'谨独'。"

（8）澄在鸿胪寺仓居，忽家信至，言儿病危，澄心甚忧闷，不能堪。先生曰："此时正宜用功，若此时放过，闲时讲学何用？人正要在此等时磨炼。父之爱子，自是至情，然天理亦自有个中和处，过即是私意。人于此处多认做天理当忧，则一向忧苦，不知已是'有所忧患不得其正'。大抵七情所感，多只是过，少不及者。才过，便非心之本体，必须调停适中始得。就如父母之丧，人子岂不欲一哭便死，方快于心；然却曰'毁不灭性'，非圣人强制之也，天理本体自有分限，不可过也。人但要识得心体，自然增减分毫不得。"

（9）唐诩问："立志是常存个善念，要为善去恶否？"曰："善念存时，即是天理。此念即善，更思何善？此念非恶，更去何恶？此念如树之根芽，立志者，长立此善念而已。'从心所欲不踰矩'，只是志到熟处。"

（10）问道之精粗。先生曰："道无精粗，人之所见有精粗；如这一间房，人初进来，只见一个大规模如此，处久，便柱壁之类，一一看得明白，再久，如柱上有些文藻，细细都看出来，然只是一间房。"

（11）先生曰："诸公近见时少疑问，何也？人不用功，莫不自以为已知为学，只循而行之是矣。殊不知私欲日生，如地上尘，一日不扫便又有一层。着实用功，便见道无终穷，愈探愈深，必使精白无一毫不彻方可。"

（12）问："心要逐物，如何则可？"先生曰："人君端拱清穆，六卿分职,天下乃治;心统五官,亦要如此。今眼要视时,心便逐在色上,耳要听时,心便逐在声上;如人君要选官时,便自去坐在吏部,要调军时,便自去坐在兵部,如此,岂惟失却君体,六卿亦皆不得其职。"

（13）澄曰:"好色、好利、好名等心,固是私欲,如闲思杂虑,如何亦谓之私欲?"先生曰:"毕竟从好色、好利、好名等根上起,自寻其根便见。如汝心中决知是无有做劫盗的思虑,何也? 以汝元无是心也。汝若于货、色、名、利等心,一切皆如不做劫盗之心一般,都消灭了,光光只是心之本体,看有甚闲思虑? 此便是寂然不动,便是'未发之中',便是廓然大公;自然感而遂通,自然发而中节,自然物来顺应。"

（14）侃问:"持志如心痛,一心在痛上,安有工夫说闲话,他管闲事!"先生曰:"初学工夫如此用亦好;但要使知'出入无时,莫知其乡'。心之神明原是如此,工夫方有着落;若只死死守着,恐于工夫上又发病。"

（15）侃问:"专涵养而不务讲求,将认欲作理,则如之何?"先生曰:"人须是知学;讲求亦只是涵养,不讲求只是涵养之志不切。"曰:"何谓知学?"曰:"且道为何而学? 学个甚?"曰:"尝闻先生教,学是学存天理;心之本体即是天理,体认天理,只要自心地无私意。"曰:"如此则只须克去私意便是,又愁甚理欲不明?"曰:"正恐这些私意认不真。"曰:"总是志未切;志切,目视、耳听皆在此,安有认不真的道理! 是非之心,人皆有之,不假外求;讲求亦只是体当自心所见,不成去心外别有个见?"

（16）先生谓学者曰:"为学须得个头脑,工夫方有着落;纵未能无间,如舟之有舵,一提便醒。不然,虽从事于学,只做个'义袭而取',只是行不着,习不察,非大本、达道也。"又曰:"见得时,横说竖说皆是;若于此处通,彼处不通,只是未见得。"

(17)或问为学以亲故,不免业举之累。先生曰:"以亲之故而业举为累于学,则治田以养其亲者,亦有累于学乎? 先正云,'惟患夺志',但恐为学之志不真切耳。"

(18)崇一问:"寻常意思多忙,有事固忙,无事亦忙,何也?"先生曰:"天地气机,元无一息之停,然有个主宰,故不先不后,不急不缓,虽千变万化,而主宰常定,人得此而生。若主宰定时,与天运一般不息,虽酬酢万变,常是从容自在,所谓'天君泰然,百体从令'。若无主宰,便只是这气奔放,如何不忙!"

(19)先生曰:"为学大病在好名。"侃曰:"从前岁自谓此病已轻,比来精察,乃知全未。岂必务外为人,只闻誉而喜,闻毁而闷,即是此病发来。"曰:"最是。名与实对,务实之心重一分,则务名之心轻一分;全是务实之心,即全无务名之心;若务实之心如饥之求食,渴之求饮,安得更有工夫好名?"又曰:"'疾没世而名不称',称字去声读,亦'声闻过情,君子耻之'之意。实不称名,生犹可补,没则无及矣。'四十五十而无闻',是不闻道,非无声闻也。孔子云,'是闻也,非达也'。安肯以此望人。"

(20)侃多悔。先生曰:"悔悟是去病之药;然以改之为贵,若留滞于中,则又因药发病。"

(21)侃问:"先儒以心之静为体,心之动为用,如何?"先生曰:"心不可以动、静为体、用。动、静,时也。即体而言,用在体;即用而言,体在用,是谓体、用一源。若说静可以见其体,动可以见其用,却不妨。"

(22)"种树者必培其根;种德者必养其心。欲树之长,必于始生时删其繁枝;欲德之盛,必于始学时去夫外好。如外好诗文,则精神日渐漏泄在诗文上去;凡百外好皆然。"又曰:"我此论学,是无中生有的工夫。诸公须要信得及只是立志。学者一念为善之志,如树之种,但勿助勿忘,只管培植将去,自然日夜滋长,生气日完,枝叶日茂。树初生时,便抽繁枝,亦须刊落,然后根干能大;初学时亦然,故立志贵专一。"

(23)因论先生之门,某人在涵养上用功,某人在识见上用功。先生曰:"专涵养者,日见其不足;专识见者,日见其有余。日不足者,日有余矣;日有余者,日不足矣。"

(24)有一学者病目,戚戚甚忧。先生曰:"尔乃贵目贱心!"

(25)来书云:日用工夫只是"立志",近来于先生诲言时时体验,愈益明白。然于朋友不能一时相离。若得朋友讲习,则此志才精健阔大,才有生意;若三五日不得朋友相讲,便觉微弱,遇事便会困,亦时会忘。乃今无朋友相讲之日,还只静坐或看书或游衍经行,凡寓目、措身,悉取以培养此志,颇觉意思和适,然终不如朋友讲聚,精神流动,生意更多也。离群索居之人,当更有何法以处之?

此段足验道通日用工夫所得,工夫大略亦只是如此用,只要无间断,到得纯熟后,意思又自不同矣。大抵吾人为学,紧要大头脑,只是"立志"。所谓"困、忘"之病,亦只是志欠真切。今好色之人,未尝病于困忘,只是一真切耳。自家痛痒,自家须会知得,自家须会搔摩得;既自知得痛痒,自家须不能不搔摩得。佛家谓之"方便法门",须是自家调停斟酌,他人总难与力,亦更无别法可设也。

(26)来书云:下手工夫,觉此心无时宁静,妄心固动也,照心亦动也;心既恒动,则无刻暂停也。

是有意于求宁静,是以愈不宁静耳。夫妄心则动也,照心非动也。恒照则恒动恒静,天地之所以恒久而不已也。照心固照也,妄心亦照也。其为物不贰,则其生物不息,有刻暂停,则息矣,非至诚无息之学矣。

（27）来书云:良知亦有起处,云云。

此或听之末审。良知者,心之本体,即前所谓恒照者也。心之本体,无起无不起。虽妄念之发,而良知未尝不在,但人不知存,则有时而或放耳;虽昏塞之极,而良知未尝不明,但人不知察,则有时而或蔽耳。虽有时而或放,其体实未尝不在也,存之而已耳;虽有时而或蔽,其体实未尝不明也,察之而已耳。若谓良知亦有起处,则是有时而不在也,非其本体之谓矣。(讲工夫时还是要讲良知提起)

（28）来书云:前日精一之论,即作圣之功否? "精一"之"精"以理言,"精神"之"精"以气言。理者,气之条理;气者,理之运用。无条理则不能运用;无运用则亦无以见其所谓条理者矣。精则精,精则明,精则一,精则神,精则诚;一则精,一则明,一则神,一则诚,原非有二事也。但后世儒者之说与养生之说各滞于一偏,是以不相为用。前日"精一"之论,虽为原静爱养精神而发,然而作圣之功,实亦不外是矣。

（29）又来书云:周子曰"主静",程子曰"动亦定,静亦定",先生曰"定者心之本体。"是静定也,决非不睹不闻、无思无为之谓,必常知常存,常主于理之谓也。夫常知常存,常主于理,明是动也,已发也,何以谓之静? 何以谓之本体? 岂是静定也,又有以贯乎心之动静者邪?

理无动者也。常知常存、常主于理,即不睹不闻、无思无为之谓。不睹不闻、无思无为,非槁木死灰之谓也;睹闻思为一于理,而未尝有所睹闻思为,即是动而未尝动也。所谓"动亦定,静亦定",体用一原者也。

（30）来书云：养生以清心寡欲为要。

夫清心寡欲，作圣之功毕矣。然欲寡则心自清，清心非舍弃人事而独居求静之谓也；盖欲使此心纯乎天理，而无一毫人欲之私耳。今欲为此之功，而随人欲生而克之，则病根常在，未免灭于东而生于西。若欲刊剥洗荡于众欲未萌之先，则又无所用其力，徒使此心之不清。且欲未萌而搜剔以求去之，是犹引犬上堂而逐之也，愈不可矣。必欲此心纯乎天理，而无一毫人欲之私，此作圣之功也。必欲此心纯乎天理，而无一毫人欲之私，非防于未萌之先而克于方萌之际不能也。防于未萌之先而克于方萌之际，此正《中庸》"戒慎恐惧"、《大学》"致知格物"之功；舍此之外，无别功矣。夫谓灭于东而生于西，引犬上堂而逐之者，是自私自利，将迎意必之为累，而非克治洗荡之为患也。今曰"养生以清心寡欲为要"，只"养生"二字，便是自私自利、将迎意必之根。有此病根潜伏于中，宜其有灭于东而生于西、引犬上堂而逐之之患也。

（31）来书云：质美者明得尽，渣滓便浑化。如何谓明得尽？如何而能便浑化？

良知本来自明。气质不美者，渣滓多，障蔽厚，不易开明；质美者，渣滓原少，无多障蔽，略加致知之功，此良知便自莹彻，些少渣滓，如汤中浮雪，如何能作障蔽。此本不甚难晓，原静所以致疑于此，想是因一"明"字不明白，亦是稍有欲速之心。向曾面论明善之义，明则诚矣，非若后儒所谓明善之浅也。

（32）来书云：聪明睿知果质乎？仁义礼智果性乎？喜怒哀乐果情乎？私欲客气果一物乎？二物乎？古之英才，若子房、仲舒、叔度、孔明、文中、韩、范诸公，德业表著，皆良知中所发也，而不得谓之闻道者，果何在乎？苟曰此特生质之美耳，则生知、安行者，不愈于学知、困勉者乎？愚意窃云谓诸公见道偏则可，谓全无闻则恐后儒崇尚记诵训诂之过也。然乎否乎？

性一而已。仁、义、礼、知，性之性也，聪、明、睿、知，性之质也，喜、怒、哀、乐，性之情也，私欲、客气，性之蔽也。质有清浊，故情有过不及，而蔽有浅深也；私欲、客气，一病两痛，非二物也。张、黄、诸葛及韩、范诸公，皆天质之美，自多暗合道妙，虽未可尽谓之知学，尽谓之闻道，然亦自其有学，违道不远者也；使其闻学知道，即伊、傅、周、召矣。若文中子则又不可谓之不知学者，其书虽多出于其徒，亦多有未是处，然其大略则亦居然可见，但今相去辽远，无有的然凭证，不可悬断其所至矣。夫良知即是道，良知之在人心，不但圣贤，虽常人亦无不如此。若无有物欲牵蔽，但循着良知发用流行将去，即无不是道；但在常人多为物欲牵蔽，不能循得良知。如数公者，天质既自清明，自少物欲为之牵蔽，则其良知之发用流行处，自然是多，自然违道不远。学者学循此良知而已。谓之知学，只是知得专在学循良知。数公虽未知专在良知上用功，而或泛滥于多歧，疑迷于影响，是以或离或合而未纯；若知得时，便是圣人矣。后儒尝以数子者，尚皆是气质用事，未免于行不着，习不察：此亦未为过论。但后儒之所谓着、察者，亦是狃于闻见之狭，蔽于沿习之非，而依拟仿像于影响形迹之间，尚非圣门之所谓着、察者也。则亦安得以己之昏昏，而求人之昭昭也乎？所谓生知、安行，知、行二字，亦是就用功上说；若是知、行本体即是良知、良能，虽在困勉之人，亦皆可谓之生知、安行矣。知、行二字更宜精察。

(33)来书云：昔周茂叔每令伯淳寻仲尼、颜子乐处。敢问是乐也，与七情之乐同乎？否乎？若同，则常人之一遂所欲，皆能乐矣，何必圣贤？若别有真乐，则圣贤之遇大忧、大怒、大惊、大惧之事,此乐亦在否乎?且君子之心常存戒惧,是盖终身之忧也,恶得乐?

澄(陆原静,陆澄)平生多闷,未尝见真乐之趣,令切愿寻之。乐是心之本醴,虽不同于七情之乐,而亦不外于七情之乐;虽则圣贤别有真乐,而亦常人之所同有,但常人有之而不自知,反自求许多忧苦,自加迷弃。虽在忧苦迷弃之中,而此乐又未尝不存,但一念开明,反身而诚,则即此而在矣。每与原静论,无非此意,而原静尚有"何道可得"之问,是犹未免于骑驴觅驴之蔽也。

(34)来书云:《大学》以"心有好乐、忿憓、忧患,恐惧"为"不得其正",而程子亦谓"圣人情顺万事而无情"。所谓有者,《传习录》中以病疟譬之,极精切矣;若程子之言,则是圣人之情不生于心而生于物也,何谓耶?且事感而情应,则是是非非可以就格;事或未感时,谓之有则未形也,谓之无则病根在有无之间,何以致吾知乎?学务无情,累虽轻,而出儒入佛矣,可乎?

圣人致知之功,至诚无息;其良知之体,曒如明镜,略无纤翳,妍媸之来,随物见形,而明镜曾无留染,所谓"情顺万事而无情"也。"无所住而生其心",佛氏曾有是言,未为非也。明镜之应物,妍者妍,媸者媸,一照而皆真,即是生其心处,妍者妍,媸者媸,一过而不留,即是无所住处。病疟之喻,既已见其精切,则此节所问可以释然。病疟之人,疟虽未发,而病根自在,则亦安可以其疟之未发而遂忘其服药调理之功乎?若必待疟发而后服药调理,则既晚矣。致知之功,无间于有事、无事,而岂论于病之已发、未发邪?大抵原静所疑,前后虽若不一,然皆起于自私自利、将迎意必之为祟,此根一去,则前后所疑,自将冰消雾释,有不待于问辨者矣。

答原静书出,读者皆喜澄善问,师善答,皆得闻所未闻。师曰:"原静所问只是知解上转,不得已与之逐节分疏;若信得良知,只在良知上用工,虽千经万典无不吻合,异端曲学一勘尽破矣,何必如此节节分解! 佛家有'扑人逐块'之喻,见块扑人,则得人矣,见块逐块,于块奚得哉?"在座诸友闻之,惕然皆有惺悟。此学贵反求,非知解可入也。

(35)九川问:"近年因厌泛滥之学,每要静坐,求屏息念虑,非惟不能,愈觉扰扰,如何?"先生曰:"念如何可息? 只是要正。"曰:"当自有无念时否?"先生曰:"实无无念时。"曰:"如此却如何言静?"曰:"静未尝不动,动未尝不静。戒谨恐惧即是念,何分动静?"曰:"周子何以言'定之以中正仁义而主静?'"曰:"无欲故静,是'静亦定,动亦定'的定字,主其本体也。戒惧之念,是活泼泼地,此是天机不息处,所谓'维天之命,于穆不已。'一息便是死,非本体之念即是私念。"

(36)又问:"静坐用功,颇觉此心收敛;遇事又断了,旋起个念头去事上省察;事过又寻旧功,还觉有内外,打不作一片。"先生曰:"此'格物'之说未透。心何尝有内外? 即如惟濬今在此讲论,又岂有一心在内照管? 这听讲说时专敬,即是那静坐时心。功夫一贯,何须更起念头? 人须在事上磨炼做功夫乃有益;若只好静,遇事便乱,终无长进。那静时功夫亦差似收敛,而实放溺也。"后在洪都,复与于中、国裳论内外之说,渠皆云物自有内外,但要内外并着功夫,不可有闲耳。以质先生。曰:"功夫不离本体,本体原无内外;只为后来做功夫的分了内外,失其本体了。如今正要讲明功夫不要有内外,乃是本体功夫。"是日俱有省。

(37)崇一曰:"先生'致知'之旨发尽精蕴,看来这里再去不得。"先生曰:"何言之易也! 再用功半年看如何,又用功一年看如何。功夫愈久,愈觉不同,此难口说。"

（38）先生问九川："于'致知'之说体验如何？"九川曰："自觉不同；往时操持常不得个恰好处，此乃是恰好处。"先生曰："可知是体来与听讲不同。我初与讲时，知尔只是忽易，未有滋味。只这个要妙再体到深处，日见不同，是无穷尽的。"又曰："此'致知'二字，真是个千古圣传之秘，见到这里，'百世以俟圣人而不惑'。"

（39）九川问曰："伊川说到体用一原、显微无间处，门人已说是泄天机；先生'致知'之说，莫亦泄天机太甚否？"先生曰："圣人已指以示人，只为后人掩匿，我发明耳，何故说泄？此是人人自有的，觉来甚不打紧一般，然与不用实功人说，亦甚轻忽，可惜彼此无益；无实用功而不得其要者，提撕之甚沛然得力。"

（40）先生曰："大凡朋友须箴规指摘处少，诱掖奖劝意多，方是。"后又戒九川云："与朋友论学，须委曲谦下，宽以居之。"

（41）九川卧病虔州。先生云："病物亦难格，觉得如何？"对曰："功夫甚难。"先生曰："常快活便是功夫。"

（42）有一属官，因久听讲先生之学，曰："此学甚好，只是簿书讼狱繁难，不得为学。"先生闻之，曰："我何尝教尔离了簿书讼狱悬空去讲学？尔既有官司之事，便从官司的事上为学，才是真格物。如问一词讼，不可因其应对无状，起个怒心；不可因他言语圆转，生个喜心；不可恶其嘱托，加意治之；不可因其请求，屈意从之；不可因自己事务烦冗，随意苟且断之；不可因旁人谮毁罗织，随人意思处之；这许多意思皆私，只尔自知，须精细省察克治，惟恐此心有一毫偏倚，杜人是非，这便是格物致知。簿书讼狱之间，无非实学。若离了事物为学，却是着空。"

（43）先生曰："圣人亦是'学知'，众人亦是'生知'。"问曰："何如？"曰："这良知人人皆有，圣人只是保全无些障蔽，兢兢业业,夔夔(音委)翼翼,自然不息,便也是学,只是生的分数多,所以谓之'生知、安行';众人自孩提之童,莫不完具此知,只是障蔽多,然本髓之知自难泯息,虽问学克治,也只凭他,只是学的分数多,所以谓之'学知、利行'。"

(44)问:"近来用功,亦颇觉妄念不生,但腔子里黑窣窣的,不知如何打得光明?"先生曰:"初下手用功,如何腔子里便得光明?譬如奔流浊水,才贮在缸里,初然虽定,也只是昏浊的;须俟澄定既久,自然渣滓尽去,复得清来。汝只要在良知上用功;良知存入,黑窣窣自能光明矣。今便要责效,却是助长,不成工夫。"

(45)问:"读书所以调摄此心,不可缺的。但读之之时,一种科目意思牵引而来,不知何以免此?"先生曰:"只要良知真切,虽做举业,不为心累,总有累,亦易觉克之而已。且如读书时,良知知得强记之心不是,即克去之,有欲速之心不是,即克去之,有夸多斗靡之心不是,即克去之;如此亦只是终日与圣贤印对,是个纯乎天理之心。任他读书,亦只是调摄此心而已,何累之有?"曰:"虽蒙开示,奈资质庸下,实难免累。窃闻穷通有命,上智之人,恐不屑此。不肖为声利牵缠,甘心为此,徒自苦耳。欲屏弃之,又制于亲,不能舍去,奈何?"先生曰:"此事归辞于亲者多矣;其实只是无志。志立得时,良知千事万为只是一事。读书作文,安能累人,人自累于得失耳!"因叹曰:"此学不明,不知此处担搁了几多英雄汉!"

(46)一友常易动气责人,先生警之曰:"学须反己;若徒责人,只见得人不是,不见自己非;若能反己,方见自己有许多未尽处,奚暇责人?舜能化得象的傲,其机括只是不见象的不是。若舜只要正他的奸恶,就见得象的不是矣;象是傲人,必不肯相下,如同感化得他?"是友感悔。曰:"你今后只不要去论人之是非,凡当责辩人时,就把做一件大己私,克去方可。"

(47)先生曰:"凡朋友问难,纵有浅近粗疏或露才扬己,皆是病发。当因其病而药之可也,不可便怀鄙薄之心,非君子与人为善之心矣。"

(48)问:"'思无邪'一言,如何便盖得三百篇之义?"先生曰:"岂特三百篇? 六经只此一言,便可该贯,以至穷古今天下圣贤的话,'思无邪'一言,也可该贯。此外更有何说? 此是一了百当的功夫。"

(49)一友问:"读书不记得如何?"先生曰:"只要晓得,如何要记得? 要晓得已是落第二义了,只要明得自家本体。若徒要记得,便不晓得;若徒要晓得,便明不得自家的本体。"

(50)刘君亮要在山中静坐。先生曰:"汝若以厌外物之心去求之静,是反养成一个骄惰之气了;汝若不厌外物,复于静处涵养,却好。"

(51)问:"乐是心之本体,不知遇大故,于哀哭时,此乐还在否?"先生曰:"须是大哭一番了方乐,不哭便不乐矣;虽哭,此心安处即是乐也。本体未尝有动。"

(52)乡人有父子讼狱请诉于先生,侍者欲阻之,先生听之,言不终辞,其父子相抱恸哭而去。柴鸣治入问曰:"先生何言,致伊感悔之速?"先生曰:"我言舜是世间大不孝的子,瞽瞍是世间大慈的父。"鸣治愕然请问。先生曰:"舜常自以为大不孝,所以能孝;瞽瞍常自以为大慈,所以不能慈。瞽瞍只记得舜是我提孩长的,今何不曾豫悦我,不知自心已为后妻所移了,尚谓自家能慈,所以愈不能慈;舜只思父提孩我时如何爱我,今日不爱,只是我不能尽孝,日思所以不能尽孝处,所以愈能孝。及至瞽瞍底豫时，又不过复得此心原慈的本体。所以后世称舜是个古今大孝的子，瞽瞍亦做成个慈父。"

（53）先生曰："孔子有鄙夫来问，未尝先有知识以应之，其心只空空而已；但叩他自知的是非两端，与之一剖决，鄙夫之心便已了然。鄙夫自知的是非，便是他本来天则，虽圣人聪明，如何可与增减得一毫？他只不能自信，夫子与之一剖决，便已竭尽无余了。若夫子与鄙夫言时，留得些子知识在，便是不能竭他的良知，道体即有二了。"（同上一则）

（54）先生曰："'烝烝乂不格奸'，本注说象已进进于义，不至大为奸恶。舜征庸（被征召任用）后，象犹日以杀舜为事，何大奸恶如之！舜只是自进于义，以义薰烝，不去正他奸恶。凡文过掩慝，此是恶人常态；若要指摘他是非，反去激他恶性。舜初时致得象要杀己，亦是要象好的心太急，此就是舜之过处。经过来，乃知功夫只在自己，不去责人，所以致得'克谐'；此是舜动心忍性、增益不能处。古人言语，俱是自家经历过来，所以说的亲切，遗之后世，曲当人情；若非自家经过，如何得他许多苦心处。"

（55）先生叹曰："世闲知学的人，只有这些病痛打不破，就不是善与人同。"崇一曰："这病痛只是个好高不能忘己尔。"

（56）一友举"佛家以手指显出，问曰：'众曾见否？'众曰：'见之。'（宜说不见）复以手指入袖，问曰：'众还见否？'众曰：'不见。'（宜说见之）佛说还未见性。此义未明。"先生曰："手指有见有不见，尔之见性常在。人之心神只在有睹有闻上驰骛，不在不睹不闻上着实用功。盖不睹不闻是良知本体，戒慎恐惧是致良知的工夫。学者时时刻刻常睹其所不睹，常闻其所不闻，工夫方有个实落处；久久成熟后，则不须着力，不待防检，而真性自不息亦。岂以在外者之闻见为累哉？"

(57)一友自叹:"私意萌时,分明自心知得,只是不能使他即去。"先生曰:"你萌时,这一知处便是你的命根,当下即去消磨,便是立命工夫。"

(58)先生曰:"人生大病只是一傲字。为子而傲必不孝,为臣而傲必不忠,为父而傲必不慈,为友而傲必不信。故象与丹朱俱不肖,亦只一傲字,便结果了此生。诸君常要体此人心本是天然之理,精精明明,无纤介染着,只是一无我而已;胸中切不可有,有即傲也。古先圣人许多好处,也只是无我而已,无我自能谦。谦者众善之基,傲者众恶之魁。"

14.心学进路的机锋现场

阳明授徒,颇似禅门师弟子间的机锋往来,问答之际不是知见交流,而是当下治疗,直刺弟子心性病痛之所在。以下所选,都是阳明与弟子在问答之际有多次往返的对话文本,透过来往之间,看到弟子的闪躲、规避、好辩、惊恐以及阳明的自由挥洒与责心深切,真是血淋淋的圣学教学现场。遇上阳明这样的教席,弟子内心世界无一可逃,受其针砭之时,亦是最具疗效之际,惟受之不易,故而疗效也是有别。本节所选,可以说是阳明文选中最精彩的一部分,读者自行阅读之际,若能不需解释就能立即明白,则读者已是阳明知音,剩下自己力学力行就能朝向圣位。

(1)孟源有自是好名之病,先生屡责之。一日,警责方已,一友自陈日来工夫请正。源从傍曰:"此方是寻着源旧时家当。"先生曰:"尔病又发!"源色变,议拟欲有所辨。先生曰:"尔病又发!"因喻之曰:"此是汝一生大病根!譬如方丈地内,种此一大树,雨露之滋,土脉之力,只滋养得这个大根;四傍纵要种些嘉穀,上面被此树叶遮覆,下面被此树根盘结,如何生长得成?须用伐去此树,纤根勿留,力可种植嘉种。不然,任汝耕耘培壅,只是滋养得此根。"

(2)先生问在坐之友:"比来工夫何似?"一友举虚明意思。先生曰:"此是说光景。"一友叙今昔异同。先生曰:"此是说效验。"二友惘然。请是。先生曰:"吾辈今日用功,只是要为善之心真切。此心真切,见善即迁,有过即改,方是真切工夫。如此,则人欲日消,天理日明。若只管求光景,说效验,却是助长外驰病痛,不是工夫。"

(3)侃去花间草,因曰:"天地间何善难培,恶难去?"先生曰:"未培未去耳。"少间,曰:"此等看善恶,皆从躯壳起念,便会错。"侃未达。曰:"天地生意,花草一般,何曾有善恶之分?子欲观花,则以花为善,以草为恶;如欲用草时,复以草为善矣。此等善恶,皆由汝心好恶所生,故知是错。"曰:"然则无善无恶乎?"曰:"无善无恶者理之静,有善有恶者气之动。不动于气,即无善无恶,是谓至善。"曰:"佛氏亦无善无恶,何以异?"曰:"佛氏着在无善无恶上,便一切都不管,不可以治天下。圣人无善无恶,只是'无有作好''无有作恶',不动于气;然'遵王之道',会其有极,便自一循天理,便有个裁成辅相。"曰:"草既非恶,即草不宜去矣。"曰:"如此却是佛、老意见。草若有碍,何妨汝去?"曰:"如此又是作好、作恶。"曰:"不作好恶,非是全无好恶,却是无知觉的人。谓之不作者,只是好恶一循于理,不去又着一分意思。如此,即是不曾好恶一般。"曰:"去草如何是一循于理,不着意思?"曰:"草有妨碍,理亦宜去,去之而已。偶未即去,亦不累心。若着了一分意思,即心体便有贻累,便有许多动气处。"曰:"然则善恶全不在物?"曰:"只在汝心,循理便是善,动气便是恶。"曰:"毕竟物无善恶。"曰："在心如此，在物亦然。世儒惟不知此，舍心逐物，将'格物'之学错看了，终日驰求于外，只做得个'义袭而取'，终身行不着，习不察。"曰："如好好色，如恶恶臭，则如何？"曰："此正是一循于理，是天理合如此，本无私意作好作恶。"曰："如好好色，如恶恶臭。安得非意？"曰："却是诚意，不是私意。诚意只是循天理。虽是循天理，亦着不得一分意。故有所忿懥、好乐，则不得其正；须是廓然大公，方是心之本体。知此即知'未发之中'。"伯生曰："先生云：'草有妨碍，理亦宜去。'缘何又是躯壳起念？"曰："此须汝心自体当。汝要去草，是什么心？周茂叔窗前草不除，是什么心？"

（4）萧惠问："己私难克，奈何？"先生曰："将汝己私来替汝克。"又曰："人须有为己之心，方能克己；能克己，方能成己。"萧惠曰："惠亦颇有为己之心，不知缘何不能克己？"先生曰："且说汝有为己之心是如何？"惠良久曰："惠亦一心要做好人，便自谓颇有为己之心。今思之，看来亦只是为得个躯壳的己，不曾为个真己。"先生曰："真己何曾离着躯壳？恐汝连那躯壳的己也不曾为。且道汝所谓躯壳的己，岂不是耳、目、□、鼻、四肢？"惠曰："正是为此；目便要色，耳便要声，□便要味，四肢便要逸乐，所以不能克。"先生曰："美色令人目盲，美声令人耳聋，美味令人□爽，驰骋田猎令人发狂，这都是害汝耳、目、□、鼻、四肢的，岂得是为汝耳、目、□、鼻、四肢！若为着耳、目、□、鼻、四肢时，便须思量耳如何听，目如何视，□如何言，四肢如何动；必须非礼勿视、听、言、动，方才成得个耳、目、□、鼻、四肢，这个才是为着耳、目、□、鼻、四肢。汝今终日向外驰求，为名、为利，这都是为着躯壳外面的物事。汝若为着耳、目、□、鼻、四肢，要非礼勿视、听、言、动时，岂是汝之耳、目、□、鼻、四肢自能勿视、听、言、动？须由汝心。这视、听、言、动，皆是汝心；汝心之视，发窍于目，汝心之听，发窍于耳，汝心之言，发窍于□，汝心之动，发窍于四肢；若无汝心，便无耳、目、□、鼻。所谓汝心，亦不专是那一团血肉；若是那一团血肉，如今已死的人，那一团血肉还在，缘何不能视、听、言、动？所谓汝心，却是那能视、听、言、动的，这个便是性，便是天理。有这个性，才能生这性之生理，便谓之仁。这性之生理发在目，便会视，发在耳，便会听，发在□，便会言，发在四肢，便会动，都只是那天理发生。以其主宰一身，故谓之心。这心之本体，原只是个天理，原无非礼。这个便是汝之真己，这个真己是躯壳的主宰。若无真己，便无躯壳；真是有之即生，无之即死。汝若真为那个躯壳的己，必须用着这个真己，便须常常保守着这个真己的本体，戒慎不睹，恐惧不闻，惟恐亏损了他一些；才有一毫非礼萌动，便如刀割，如针刺，忍耐不过，必须去了刀，拔了针。这才是有为己之心，力能克己。汝今正是认贼作子，缘何却说有为己之心不能克己？"

（5）萧惠好仙、释。先生警之曰："吾亦自幼笃志二氏，自谓既有所得，谓儒者为不足学。其后居夷三载，见得圣人之学若是其简易广大，始自叹悔错用了三十年气力。大抵二氏之学，其妙与圣人只有毫厘之间。汝今所学，乃其土苴，辄自信自好若此，真鸥鶒窃腐鼠耳。"惠请问二氏之妙。先生曰："向汝说圣人之学简易广大，汝却不问我悟的，只问我悔的！"惠惭谢，请问圣人之学。先生曰："汝今只是了人事问；待汝办个真要求为圣人的心，来与汝说。"惠再三请。先生曰："已与汝一句道尽，汝尚自不会！"

（6）刘观时问："'未发之中'是如何？"先生曰："汝但戒慎不睹，恐惧不闻，养得此心纯是天理，便自然见。"观时请略示气象。先生曰："哑子吃苦瓜，与你说不得；你要知此苦，还须你自吃。"

时曰仁在傍，曰："如此才是真知，即是行矣。"一时在座诸友皆有省。

（7）萧惠问死、生之道。先生曰："知昼、夜即知死、生。"问昼、夜之道。曰："知昼则知夜。"曰："昼亦有所不知乎？"先生曰："汝能知昼？懵懵而兴，蠢蠢而食，行不着，习不察，终日昏昏，只是梦昼。惟'息有养，瞬有存'。此心惺惺明明，天理无一息间断，才是能知昼。这便是天德，便是通乎昼、夜之道而知。更有什么死、生！"

（7）又问："用功收心时，有声、色在前，如常闻、见，恐不是专一。"曰："如何欲不闻、见？除是槁木死灰，耳聋、目盲则可。只是虽闻、见而不流去便是。"曰："昔有人静坐，其子隔壁读书，不知其勤惰。程子称其甚敬。何如？"曰："伊川恐亦是讥他。"（儿子该管却不管，只顾自己静坐）

（9）庚辰往虔州再见先生，问："近来功夫虽若稍知头脑，然难寻个稳当快乐处。"先生曰："尔却去心上寻个天理，此正所谓理障。此闲有个诀窍。"曰："请问如何？"曰："只是致知。"曰："如何致？"曰："尔那一点良知，是尔自家底准则。尔意念着处，他是便知是，非便知非，更瞒他一些不得。尔只不要欺他，实实落落依着他做去，善便存，恶便去，他这里何等稳当快乐。此便是'格物'的真诀，'致知'的实功。若不靠着这些真机，如何去格物？我亦近年体贴出来如此分明，初犹疑只依他恐有不足，精细看，无些小欠阙。"

（10）在虔与于中谦之同侍。先生曰："人胸中各有个圣人，只自信不及，都自埋倒了。"因顾于中曰："尔胸中原是圣人。"于中起不敢当。先生曰："此是尔自家有的，如何要推？"于中又曰："不敢。"先生曰："众人皆有之，况在于中，却何故谦起来？谦亦不得。"于中乃笑受（不要笑，事实上还不是圣人）。又论"良知在人，随你如何不能泯灭，虽盗贼亦自知不当为盗，唤他作贼，他还忸怩"。于中曰："只是物欲遮蔽；良心在内，自不会失，如云自蔽日，日何尝失了。"先生曰："于中如此聪明，他人见不及此。"

（11）九川问："自省念虑或涉邪妄或预料理天下事，思到极处，井井有味，便缱绻难屏，觉得早则易，觉迟则难，用力克治，愈觉扞格，惟稍迁念他事，则随两忘。如此廓清，亦似无害。"先生曰："何须如此，只要在良知上着功夫。"九川曰："正谓那一时不知。"先生曰："我这里自有功夫，何缘得他来；只为尔功夫断了，便蔽其知。既断了，则继续旧功便是，何必如此？"九川曰："直是难鏖，虽知丢他不去。"先生曰："须是勇；用功久，自有勇。故曰'是集义所生者'。胜得容易，便是大贤。"

（12）九川问："此功夫却于心上体验明白，只解书不通。"先生曰："只要解心。心明白，书自然融会。若心上不通，只要书上文义通，却自生意见。"

（13）门人在座，有动止甚矜持者。先生曰："人若矜持太过，终是有弊。"曰："矜持太过，如何有弊？"曰："人只有许多精神，若专在容貌上用功，则于中心照管不及者多矣。"有太直率者。先生曰："如今讲此学，却外面全不检束，又分心与事为二矣。"

（14）门人作文送友行，问先生曰："作文字不免费思，作了后又一二日常记在怀。"曰："文字思索亦无害；但作了常记在怀，则为文所累，心中有一物矣，此则未可也。"又作诗送人。先生看诗毕，谓曰："凡作文字要随我分限所及；若说的太过了，亦非修辞立诚矣。"

（15）王汝中、省曾侍坐。先生握扇命曰："你们用扇。"省曾起对曰："不敢。"先生曰："圣人之学不是这等缠缚苦楚的。不是妆做道学的模样。"汝中曰："观仲尼与曾点言志一章略见。"先生曰："然。以此章观之,圣人何等宽洪包含气象。且为师者问志于群弟子,三子皆整顿以对,至于曾点,飘飘然不看那三子在眼,自去鼓起瑟来,何等狂态;及至言志,又不对师之问目,都是狂言。设在伊川或斥骂起来了。圣人乃复称许他,何等气象。圣人教人,不是个束缚他通做一般,只如狂者便从狂处成就他,狷者便从狷处成就他,人之才气如何同得。"

(16)何廷仁、黄正之、李侯璧、汝中、德洪侍坐。先生顾而言曰："汝辈学问不得长进,只是未立志。"侯璧起而对曰："珙亦愿立志。"先生曰："难说不立,未是必为圣人之志耳。"对曰："愿立必为圣人之志。"先生曰："你真有圣人之志,良知上更无不尽;良知上留得些子别念挂带,便非必为圣人之志矣。"洪初闻时心若未服,听说到不觉悚汗。

(17)一友问："欲于静坐时将好名、好色、好货等根,逐一搜寻,扫除廓清,恐是剜肉做疮否?"先生正色曰："这是我医人的方子,真是去得人病根,更有大本事人,过了十数年,亦还用得着。你如不用,且放起,不要作坏我的方子!"是友愧谢。少闲曰："此量非你事,必吾门稍知意思者为此说以误汝。"在坐者皆悚然。

(18)一友问功夫不切。先生曰："学问功夫,我已曾一句道尽,如何今日转说转远,都不着根!"对曰："致良知盖闻教矣,然亦须讲明。"先生曰："既知致良知,又何可讲明?良知本是明白,实落用功便是;不肯用功,只在语言上转说转糊涂。"曰："正求讲明致之之功。"先生曰："此亦须你自家求,我亦无别法可道。昔有禅师,人来问法,只把麈尾提起。一日,其徒将其麈尾藏过,试他如何设法。禅师寻麈尾不见,又只空手提起。我这个良知就是设法的麈尾,舍了这个,有何可提得?"少闲,又一友请问功夫切要。先生旁顾曰："我塵尾安在?"一时在坐着皆跃然。

（19）先生锻炼人处，一言之下，感人最深。一日，王汝止出游归，先生问曰："游何见?"对曰："见满街人都是圣人。"先生曰："你看满街人是圣人，满街人到看你是圣人在。"又一日，董萝石出游而归，见先生曰："今日见一异事。"先生曰："何异?"对曰："见满街人都是圣人。"先生曰："此亦常事耳，何足为异。"盖汝止圭角未融，萝石恍见有悟，故问同答异，皆反其言而进之。洪与黄正之、张叔谦、汝中丙戌会试归，为先生道涂中讲学，有信有不信。先生曰："你们拏一个圣人去与人讲学，人见圣人来，都怕走了，如何讲得行！须做得个愚夫、愚妇，方可与人讲学。"洪又言今日要见人品高下最易。先生曰："何以见之?"对曰："先生譬如泰山在前，有不知仰者，须是无目人。"先生曰："泰山不如平地大，平地有何可见?"先生一言蒉裁，剖破终年为外好高之病，在座者莫不悚惧。

（20）邹谦之尝语德洪曰："舒国裳曾持一张纸，请先生写'拱把之桐梓'一章。先生悬笔为书，到'至于身而不知所以养之者'，顾而笑曰：'国裳读书，中过状元来，岂诚不知身之所以当养，还须诵此以求警。'一时在侍诸友皆惕然。"

15. 心意相通的师弟问答——答欧阳崇一

在阳明与弟子的问答往来之间，有被他责骂不已的如萧惠，也有不得不婉转启迪的如陆源静，但其中也有如欧阳崇一者，始终被阳明视为善学的及门好弟子。欧阳崇一和王阳明的问答语录，得见弟子几已达到师说的境界，但就差那么一点点，还有师父可以指点的小空间在，读其师弟子间的问答，才真是善问善答,心意相通的师徒两人。陆源静也是问了许多问题,又善于纪录,人们谓其善问,其实不然,都是书本上没有实战经验的书生议论,阳明已屡次责备,责其没有真正的见地。若欧阳崇一,则是实践到位,故而问题亦是精准,本身就是很好的智慧知见了。因为欧阳崇一非常优秀,故而其与阳明之问答文本全部选录于此。

(1)崇一来书云:师云:"德性之良知,非由于闻见,若曰'多闻择其善者而从之,多见而识之',则是专求之见闻之末,而已落在第二义。"窃意良知虽不由见闻而有,然学者之知,未尝不由见闻而发;滞于见闻固非,而见闻亦良知之用也;今曰"落在第二义",恐为专以见闻为学者而言,若致其良知而求之见闻,似亦知、行合一之功矣。如何?

良知不由见闻而有,而见闻莫非良知之用;故良知不滞于见闻,而亦不离于见闻。孔子云:"吾有知乎哉?无知也。"良知之外,别无知矣。故"致良知"是学问大头脑,是圣人教人第一义。今云专求之见闻之末,则是失却头脑,而已落在第二义矣。近时同志中,盖已莫不知有"致良知"之说,然其功夫尚多鹘突者,正是欠此一问。大抵学问功夫只要主意头脑是当,若主意头脑专以"致良知"为事,则凡多闻、多见,莫非"致良知"之功。盖日用之间,见闻酬酢,虽千头万绪,莫非良知之发用流行;除却见闻酬酢,亦无良知可致矣,故只是一事。若曰致其良知而求之见闻,则语意之间未免为二。此与专求之见闻之末者虽稍不同,其为未得精一之旨,则一而已。"多闻择其善者而从之,多见而识之。"既云择,又云识,其良知亦未尝不行于其间;但其用意乃专在多闻多见上去择、识,则已失却头脑矣。崇一于此等处见得当已分晓,今日之问,正为发明此学,于同志中极有益;但语意未莹,则毫厘千里,亦不容不精察之也。

(2)来书云:师云:《系》言"何思何虑",是言所思所虑只是天理,更无别思别虑耳,非谓无思无虑也。心之本体即是天理,有何可思虑得!学者用功,虽千思万虑,只是要复他本体,不是以私意去安排思索出来;若安排思索,便是自私用智矣。"学者之敝,大率非沈空守寂,则安排思索。德辛壬之岁着前一病,近又着后一病,但思索亦是良知发用,其与私意安排者何所取别? 恐认贼作子,惑而不知也。

"思曰睿,睿作圣。""心之官则思,思则得之。"思其可少乎? 沈空守寂与安排思索,正是自私用智,其为丧失良知一也。良知是天理之昭明灵觉处,故良知即是天理,思是良知之发用。若是良知发用之思,则所思莫非天理矣。良知发用之思,自然明白简易,良知亦自能知得。若是私意安排之思,自是纷纭劳扰,良知亦自会分别得。盖思之是非邪正,良知无有不自知者。所以认贼作子,正为致知之学不明,不知在良知上体认之耳。

(3)来书又云:师云:"为学终身只是一事,不论有事无事,只是这一件。若说宁不了事,不可不加培养,却是分为两事也。"窃意觉精力衰弱,不足以终事者,良知也。宁不了事,且加休养,致知也。如何却为两件? 若事变之来,有事势不容不了,而精力虽衰,稍鼓舞亦能支持,则持志以帅气可矣。然言动终无气力,毕事则困惫已甚,不几于暴其气已乎? 此其轻重缓急,良知固未尝不知,然或迫于事势,安能顾精力? 或因于精力,安能顾事势? 如之何则可?

"宁不了事,不可不加培养之"意,且与初学如此说,亦不为无益。但作两事看了,便有病痛。在孟子言必有事焉,则君子之学终身只是"集义"一事。义者,宜也,心得其宜之谓义。能致良知则心得其宜矣,故"集义"亦只是致良知。君子之酬酢万变,当行则行,当止则止,当生则生,当死则死,斟酌调停,无非是致其良知,以求自慊而已。故"君子素其位而行","思不出其位",凡谋其力之所不及,而强其知之所不能者,皆不得为致良知;而凡"劳其筋骨,饿其体肤,空乏其身,行拂乱其所为,动心忍性以增益其所不能"者,皆所以致其良知也。若云宁不了事,不可不加培养者,亦是先有功利之心,较计成败利钝而爱憎取舍于其间,是以将了事自作一事,而培养又别作一事,此便有是内、非外之意,便是自私用智,便是"义外",便有"不得于心勿求于气"之病,便不是致良知以求自慊之功矣。所云"鼓舞支持,毕事则困惫已甚",又云"迫于事势,困于精力",皆是把作两事做了,所以有此。凡学问之功,一则诚,二则伪,凡此皆是致良知之意,欠诚一真切之故。《大学》言"诚其意者,如恶恶臭,如好好色,此之谓自慊"。曾见有恶恶臭,好好色,而须鼓舞支持者乎?曾见毕事则困惫已甚者乎?曾有迫于事势,困于精力者乎?此可以知其受病之所从来矣。

(4)来书又有云:人情机诈百出,御之以不疑,往往为所欺,觉则自入于逆、亿。夫逆诈,即诈也,亿不信,即非信也,为人欺,又非觉也,不逆、不亿而常先觉,其惟良知莹彻乎。然而出入毫忽之闲,背觉合诈者多矣。

不逆、不亿而先觉,此孔子因当时人专以逆诈、亿不信为心,而自陷于诈与不信,又有不逆、不亿者,然不知致良知之功,而往往又为人所欺诈,故有是言;非教人以是存心,而专欲先觉人之诈与不信也。以是存心,即是后世猜忌险薄者之事;而只此一念,已不可与入尧、舜之道矣。不逆、不亿而为人所欺者,尚亦不先为善,但不如能致其良知,而自然先觉者之尤为贤耳。崇一谓

"其惟良知莹彻"者,盖已得其旨矣。然亦颖悟所及,恐未实际也。盖良知之在人心,亘万古、塞宇宙而无不同;不虑而知,恒易以知险,不学而能,恒简以知阻;"先天而天不违,天且不违,而况于人乎?况于鬼神乎?"夫谓背觉合诈者,是虽不逆人而或未能无自欺也,虽不亿人而或未能果自信也,是或常有先觉之心,而未能常自觉也。常有求先觉之心,即已流于逆、亿而足以自蔽其良知矣,此背觉合诈之所以未免也。君子学以为己,未尝虞人之欺己也,恒不自欺其良知而已;未尝虞人之不信己也,恒自信其良知而已;未尝求先觉人之诈与不信也,恒务自觉其良知而已。是故不欺则良知无所伪而诚,诚则明矣;自信则良知无所惑而明,明则诚矣。明、诚相生,是故良知常觉、常照;常觉常照则如明镜之悬,而物之来者自不能遁其妍媸矣。何者?不欺而诚,则无所容其欺,苟有欺焉而觉矣;自信而明,则无所容其不信,苟不信焉而觉矣。是谓易以知险,简以知阻,子思所谓"至诚如神,可以前知"者也。然子思谓"如神",谓"可以前知",犹二而言之,是盖推言思诚者之功效,是犹为不能先觉者说也,若就至诚而言,则至诚之妙用,即谓之"神",不必言"如神",至诚则"无知而无不知",不必言"可以前知"矣。

16.捍卫朱熹学说正面挑战阳明《大学》诠释的师友辩难——答顾东桥书

阳明名气如日中天,各方论难亦随之而来,其中有善学朱熹理论者,亦来问难,其中之翘楚,当为顾东桥。顾东桥对朱熹理学所知甚详,所提问题也都切中要点,只是阳明之学乃《大学》新说,其心学进路的修养论的《大学》解读,确能自成一家之言,因此也能应对不乱。所问之中，包括对《大学》文本的解读，对"工夫次第"和"工夫入手"的争辩，对"闻见之知"和"德性之知"的安排处理，集中在王阳明格物致知、知行合一说的对谈上。本节所选，所问太理论性，不适合心学课程，倒适合写学术论文之用。

（1）来书云："近时学者务外遗内，博而寡要，故先生特倡'诚意'一义，针砭膏肓，诚大惠也！"吾子洞见时弊如此矣，亦将何以救之乎？然则鄙人之心，吾子固已一句道尽，复何言哉！复何言哉！若"诚意"之说，自是圣门教人用功第一义；但近世学者乃作第二义看，故稍与提掇紧要出来，非鄙人所能特倡也。（说朱熹格致再诚正）

（2）来书云："但恐立说太高，用功太捷，后生师传，影响谬误，未免坠于佛氏明心、见性、定慧、顿悟之机，无怪闻者见疑。"区区格、致、诚、正之说，是就学者本心、日用事为间，体究践履，实地用功，是多少次第、多少积累在，正与空虚顿悟之说相反。闻者本无求为圣人之志，又未尝讲究其详，遂以见疑，亦无足怪。若吾子之高明，自当一语之下便了然矣；乃亦谓立说太高，用功太捷，何邪？（又在骂人了）

（3）来书云："所喻知、行并进，不宜分别前后，即中庸'尊德性而道问学'之功，交养互发，内外本末一以贯之之道。然工夫次第，不能无先后之差；如知食乃食，知汤乃饮，知衣乃服，知路乃行，未有不见是物，先有是事；此亦毫厘倏忽之间，非谓有等今日知之，而明日乃行也"。既云"交养互发，内外本末一以贯之"，则知行并进之说无复可疑矣。又云"工夫次第，不能不无先后之差"无乃自相矛盾已乎？知食乃食等说，此尤明白易见；但吾子为近闻障蔽，自不察耳。夫人必有欲食之心，然后知食，欲食之心即是意，即是行之始矣；食味之美恶，必待入口而后知，岂有不待入口而已先知食味之美恶者邪？必有欲行之心，然后知路，欲行之心即是意、即是行之始矣：路岐之险夷，必待身亲履历而后知，岂有不待身亲履历而已先知路岐之险夷者邪？知汤乃饮，知衣乃服，以此例之，皆无可疑。若如吾子之喻，是乃所谓不见是物而先有是事者矣。吾子又谓"此亦毫厘倏忽之间，非谓截然有等今日知之，而明日乃行也。"是亦察之尚有未精。然就如吾子之说，则知、行之为合一并进，亦自断无可疑矣。

（4）来书云："真知即所以为行，不行不足谓之知，此为学者吃紧立教，俾务躬行则可。若真谓行即是知，恐其专求本心，遂遗物理，必有暗而不达之处，抑岂圣门知行并进之成法哉？"知之真切笃实处即是行，行之明觉精察处即是知，知行工夫本不可离；只为后世学者分作两截用功，失却知、行本体，故有合一并进之说，真知即所以为行，不行不足谓之知。即如来书所云"知食乃食"等说，可见前已略言之矣。此虽吃紧救弊而发，然知、行之体本来如是，非以已意抑扬其间，姑为是说，以苟一时之效者也。"专求本心，遂遗物理"，此盖失其本心者也。夫物理不外于吾心，外吾心而求物理，无物理矣。遗物理而求吾心，吾心又何物邪？心之体，性也，性即理也。故有孝亲之心，即有孝之理，无孝亲之心，即无孝之理矣；有忠君之心，即有忠之理，无忠君之心，即无忠之理矣。理岂外于吾心邪？晦庵谓人之所以为学者，心与理而已。心虽主乎一身，而实管乎天下之理；理虽散在万事，而实不外乎一人之心。是其一分一合之间，而未免已启学者心、理为二之弊。此后世所以有"专求本心，遂遗物理"之患，正由不知心即理耳。夫外心以求物理，是以有暗而不达之处；此告子义外之说，孟子所以谓之不知义也。心一而已，以其全体恻怛而言谓之仁，以其得宜而言谓之义，以其条理而言谓之理；不可外心以求仁，不可外心以求义，独可外心以求理乎？外心以求理，此知、行之所以二也。求理于吾心，此圣门知、行合一之教，吾子又何疑乎！

（5）来书云："所释大学古本，谓致其本体之知，此固孟子'尽心'之旨。朱子亦以虚灵知觉为此心之量。然'尽心'由于'知性'，'致知'在于'格物'。"

"尽心"由于"知性"，"致知"在于"格物"，此语然矣；然而推本吾子之意，则其所以为是语者，尚有未明也。

朱子以"尽心、知性、知天"为"物格、知致"，以"存心、养性、事天"为"诚意、正心、脩身"，以"夭寿不二、修身以俟"为"知至、仁尽、圣人之事"。

若鄙人之见，则与朱子正相反矣。夫"尽心、知性、知天"者，生知、安行，圣人之事也；"存心、养性、事天"者，学知、利行，贤人之事也；"夭寿不二、修身以俟"者，困知、勉行，学者之事也。岂可专以"尽心、知性"为知，"存心、养性"为行乎？吾子骤闻此言，必又以为大骇矣。然其间实无可疑者，一为吾子言之。夫心之体，性也；性之原，天也。能尽其心，是能尽其性矣。中庸云："惟天下至诚为能尽其性。"又云："知天地之化育，质诸鬼神而无疑，知天也。"此惟圣人而后能然。故曰，此生知、安行，圣人之事也。存其心者，未能尽其心者也，故须加存之之功；必存之既久，不待于存，而自无不存，然后可以进而言尽。盖"知天"之"知"，如"知州""知县"之"知"，"知州"则一州之事皆己事也，"知县"则一县之事皆己事也，是与天为一者也。"事天"则如子之事父，臣之事君，犹与天为二也。天之所以命于我者，心也，性也。吾但存之而不敢失，养之而不敢害，如"父母全而生之，子全而归之"者也。故曰：此学知、利行，贤人之事也。至于"夭寿不二"，则与存其心者又有间矣。存其心者虽未能尽其心，固已一心于为善，时有不存，则存之而已；今使之"妖寿不二"，是犹以妖寿二其心者也，犹以妖寿贰其心，是其为善之心犹未能一也，存之尚有所未可，而何尽之可云乎？今且使之不以妖寿二其为善之心，若曰死生妖寿皆有定命，吾但一心于为善，修吾之身以俟天命而已，是其平日尚未知有天命也。"事天"虽与天为二，然已真知天命之所在，但惟恭敬奉承之而已耳；若俟之云者，则尚未能真知天命之所在，犹有所俟者也，故曰"所以立命"。立者"创立"之"立"，如"立德""立言""立功""立名"之类，凡言立者，皆是昔未尝有而今始建立之谓，孔子所谓"不知命无以为君子"者也；故曰，此困知、勉行，学者之事也。

（以下说朱熹）今以"尽心、知性、知天"为"格物、致知"，使初学之士尚未能不二其心者，而遽责之以圣人生知、安行之事，如捕风捉影，茫然莫知所措其心，几何而不至于"率天下而路"也！今世致知、格物之弊，亦居然可见矣，吾子所谓"务外遗内，博而寡要"者，无乃亦是过欤？此学问最紧要处，于此而差，将无往而不差矣。此鄙人之所以冒天下之非笑，忘其身之陷于罪戮，呶呶其言，其不容已者也。

（6）来书云："闻语学者，乃谓'即物穷理'之说亦是玩物丧志，又取其'厌繁就约''涵养本原'数说标示学者，指为晚年定论，此亦恐非。"

朱子所谓格物云者，在即物而穷其理也。即物穷理是就事事物物上求其所谓定理者也，是以吾心而求理于事事物物之中，析心与理为二矣。夫求理于事事物物者，如求孝之理于其亲之谓也；求孝之理于其亲，则孝之理其果在于吾之心邪？抑果在于亲之身邪？假而果在于亲之身，则亲没之后，吾心遂无孝之理

钦？见孺子之入井，必有恻隐之理，是恻隐之理果在于孺子之身
钦？抑在于吾心之良知钦？其或不可以从之于井钦？其或可以
手而援之钦？是皆所谓理也。是果在于孺子之身钦？抑果出于
吾心之良知钦？以是例之，万事万物之理莫不皆然，是可以知析
心与理为二之非矣。夫析心与理而为二，此告子义外之说，孟子
之所深辟也。"务外遗内，博而寡要"，吾子既已知之矣，是果何
谓而然哉？谓之玩物丧志，尚犹以为不可钦？若鄙人所谓"致
知、格物"者，致吾心之良知于事事物物也。吾心之良知，即所谓
"天理"也。致吾心良知之"天理"于事事物物，则事事物物皆得
其理矣。致吾心之良知者，致知也。事事物物皆得其理者，格物
也。是合心与理而为一者也。合心与理而为一，则凡区区前之
所云，与朱子晚年之论，皆可以不言而喻矣。

（7）来书云："人之心体本无不明，而气拘物蔽，鲜有不昏；非
学、问、思、辨以明天下之理，则善、恶之机，真、妄之辨，不能自
觉；任情恣意，其害有不可胜言者矣。"

此段大略似是而非，盖承沿旧说之弊，不可以不辨也。夫
问、思、辨、行皆所以为学，未有学而不行者也。如言学孝，则必
服劳奉养，躬行孝道，然后谓之学；岂徒悬空口耳讲说，而遂可以
谓之学孝乎？学射则必张弓挟矢，引满中的；学书则必伸纸执
笔，操觚染翰；尽天下之学，无有不行而可以言学者；则学之始固
已即是行矣。笃者，敦实笃厚之意。已行矣，而敦笃其行，不息
其功之谓尔。盖学之不能以无疑，则有问。问即学也，即行也；
又不能无疑，则有思，思即学也，即行也；又不能无疑，则有辨，辨
即学也，即行也；辨既明矣，思既慎矣，问即审矣，学既能矣，又从
而不息其功焉，斯之谓笃行。非谓学问思辨之后，而始措之于行
也。是故以求能其事而言谓之学，以求解其惑而言谓之问，以求

通其说而言谓之思,以求精其察而言谓之辨,以求履其实而言谓之行;盖析其功而言则有五,合其事而言则一而已。此区区心、理合一之体,知、行并进之功,所以异于后世之说者,正在于是。

今吾子特举学、问、思、辨以穷天下之理,而不及笃行,是专以学、问、思、辨为知,而谓穷理为无行也已;天下岂有不行而学者邪?岂有不行而遂可谓之穷理者邪?明道云:"只穷理便尽性至命。"故必仁极仁而后谓之能穷仁之理,义极义而后谓之能穷义之理。仁极仁,则尽仁之性矣,义极义则尽义之性矣。学至于穷理至矣,而尚未措之于行,天下宁有是邪?是故知不行之不可以为学,则知不行之不可以为穷理矣,知不行之不可以为穷理,则知"知、行"之合一并进,而不可以分为两节事矣。

夫万事万物之理,不外于吾心;而必曰穷天下之理,是殆以吾心之良知为未足,而必外求于天下之广,以裨补增益之,是犹析心与理而为二也。夫学、问、思、辨、笃行之功,虽其困勉至于人一己百,而扩充之极,至于尽性、知天,亦不过致吾心之良知而已;良知之外,岂复有加于毫末乎?今必曰穷天下之理,而不知反求诸其心,则凡所谓善、恶之机,真、妄之辨者,舍吾心之良知,亦将何所致其体察乎?吾子所谓气拘物蔽者,拘此蔽此而已。今欲去此之蔽,不知致力于此,而欲以外求,是犹目之不明者,不务服乐调理以治其目,而徒伥伥然求明于其外;明岂可以自外而得哉?任情恣意之害,亦以不能精察天理于此心之良知而已。此诚毫厘千里之谬者,不容于不辨,吾子毋谓其论之太刻也。(你不要骂我要求得太严了)

(8)来书云:"教人以致知、明德,而戒其即物穷理,诚使昏暗之士,深居端坐,不闻教告,遂能至于知致而德明乎?纵令静而有觉,稍悟本性,则亦定慧无用之见;果能知古今,达事变,而致用于天下国家之实否乎？其曰："知者意之体，物者意之用，格物如格君心之非之格。"语虽超悟，独得不踵陈见，抑恐于道未相吻合？"

（阳明言）区区论致知格物，正所以穷理，未尝戒人穷理，使之深居端坐而一无所事也。若谓即物穷理，如前所云务外而遗内者，则有所不可耳。昏闇之士，果能随事随物精察此心之天理，以致其本然之良知，则虽愚必明，虽柔必强，大本立而达道行，九经之属（中庸二十章：修身也，尊贤也，亲亲也，敬大臣也，体群臣也，子庶民也，来百工也，柔远人也，怀诸侯也），可一以贯之而无遗矣；尚何患其无致用之实乎？彼顽空虚静之徒，正惟不能随事随物精察此心之天理，以致其本然之良知，而遗弃伦理、寂灭虚无以为常，是以要之不可以治家国天下。孰谓圣人穷理尽性之学，而亦有是弊哉！心者，身之主也；而心之虚灵明觉，即所谓本然之良知也。其虚灵明觉之良知应感而动者，谓之意。有知而后有意，无知则无意矣。知非意之体乎？意之所用，必有其物，物即事也。如意用于事亲，即事亲为一物，意用于治民，即治民为一物，意用于读书，即读书为一物，意用于听讼，即听讼为一物。凡意之所用，无有无物者。有是意即有是物，无是意即无是物矣。物非意之用乎？（格物诚意致知，次序调换了）

"格"字之义，有以"至"字训者，如"格于文祖"，"有苗来格"，是以"至"训者也。然"格于文祖"，必纯孝诚敬，幽明之间无一不得其理，而后谓之"格"；有苗之顽，实以文德诞敷而后格，则亦兼有"正"字之义在其间，未可专以"至"字尽之也。如"格其非心"，"大臣格君心之非"之类，是则一皆"正其不正以归于正"之义，而不可以"至"字为训矣。

且大学"格物"之训，又安知其不以"正"字为训，而必以"至"

字为义乎？如以"至"字为义者，必曰"穷至事物之理"，而后其说始通。是其用功之要，全在一"穷"字，用力之地，全在一"理"字也。若上去一穷，下去一理字，而直曰"致知在至物"，其可通乎？夫"穷理尽性"，圣人之成训，见于系辞者也。苟"格物"之说而果即"穷理"之义，则圣人何不直曰"致知在穷理"，而必为此转折不完之语，以启后世之弊邪？盖《大学》"格物"之说，自与系辞"穷理"大旨虽同，而微有分辨。"穷理"者，兼格、致、诚、正而为功也。故言"穷理"，则格、致、诚、正之功皆在其中，言"格物"，则必兼举致知、诚意、正心，而后其功始备而密。（也未必）今偏举"格物"而遂谓之"穷理"，此所以专以"穷理"属"知"，而谓"格物"未常有"行"，非惟不得"恪物"之旨，并"穷理"之义而失之矣。此后世之学所以析知、行为先后两截，日以支离决裂，而圣学益以残晦者，其端实始于此。吾子盖亦未免承沿积习见，则以为"于道未相吻合"，不为过矣。

（9）来书云：谓致知之功，将如何为温清、如何为奉养即是"诚意"（把知见之功内收于诚意之中），非别有所谓"格物"，此亦恐非。

此乃吾子自以己意揣度鄙见而为是说，非鄙人之所以告吾子者矣。若果如吾子之言，宁复有可通乎！盖鄙人之见，则谓意欲温清、意欲奉养者，所谓"意"也，而未可谓之"诚意"，必实行其温清奉养之意，务求自慊而无自欺，然后谓之"诚意"。知如何而为温清之节、知如何而为奉养之宜者，所谓"知"也，而未可谓之"致知"；必致其知如何为温清之节者之知，而实以之温清，致其知如何为奉养之宜者之知，而实以之奉养，然后谓之"致知"。温清之事、奉养之事，所谓"物"也，而未可谓之"格物"：必其于温清之事也，一如其良知之所知当如何为温清之节者而为之，无一毫之不尽；于奉养之事也，一如其良知之所知当如何为奉养之宜者而为之，无一毫之不尽，然后谓之"格物"。温凊之物格，然后知温凊之良知始致；奉养之物格，然后知奉养之良知始致。故曰"物格而后知至"。致其知温凊之良知，而后温凊之意始诚；致其知奉养之良知，而后奉养之意始诚。故曰"知至而后意诚"。此区区"诚意、致知、格物"之说盖如此：吾子更熟思之，将亦无可疑者矣。

（10）来书云：道之大端易于明白，所谓"良知、良能"愚夫愚妇可与及者。至于节目时变之详，毫厘千里之谬，必待学而后知。今语孝于温凊定省，孰不知之；至于舜之不告而娶，武之不葬而兴师，养志、养口、小杖、大杖、割股、庐墓等事，处常、处变，过与不及之间，必须讨论是非，以为制事之本，然后心体无蔽，临事无失。

道之大端易于明白，此语诚然。顾后之学者忽其易于明白者而弗由，而求其难于明白者以为学，此其所以"道在迩而求诸远，事在易而求诸难"也。孟子云："夫道若大路然，岂难知哉？人病不由耳。"良知、良能，愚夫、愚妇与圣人同，但惟圣人能致其良知，而愚夫、愚妇不能致，此圣、愚之所由分也。节目时变，圣人夫岂不知，但不专以此为学；而其所谓学者，正惟致其良知，以精察此心之天理，而与后世之学不同耳。吾子未暇良知之致，而汲汲焉顾是之忧，此正求其难于明白者以为学之弊也。夫良知之于节目时变，犹规矩、尺度之于方圆、长短也：节目时变之不可预定，犹方圆、长短之不可胜穷也。故规矩诚立，则不可欺以方圆，而天下之方圆不可胜用矣；尺度诚陈，则不可欺以长短，而天下之长短不可胜用矣；良知诚致，则不可欺以节目时变，而天下之节目时变不可胜应矣。毫厘千里之谬，不于吾心良知一念之微而察之，亦将何所用其学乎！是不以规矩而欲定天下之方圆，不以尺度而欲尽天下之长短，吾见其乖张谬戾，日劳而无成也已。吾子谓"语孝于温清定省，孰不知之"。然而能致其知者鲜矣。若谓粗知温清定省之仪节，而遂谓之能致其知，则凡知君之当仁者，皆可谓之能致其仁之知，知臣之当忠者，皆可谓之能致其忠之知，则天下孰非致知者邪？以是而言，可以知致知之必在于行，而不行之不可以为致知也，明矣。知、行合一之体，不益较然矣乎？夫舜之不告而娶，岂舜之前已有不告而娶者为之准则，故舜得以考之何典，问诸何人，而为此邪？抑亦求诸其心一念之良知，权轻重之宜，不得已而为此邪？武之不葬而兴师，岂武之前已有不葬而兴师者为之准则，故武得以考之何典，问诸何人，而为此邪？抑亦求诸其心一念之良知，权轻重之宜，不得已而为此邪？使舜之心而非诚于为无后，武之心而非诚于为救民，则其不告而娶与不葬而兴师，乃不孝、不忠之大者。而后之人不务致其良知，以精察义理于此心感应酬酢之间，顾欲悬空讨论此等变常之事，执之以为制事之本，以求临事之无失，其亦远矣。（人家讲的就是一旦碰到了的时候或对这些事情有所疑惑的时候。）其余数端，皆可类推，则古人致知之学，从可知矣。

（11）来书云：谓《大学》"格物"之说，专求本心，犹可牵合；至于六经、四书所载"多闻多见""前言往行""好古敏求""博学审问""温故知新""博学详说""奸问好察"，是皆明白求于事为之际，资于论说之间者，用功节目固不容紊矣。

"格物"之义，前已详悉，"牵合"之疑，想已不俟复解矣。至于"多闻多见"，乃孔子因子张之务外好高，徒欲以多闻多见为学，而不能求诸其心，以阙疑殆，此其言行所以不免于尤悔。而所谓见闻者，适以资其务外好高而已，盖所以救子张多闻多见之

213

病,而非以是教之为学也。夫子尝曰:"盖有不知而作之者,我无是也。"是犹孟子"是非之心,人皆有之"之义也。此言正所以明德性之良知非由于闻见耳。若曰"多闻择其善者而从之,多见而识之",则是专求诸见闻之末,而已落在第二义矣,故曰"知之次也"。夫以见闻之知为次,则所谓知之上者果安所指乎?是可以窥圣门致知用力之地矣。夫子谓子贡曰:"赐也,汝以予为多学而识之者欤?非也,予一以贯之。"使诚在于"多学而识",则夫子胡乃谬为是说,以欺子贡者邪?(孔子正是最好学最博文者)"一以贯之",非致其良知而何?《易》曰:"君子多识前言往行,以畜其德。"夫以畜其德为心,则凡多识前言往行者,孰非畜德之事;此正知、行合一之功矣。"好古敏求"者,好古人之学而敏求此心之理耳。心即理也。学者,学此心也;求者,求此心也。孟子云:"学问之道无他,求其放心而已矣。"非若后世广记博诵古人之言词,以为好古,而汲汲然惟以求功名利达之具于外者也。"博学、审问",前言已尽。"温故、知新",朱子亦以"温故"属之"尊德性"矣;德性岂可以外求哉?惟夫"知新"必由于"温故",而"温故"乃所以"知新",则亦可以验知、行之非两节矣。"博学而详说之"者,"将以反说约也"。若无"反约"之云,则"博学、详说"者,果何事邪?舜之"好问好察",惟以用中而致其精一于道心耳。道心者,良知之谓也。君子之学,何尝离去事为而废论说;但其从事于事为、论说者,要皆知、行合一之功,正所以致其本心之良知,而非若世之徒事口耳谈说以为知者(人病就是人病,不要上纲为法病),分知、行为两事,而果有节目先后之可言也。

17.高手过招的师友问答——答罗整庵少宰书

除顾东桥外,尚有罗整庵的问难亦是针锋相对,唯后者的话头内敛,两人的意气相交,没有火气,却更多的是客观的思辨,阳明招架之余,也是感动于对方的问学真诚。借由罗整庵不带批判色彩的客观思辨,亦更能见出阳明心学宗旨的核心要点。感觉上两人的交锋都是绵里针,笑脸过招。

(1)某顿首启:昨承教及《大学》,发舟匆匆,未能奉答。晓来江行稍暇,复取手教而读之。恐至赣后人事复纷沓,先具其略以请。

来教云:"见道固难,而体道尤难。道诚未易明,而学诚不可不讲,恐未可安于所见而遂以为极则也。"

幸甚幸甚!何以得闻斯言乎!其敢自以为极则而安之乎?正思就天下之有道以讲明之耳。而数年以来,闻其说而非笑之者有矣,诟訾之者有矣,置之不足较量辨议之者有矣,其肯遂以教我乎?其肯遂以教我,而反覆晓谕,恻然惟恐不及救正之乎?然则天下之爱我者,固莫有如执事之心深且至矣,感激当何如哉!夫"德之不修,学之不讲",孔子以为忧。而世之学者稍能传习训诂,即皆自以为知学,不复有所谓讲学之求,可悲矣!夫道必体而后见,非已见道而后加体道之功也,道必学而后明,非外讲学而复有所谓明道之事也。然世之讲学者有二,有讲之以身心者,有讲之以口耳者。讲之以口耳,揣摸测度,求之影响者也;讲之以身心,行着习察,实有诸己者也。知此,则知孔门之学矣。

(2)来教谓某"《大学》古本之复,以人之为学但当求之于内,而程、朱'格物'之说不免求之于外,遂去朱子之分章,而削其所补之传"。非敢然也。学岂有内外乎?《大学》古本乃孔门相传旧本耳。朱子疑其有所脱误而改正补缉之,在某则谓其本无脱误,悉从其旧而已矣。失在于过信孔子则有之,非故去朱子之分章而削其传也。夫学贵得之心,求之于心而非也,虽其言之出于孔子,不敢以为是也,而况其未及孔子者乎?求之于心而是也,虽其言之出于庸常,不敢以为非也,而况其出于孔子者乎?且旧本之传数千载矣,今读其文词,既明白而可通,论其工夫,又易简而可入;亦何所按据而断其此段之必在于彼,彼段之必在于此,与此之如何而缺,彼之如何而补?而遂改正补缉之,(如果有人因此而责备我的话,那么他等于是:)无乃重于背朱而轻于叛孔已乎?

(3)来教谓"如必以学不资于外求,但当反观、内省以为务,则'正心诚意'四字亦何不尽之有,何必于入门之际,便困以'格物'一段工夫也?"诚然诚然!若语其要,则"修身"二字亦足矣!何必又言"正心"?"正心"二字亦足矣,何必又言"诚意"?"诚意"二字亦足矣,何必又言"致知",又言"格物"?惟其工夫之详密,而要之只是一事,此所以为"精一"之学,此正不可不思者也。夫理无内外,性无内外,故学无内外。讲习、讨论,未尝非内也;反观、内省,未尝遗外也。夫谓学必资于外求,是以己性为有外也,是"义外"也,用智者也;谓反观、内省为求之于内,是以己性为有内也,是有我也,自私者也;是皆不知性之无内外也。故曰:"精义入神,以致用也;利用安身,以崇德也";"性之德也,合内外之道也"。此可以知"格物"之学矣。"格物"者,《大学》之实下手处,彻首彻尾,自始学至圣人,只此工夫而已,非但入门之际有此一段也。夫"正心""诚意""致知""格物",皆所以"修身";而"格物"者,其所用力,日可见之地。故"格物"者,格其心之物也,格其意之物也，格其知之物也；"正心"者，正其物之心也；"诚意"者，诚其物之意也；"致知"者，致其物之知也。此岂有内外、彼此之分哉？理一而已：以其理之凝聚而言则谓之"性"，以其凝聚之主宰而言则谓之"心"，以其主宰之发动而言则谓之"意"，以其发动之明觉而言则谓之"知"，以其明觉之感应而言则谓之"物"；故就物而言谓之"格"，就知而言谓之"致"，就意而言谓之"诚"，就心而言谓之"正"。正者，正此也；诚者，诚此也；致者，致此也；格者，格此也；皆所谓穷理以尽性也；天下无性外之理，无性外之物。学之不明，皆由世之儒者认理为外，认物为外，而不知"义外"之说，孟子盖尝辟之，乃至袭陷其内而不觉，岂非亦有似是而难明者欤？不可以不察也！

（4）凡执事所以致疑于"格物"之说者，必谓其是内而非外也；必谓其专事于反观、内省之为，而遗弃其讲习、讨论之功也；必谓其一意于纲领、本原之约，而脱略于支条、节目之详也；必谓其沉溺于枯槁、虚寂之偏，而不尽于物理、人事之变也。审如是，岂但获罪于圣门，获罪于朱子，是邪说诬民，叛道乱正，人得而诛之也；而况于执事之正直哉？审如是，世之稍明训诂，闻先哲之绪论者，皆知其非也，而况执事之高明哉？凡某之所谓"格物"，其于朱子九条之说，皆包罗统括于其中；但为之有要，作用不同，正所谓毫厘之差耳。然毫厘之差，而千里之缪，实起于此，不可不辨。

（5）孟子辟杨、墨，至于"无父、无君"。二子亦当时之贤者，使与孟子并世而生，未必不以之为贤。墨子兼爱，行仁而过耳，杨子为我，行义而过耳，此其为说亦岂灭理乱常之甚，而足以眩天下哉？而其流之弊，孟子至比于禽兽、夷狄，所谓以学术杀天下后世也。今世学术之弊，其谓之学仁而过者乎？谓之学义而过者乎？抑谓之学不仁、不义而过者乎？吾不知其于洪水、猛兽何如也。孟子云："予岂好辩哉？予不得已也。"杨、墨之道塞天下。孟子之时，天下之尊信杨、墨，当不下于今日之崇尚朱说；而孟子独以一人呶呶于其闲，噫，可哀矣！韩氏云："佛、老之害甚于杨、墨。"韩愈之贤不及孟子，孟子不能救之于未坏之先，而韩愈乃欲全之于已坏之后，其亦不量其力，且见其身之危，莫之救以死。呜呼！若某者，其尤不量其力，果见其身之危，莫之救以死也矣！夫众方嘻嘻之中，而独出涕嗟若，举世恬然以趋，而独疾首蹙额以为忧，此其非病狂丧心，殆必诚有大苦者隐于其中，而非天下之至仁，其孰能察之。其为《朱子晚年定论》，盖亦不得已而然。中间年岁早晚，诚有所未考，虽不必尽出于晚年，固多出于晚年者矣。然大意在委曲调停，以明此学为重。平生于朱子之说，如神明蓍龟，一旦与之背驰，心诚有所未忍，故不得已而为此。"知我者谓我心忧，不知我者谓我何求。"盖不忍抵牾朱子者，其本心也；不得已而与之抵牾者，道固如是，不直则道不见也。执事所谓"决与朱子异"者，仆敢自欺其心哉？夫道，天下之公道也；学，天下之公学也，非朱子可得而私也，非孔子可得而私也，天下之公也，公言之而已矣。故言之而是，虽异于己，乃益于己也；言之而非，虽同于己，适损于己也。益于己者，己必喜之；损于己者，己必恶之。然则某今日之论，虽或于朱子异，未必非其所喜也。君子之过，如日月之食，其更也人皆仰之；而小人之过也必文。某虽不肖，固不敢以小人之心事朱子也。

（6）执事所以教，反覆数百言，皆以未悉鄙人"格物"之说；若鄙说一明，则此数百言皆可以不待辩说而释然无滞，故今不敢缕缕，以滋琐屑之渎。然鄙说非面陈□析，断亦未能了了于纸笔闲也。嗟乎！执事所以开导启迪于我者，可谓恳到详切矣，人之爱我,宁有如执事者乎!仆虽其愚下,宁不知所感刻佩服;然而不敢遽舍其中之诚然而姑以听受云者,正不敢有负于深爱,亦思有以报之耳。秋尽东还,必求一面,以卒所请,千万终教!

18.从个人风格上评价朱熹与陆象山

阳明学没有朱熹是出不来的,至少绝非现在面貌,关键在于阳明几乎就是冲着朱熹《大学》诠释理论一一对辩问难,而提出他的致良知、知行合一种种诸说的。然而或许是为免心中不安,遂制《朱子晚年定论》一书,借朱熹种种书信中与其心学工夫意旨相同的文字引文为据,说朱子有与自己相同的立场,以免自己辟朱太甚。除此而外,阳明所有《大学》文本解释都是与朱熹辩论而言说的,表面上出冲突不已。本节所选,则是有别于《大学》诠释诸说,选出阳明直接针对朱熹个人的风格评价,其中从不见阳明恶意喝斥的口语,反而是充满敬意的高重。可以说吾爱吾师吾更爱真理的写照而已。文末亦选评阳明对于陆象山的一段话。

(1)来书云:今之为朱、陆之辨者尚未已。每对朋友言,正学不明已久,且不须枉费心力为朱、陆争是非,只依先生"立志"二字点化人。若其人果能辨得此志来,决意要知此学,已是大段明白了;朱、陆虽不辨,彼自能觉得。又尝见朋友中见有人议先生之言者,辄为动气。昔在朱、陆二先生所以遗后世纷纷之议者,亦见二先生工夫有未纯熟,分明亦有动气之病。若明道则无此矣。观其与吴涉礼论介甫之学云:"为我尽达诸介甫,不有益于他,必有益于我也。"气象何等从容!常见先生与人书中亦引此言,愿朋友皆如此,如何?

此节议论得极是极是，愿道通遍以告于同志，各自且论自己是非，莫论朱、陆是非也。以言语谤人，其谤浅，若自己不能身体实践，而徒入耳出口，呶呶度日，是以身谤也，其谤深矣。凡今天下之论议我者，苟能取以为善，皆是砥砺切磋我也，则在我无非警惕修省进德之地矣。昔人谓攻吾之短者是吾师，师又可恶乎？

（2）朋友观书，多有摘议晦庵者。先生曰："是有心求异，即不是。吾说与晦庵时有不同者，为入门下手处有毫厘千里之分，不得不辩；然吾之心与晦庵之心未尝异也。若其余文义解得明当处，如何动得一字！"

（3）士德问曰："'格物'之说，如先生所教，明白简易，人人见得；文公聪明绝世，于此反有未审，何也？"先生曰："文公精神气魄大，是他早年合下便要继往开来，故一向只就考索著述上用功；若先切己自修，自然不暇及此；到得德盛后，果忧道之不明，如孔子退修六籍，删繁就简，开示来学，亦大段不费甚考索。文公早岁便着许多书，晚年方悔，是倒做了。"士德曰："晚年之悔，如谓'向来定本之误'，又谓'虽读得书，何益于吾事'，又谓'此与守书籍，泥言语，全无交涉'，是他到此方悔从前用功之错，方去切己自修矣。"曰："然。此是文公不可及处。他力量大，一悔便转；可惜不久即去世，平日许多错处，皆不及改正。"

（4）"文公'格物'之说，只是少头脑。如所谓'察之于念虑之微'，此一句不该与'求之文字之中，验之于事为之着，索之讲论之际'混作一例看，是无轻重也。"

（5）（评象山）又问："陆子之学何如？"先生曰；"濂溪、明道之后，还是象山；只是粗些。"九川曰："看他论学，篇篇说出骨髓，句句似针膏肓，却不见他粗。"先生曰："然他心上用过功夫，与揣摹依仿、求之文义自不同，但细看有粗处。用功久，当见之。"

19. 心学进路的道佛知见

阳明心学,就儒学界而言,有人视为两千年儒学的第一高峰,而在儒释道三教辩证的问题上,阳明心学,亦是尽收道佛之优点而无其缺点的顶峰之学。果其然乎?事实上,阳明确实有对道佛的知见话语,其内涵显现阳明大胆引用道佛名相入于儒学世界观中,可以说是以儒学世界观看道佛的名相,其中道佛的意旨不见了,这就是阳明融会三教的作法,理论上言,是不成功的。但是,其说虽不足以否定道佛以及辩驳道佛,却是最好的呈现儒学立场的材料,亦值得阅读理解。

(1)澄问:"有人夜怕鬼者,奈何?"先生曰:"只是平日不能'集义'而心有所慊,故怕。若素行合于神明,何怕之有!"子莘曰:"正直之鬼不须怕;恐邪鬼不管人善恶,故未免怕。"先生曰:"岂有邪鬼能迷正人乎!只此一怕,即是心邪,故有迷之者,非鬼迷也,心自迷耳。如人好色,即是色鬼迷;好货,即是货鬼迷;怒所不当怒,是怒鬼迷;惧所不当惧,是惧鬼迷也。"

(2)王嘉秀问:"佛以出离生死诱人入道,仙以长生久视诱人入道,其心亦不是要人做不好;究其极至,亦是见得圣人上一截。然非入道正路。如今仕者,有由科,有由贡,有由传奉,一般做到大官,毕竟非入仕正路,君子不由也。仙、佛到极处,与儒者略同,但有了上一截,遗了下一截,终不似圣人之全。然其上一截同者,不可诬也。后世儒者,又只得圣人下一截,分裂失真,流而为记诵、词章、功利、训诂,亦卒不免为异端。是四家者,终身劳苦,于身心无分毫益,视彼仙、佛之徒,清心寡欲,超然于世累之外者,反若有所不及矣。今学者不必先排仙、佛,且当笃志为圣人之学。圣人之学明，则仙、佛自泯；不然，则此之所学，恐彼或有不屑，而反欲其俯就，不亦难乎！鄙见如此，先生以为何如？"先生曰："所论大略亦是。但谓上一截、下一截，亦是人见偏了如此；若论圣人大中至正之道，彻上彻下，只是一贯，更有甚上一截、下一截！'一阴一阳之谓道'，但'仁者见之便谓之仁，知者见之便谓之智，百姓又日用而不知，故君子之道鲜矣。'仁、智岂可不谓之道，但见得偏了，便有弊病。"

（3）问仙家元气、元神、元精。先生曰："只是一件，流行为气，凝聚为精，妙用为神。"

（4）问："延平云：'当理而无私心。'当理与无私心，如何分别？"先生曰："心即理也，无私心即是当理，未当理便是私心。若析心与理言之，恐亦未善。"又问："释氏于世间一切情欲之私，都不染着，似无私心；但外弃人伦，却似未当理。"曰："亦只是一统事，都只是成就他一个私己的心。"

（5）来书云：元神、元气、元精必各有寄藏发生之处；又有真阴之精，真阳之气，云云。

夫良知一也，以其妙用而言谓之神，以其流行而言谓之气，以其凝聚而言谓之精，安可以形象方所求哉？真阴之精，即真阳之气之母，真阳之气，即真阴之精之父；阴根阳，阳根阴，亦非有二也。苟吾良知之说明，即凡若此类，皆可以不言而喻；不然，则如来书所云"三关""七返""九还"之属，尚有无穷可疑者也。

（6）来书云：佛氏于"不思善不思恶时认本来面目。"于吾儒"随物而格"之功不同。吾若于不思善、不思恶时，用致知之功，则已涉于思善矣。欲善恶不思，而心之良知清静自在，惟有寐而方醒之时耳。斯正孟子"夜气"之说。但于斯光景不能久，倏忽之际，思虑已生，不知用功久者，其常寐初醒而思未起之时否乎？

今澄欲求宁静，愈不宁静，欲念无生，则念愈生，如之何而能使此心前念易灭，后念不生，良知独显，而与造物者游乎？

"不思善不思恶时认本来面目。"此佛氏为未识本来面目者设此方便。本来面目即吾圣门所谓良知，今既认得良知明白，即已不消如此说矣。"随物而格"是致知之功，即佛氏之"常惺惺"，亦是常存他本来面目耳。体段工夫大略相似，但佛氏有个自私自利之心，所以便有不同耳。今欲善恶不思，而心之良知清静自在，此便有自私自利、将迎意必之心，所以有"不思善不思恶时用致知之功，则已涉于思善"之患。孟子说"夜气"，亦只是为失其良心之人指出个良心萌动处，使他从此培养将去。今已知得良知明白，常用致知之功，即已不消说"夜气"；却是得兔后不知守兔，而仍去守株，兔将复失之矣。欲求宁静，欲念无生，此正是自私自利、将迎意必之病，是以念愈生而愈不宁静。良知只是一个良知，而善恶自辨，更有何善何恶可思！良知之体本自宁静，今却又添一个求宁静，本自生生，今却又添一个欲无生，非独圣门致知之功不如此，虽佛氏之学亦未如此将迎意必也。只是一念良知，彻头彻尾，无始无终，即是前念不灭，后念不生，今却欲前念易灭，而后念不生，是佛氏所谓断灭种性，入于槁木死灰之谓矣。

（7）来书云：佛氏又有常提念头之说，其犹孟子所谓"必有事"，夫子所谓"致良知"之说乎？其即"常惺惺，常记得，常知得，常存得"者乎？于此念头提在之时，而事至物来，应之必有其道。但恐此念头提起时少，放下时多，则工夫间断耳。且念头放失，多因私欲客气之动而始，忽然惊醒而后提，其放而未提之间，心之昏杂多不自觉，今欲日精日明，常提不放，以何道乎？只此常提不放，即全功乎？抑于常提不放之中，更宜加省克之功乎？虽曰常提不放,而不加戒惧克治之功,恐私欲不去;若加戒惧克治之功焉,又为"思善"之事,而于"本来面目"又未达一闲也。如之何则可? 戒惧克治即是常提不放之功,即是"必有事焉",岂有两事邪! 此节所问,前一段已自说的分晓,末后却是自生迷惑,说的支离。及有"'本来面目'未达一闲"之疑,都是自私自利、将迎意必之为病,去此病自无此疑矣。

(8)问:"儒者到三更时分,扫荡胸中思虑,空空静静,与释氏之静只一般,两下皆不用,此时何所分别?"先生曰:"动、静只是一个。那三更时分空空静静的,只是存天理,即是如今应事接物的心;如今应事接物的心,亦是循此天理,便是那三更时分空空静静的心。故动、静只是一个,分别不得。知得动、静合一,释氏毫厘差处亦自莫掩矣。"

(9)先生尝言:"佛氏不着相,其实着了相,吾儒着相,其实不着相。"请问。曰:"佛怕父子累,却逃了父子,怕君臣累,却逃了君臣,怕夫妇累,却逃了夫妇,都是为个君臣、父子、夫妇着了相,便须逃避。如吾儒有个父子,还他以仁,有个君臣,还他以义,有个夫妇,还他以别,何曾着父子、君臣、夫妇的相?"

(10)先生曰:"仙家说到虚,圣人岂能虚上加得一毫实? 佛氏说到无,圣人岂能无上加得一毫有? 但仙家说虚从养生上来,佛氏说无从出离生死苦海上来,却于本体上加却这些子意思在,便不是他虚无的本色了,便于本体有障碍。圣人只是还他良知的本色,更不着些子意在。良知之虚便是天之太虚,良知之无便是太虚之无形,日、月、风、雷、山、川、民、物,凡有貌象形色,皆在太虚无形中发用流行,未尝作得天的障碍。圣人只是顺其良知之发用,天地万物俱在我良知的发用流行中,何尝又有一物超于良知之外能作得障碍?"

(11)或问:"释氏亦务养心,然要之不可以治天下,何也?"先生曰:"吾儒养心未尝离却事物,只顺其天则自然就是功夫。释氏却要尽绝事物,把心看做幻相,渐入虚寂去了,与世闲若无些子交涉,所以不可治天下。"

(12)(心学进路的卜筮观)问:"《易》,朱子主卜筮,程《传》主理,何如?"先生曰:"卜筮是理,理亦是卜筮。天下之理孰有大于卜筮者乎?只为后世将卜筮专主在占卦上看了,所以看得卜筮似小艺。不知今之师友问答,博学、审问、慎思、明辨、笃行之类,皆是卜筮。卜筮者,不过求决狐疑,神明吾心而已。《易》是间诸天;人有疑,自信不及,故以《易》问天;谓人心尚有所涉,惟天不容伪耳。"

20 心学进路的世界观

消化了道佛的世界观之后,阳明儒学的世界观却因此变得模糊了,他所提出的儒学理论,心学色彩最重,难免于冯友兰说其主观唯心论的形态。然而,儒学世界观自孔孟以降,得言之若此乎?此诚阳明论说太过之失,亦有意旨不明之处,可以说,两千年儒学是朝阳明学走,还是朝朱熹学走?若就世界观而言,朱熹辩鬼神,理论上说其不存在,朱熹理气论,明说了现实世界的存有结构。若就工夫论言,阳明讲工夫入手、本体工夫最为畅透,朱熹讲工夫次第亦明白严谨,其实都是儒学的好去路,若一意高扬王学而贬抑朱学,其结果就是留下了本节所选诸文的世界观话语,究竟如何解读的问题。若要依据扬明话头再去申述,就是牟宗三所走的路——主观唯心论的境界形而上学。此处已进入当代新儒学的一大辩论议题矣。本人之见,阳明这些话,就当作他讲过头了的话吧,不要再去发挥创作了。否则,儒学的面貌模糊了,三教同异之辩也不成其理了,世间只剩儒学一支,道佛义理淹没,其实是误解不明而浪费资产了。

(1)先生曰:"良知是造化的精灵,这些精灵,生天生地,成鬼成帝,皆从此出,真是与物无对。人若复得他完完全全,无少亏欠,自不觉手舞足蹈,不知天地闲更有何乐可代。"

(2)朱本思问:"人有虚灵,方有良知,若草、木、瓦、石之类,亦有良知否?"先生曰:"人的良知,就是草、木、瓦、石的良知;若草、木、瓦、石无人的良知,不可以为草、木、瓦、石矣。岂惟草、木、瓦、石为然,天、地无人的良知,亦不可为天、地矣。盖天、地、万物与人原是一体,其发窍之最精处,是人心一点灵明,风、雨、露、雷,日、月、星、辰,禽、兽、草、木,山、川、土、石,与人原只一体。故五谷、禽兽之类皆可以养人,药石之类皆可以疗疾,只为同此一气,故能相通耳。"

(3)先生游南镇,一友指岩中花树问曰:"天下无心外之物;如此花树,在深山中自开自落,于我心亦何相关?"先生曰:"你未看此花时,此花与汝心同归于寂;你来看此花时,则此花颜色一时明白起来;便知此花不在你的心外。"

(4)问:"人心与物同体,如吾身原是血气流通的,所以谓之同体;若于人便异体了,禽、兽、草、木益远矣。而何谓之同体?"先生曰:"你只在感应之几上看;岂但禽、兽、草、木,虽天、地也与我同体的,鬼、神也与我同体的。"请问。先生曰:"你看这个天、地中闲,什么是天、地的心?"对曰:"尝闻人是天地的心。"曰:"人又什么教做心?"对曰:"只是一个灵明。""可知充天塞地中闲,只有这个灵明。人只为形体自闲隔了。我的灵明,便是天、地、鬼、神的主宰。天没有我的灵明,谁去仰地高?地没有我的灵明,谁去俯他深？鬼、神没有我的灵明,谁去辩他吉、凶、灾、祥？天、地、鬼、神、万物,离却我的灵明,便没有天、地、鬼、神、万物了;我的灵明,离却天、地、鬼、神、万物,亦没有我的灵明。如此,便是一气流通的,如何与他闲隔得？"又问:"天、地、鬼、神、万物,千古见在,何没了我的灵明,便俱无了？"曰:"今看死的人,他这些精灵游散了,他的天地万物尚在何处?"

21. 心学进路的经典诠释——论语篇

阳明的及身实践是儒学史上的第一人,他的学力洞见也是常儒所不及,阳明的学术,主要在《大学》的重新诠释,但对于《论语》《孟子》《中庸》《易传》亦是功底深厚,本节选录其《论语》文本讨论的若干条文。文中见出,阳明有一种绝对理想主义的政治哲学心态,论于蒯聩与辄的父子争国事件,清澈如阳明子,便是父子相让而最终由辄立位,结果与过程皆非历史史实,而是阳明的道德心境而已。其他条文,也都可以见到王阳明特殊的道德心法进路,来解读《论语》意旨。

（1）问:"孔门言志,由、求任政事,公西赤任礼乐,多少实用!及曾皙说来,却似耍的事,圣人却许他,是意何如？"曰:"三子是有意必,有意必便偏着一边,能此未必能彼;曾点这意思却无意必,便是'素其位而行,不愿乎其外,素夷狄行乎夷狄,素患难行乎患难,无入而不自得矣'。三子所谓'汝器也',曾点便有'不器'意。然三子之才各卓然成章,非若世之空言无实者,故夫子亦皆许之。"

（2）问:"孔子正名,先儒说上告天子,下告方伯,废辄立郢,此意如何？"先生曰:"恐难如此。岂有一人致敬尽礼,待我而为政,我就先去废他,岂人情天理！孔子既肯与辄为政,必已是他能倾心委国而听。圣人盛德至诚,必已感化卫辄,使知无父之不可以为人,必将痛哭奔走,往迎其父。父子之爱,本于天性,辄能悔痛真切如此,蒯聩岂不感动底豫。蒯聩既还,辄乃致国请戮。聩已见化于子,又有夫子至诚调和其间,当亦决不肯受,仍以命辄。群臣百姓又必欲得辄为君。辄乃自暴其罪恶,请于天子,告于方伯诸侯,而必欲致国于父。聩与群臣百姓亦皆表辄悔悟仁孝之美,请于天子,告于方伯诸侯,必欲得辄而为之君。于是集命于辄,使之复君卫国。辄不得已,乃如后世上皇故事,率群臣百姓尊聩为太公,备物致养,而始退复其位焉。则君君、臣臣、父父、子子,名正言顺,一举而可为政于天下矣。孔子正名或是如此。”

（3）问：“孔子谓武王未尽善,恐亦有不满意？”先生曰：“在武王自合如此。”曰：“使文王未没,毕竟如何？”曰：“文王在时,天下三分已有其二；若到武王伐商之时,文王若在或者不致兴兵,必然这一分亦来归了。文王只善处纣,使不得纵恶而已。”

（4）问：“颜子没而圣学亡,此语不能无疑。”先生曰：“见圣道之全者惟颜子,观喟然一叹可见。其谓‘夫子循循然善诱人,博我以文,约我以礼’,是见破后如此说。博文、约礼如何是善诱人？学者须思之。道之全体,圣人亦难以语人,须是学者自修自悟。颜子‘虽欲从之,末由也已’,即文王‘望道未见’意。望道未见,乃是真见。颜子没而圣学之正派遂不尽传矣。”

（5）问“子夏门人问交”章。先生曰：“子夏是言小子之交,子张是言成人之交；若善用之,亦俱是。”

（子夏之门人问交于子张。子张曰：“子夏云何？”对曰：“子夏曰：‘可者与之,其不可者拒之。’”子张曰：“异乎吾所闻：‘君子尊贤而容众，嘉善而矜不能。'我之大贤与，于人何所不容？我之不贤与，人将拒我，如之何其拒人也？")(《论语·子张第十九》)

（6）问："上智下愚如何不可移？"先生曰："不是不可移，只是不肯移。"

（7）国英问："曾子三省虽切，恐是未闻一贯时工夫？"先生曰："一贯是夫子见曾子未得用功之要，故告之。学者果能忠、恕上用功，岂不是一贯？'一'如树之根本，'贯'如树之枝叶。未种根，何枝叶之可得？体、用一源，体未立，用安从生？谓曾子于其用处盖已随事精察而力行之，但未知其体之一，此恐未尽。"

《论语·学而》：曾子曰："吾日三省吾身：为人谋而不忠乎？与朋友交而不信乎？传不习乎？"里仁：子曰："参乎！吾道一以贯之。"曾子曰："唯。"子出。门人问曰："何谓也？"曾子曰："夫子之道，忠恕而已矣。"

（8）黄诚甫问"汝与回也孰愈"章。先生曰："子贡多学而识，在闻见上用功，颜子在心地上用功，故圣人问以启之。而子贡所对又只在知见上，故圣人叹惜之，非许之也。"

《论语·公冶长》：子谓子贡曰："女与回也孰愈？"对曰："赐也何敢望回。回也闻一以知十，赐也闻一以知二。"子曰："弗如也！吾与女弗如也。"

（9）"颜子不迁怒，不贰过，亦是有'未发之中'始能。"

（10）黄诚甫问："先儒以孔子告颜渊为邦之问，是立万世常行之道，如何？"先生曰："颜子具体圣人，其于为邦的大本大原都已完备，夫子平日知之已深，到此都不必言，只就制度文为上说。此等处亦不可忽略，须要是如此方尽善；又不可因自己本领是当了，便于防范上疏阔，须是要放郑声、远佞人。盖颜子是个克己向里、德上用心的人，孔子恐其外面末节或有疏略，故就他不足处帮补说。若在他人，须告以'为政在人，取人以身，修身以道，修道以仁'，'达道''九经'及'诚身'许多工夫，方始做得。这个方是万世常行之道。不然，只去行了夏时，乘了殷辂，服了周冕，作了韶舞，天下便治得？后人但见颜子是孔门第一人，又问个为邦，便把做天大事看了。"（颜渊问为邦。子曰："行夏之时，乘殷之辂，服周之冕，乐则韶舞。放郑声，远佞人。郑声淫，佞人殆。"）（《论语·卫灵公第十五》）

（11）问志士、仁人章。先生曰："只为世上人都把生身命子看得来太重，不问当死不当死，定要宛转委曲保全，以此把天理却丢去了，忍心害理，何者不为。若违了天理，便与禽兽无异，便偷生在世上百千年，也不过做了千百年的禽兽。学者要于此等处看得明白；比干、龙逄，只为他看得分明，所以能成就得他的仁。"

（12）问："'一日克己复礼，天下归仁'，朱子作效验说，如何？"先生曰："圣贤只是为己之学，重功夫不重效验。仁者以万物为体；不能一体，只是己私未忘。全得仁体，则天下皆归于吾仁，就是八荒皆在我闼意；天下皆与，其仁亦在其中。如'在邦无怨，在家无怨'，亦只是自家不怨，如'不怨天，不尤人'之意；然家邦无怨于我，亦在其中，但所重不在此。"

（13）问："孔子曰：'回也非助我者也。'是圣人果以相助望门弟子否？"先生曰："亦是实话。此道本无穷尽，问难愈多，则精微愈显。圣人之言本自周遍，但有问难的人胸中窒碍，圣人被他一难，发挥得愈加精神。若颜子闻一知十，胸中了然，如何得问难；故圣人亦寂然不动，无所发挥，故曰非助。"

22.心学进路的经典诠释——孟子篇

阳明学毫无疑问是孟子学,孟子学意旨重点在于性善论以及工夫论,阳明以《大学》文本诠释发挥孟子学,概念都是《大学》《孟子》共通的。因此阳明的孟子学亦是最为可观,本节选录阳明论于《孟子》文本意旨解读若干条,重点还是在工夫论上。包括集义说、必有事焉说、立志说等等,其中,尽心知性知天、存心养性事天、夭寿不二修身以俟之解读,又正与朱熹有异,可以说从经典诠释角度言,阳明学表面上是《大学》之学,骨子里却真真正正就是孟子学。因此,最后落实在他的《孟子》文本诠释意见上,正是必须收尾的要点。

(1)澄问:"仁、义、礼、智之名,因已发而有?"曰:"然。"他日,澄曰:"恻隐、羞恶、辞让、是非,是性之表德邪?"曰:"仁、义、礼、智也,是表德。性一而已,自其形体也,谓之天,主宰也,谓之帝,流行也,谓之命,赋于人也,谓之性,主于身也,谓之心。心之发也,遇父便谓之孝,遇君便谓之忠,自此以往,名至于无穷,只一性而已;犹人一而已,对父谓之子,对子谓之父,自此以往,至于无穷,只一人而已。人只要在性上用功,看得一性字分明,即万理灿然。"

(2)"'夜气'是就常人说,学者能用功,则日间有事无事,皆是此气翕聚发生处。圣人则不消说'夜气'。"

(3)澄问操存舍亡章。曰:"'出入无时,莫知其乡。'此虽就常人心说,学者亦须是知得心之本体亦元是如此,则操存功夫始没病痛;不可便谓出为亡,入为存。若论本体,元是无出无入的;若论出入,则其思虑运用是出;然主宰常昭昭在此,何出之有?

既无所出,何入之有?程子所谓'腔子'亦只是天理而已。虽终日应酬而不出天理,即是在腔子里。若出天理,斯谓之放,斯谓之亡。"又曰:"出入亦只是动静,动静无端,岂有乡邪!"

(4)问:"孟子言'执中无权犹执一'。"先生曰:"中只是天理,只是易,随时变易,如何执得?须是因时制宜,难预先定一个规矩在。如后世儒者,要将道理一一说的无罅漏,立定个格式,此正是执一。"

(5)问志至气次。先生曰:"志之所至,气亦至焉之谓,非极至、次二之谓。'持其志',则养气在其中;'无暴其气',则亦持其志矣。孟子救告子之偏,故如此夹持说。"

(6)尚谦问孟子之不动心与告子异。先生曰:"告子是硬把捉着此心,要他不动;孟子却是集义到自然不动。"又曰:"心之本体,原自不动。心之本体即是性,性即是理,性元不动,理元不动。集义是复其心之本体。"

(7)来书所询,草草奉复一二:近岁来山中讲学者,往往多说"勿忘、勿助"工夫甚难。问之,则云才着意便是助,才不着意便是忘,所以甚难。区区因问之云"忘是忘个什么?助是助个什么?"其人默然无对,始请问。区区因与说,我此闲讲学,却只说个"必有事焉"(努力工作治百病),不说"勿忘、勿助"。"必有事焉"者只是时时去"集义"。若时时去用"必有事"的工夫,而或有时间断,此便是忘了,即须"勿忘";时时去用"必有事"的工夫,而或有时欲速求效,此便是助了,即须"勿助"。其工夫全在"必有事焉"上用;"勿忘、勿助",只就其间提撕警觉而已。若是工夫原不间断,即不须更说"勿忘";原不欲速求效,即不须更说"勿助"。此其工夫何等明白简易!何等洒脱自在!今却不去"必有事"上用工,而乃悬空守着一个"勿忘、勿助",此正如烧锅煮饭,锅内不曾渍水下米,而乃专去添柴放火,不知毕竟煮出个什么物来! 吾恐火候未及调停,而锅已先破裂矣。近日,一种专在"勿忘、勿助"上用工者,其病正是如此。终日悬空去做个"勿忘",又悬空去做个"勿助",济济荡荡,全无实落下手处,究竟工夫,只做得个沈空守寂,学成一个痴騃汉,才遇些子事来,即便牵滞纷扰,不复能经纶宰制。此皆有志之士,而乃使之劳苦缠缚,担阁一生,皆由学术误人之故,(不同意)其可悯矣!

(8)夫"必有事焉"只是"集义","集义"只是"致良知"。说"集义"则一时未见头脑,说"致良知"即当下便有实地步可用工。故区区专说"致良知"。随时就事上致其良知,便是"格物";着实去致良知,便是"诚意";着实致其良知,而无一毫意必固我,便是"正心"。着实致良知,则自无忘之病;无一毫意必固我,则自无助之病。故说"格、致、诚、正",则不必更说个"忘、助"。孟子说"忘、助",亦就告子得病处立力。告子强制其心,是助的病痛,故孟子专说助长之害。告子助长,亦是他以义为外,不知就自心上"集义",在"必有事焉"上用功,是以如此。若时时刻刻就自心上"集义",则良知之体洞然明白,自然是是非非纤毫莫遁,又焉有"不得于言,勿求于心,不得于心,勿求于气"之弊乎? 孟子"集义""养气"之说,固大有功于后学,然亦是因病立方,说的大段,不若《大学》"格、致、诚、正"之功,尤极精一简易,为彻上彻下,万世无弊者也。

(9)圣贤论学,多是随时就事,虽言若人殊,而要其工夫头脑,若合符节。缘天地之闲,原只有此性,只有此理,只有此良知,只有此一件事耳。故凡就古人论学处说工夫,更不必挽和兼搭而说,自然无不吻合贯通者;才须挽和兼搭而说,即是自己工夫未明彻也。近时有谓"集义"之功,必须兼搭个"致良知"而后备者,则是"集义"之功尚未了彻也;"集义"之功尚未了彻,适足以为"致良知"之累而已矣。谓"致良知"之功,必须兼搭一个"勿忘、勿助"而后明者,则是"致良知"之功尚未了彻也;"致良知"之功尚未了彻也,适足以为"勿忘、勿助"之累而已矣。若此者,皆是就文义上解释牵附,以求混融凑泊,而不曾就自己实工夫上体验,是以论之愈精,而去之愈远。文蔚之论,其于大本达道既已沛然无疑,至于"致知"、"穷理"及"忘、助"等说,时亦有挽和兼搭处,却是区区所谓康庄大道之中或时横斜迂曲者,到得工夫熟后,自将释然矣。

(10)"尽心"三节,区区曾有"生知、学知、困知"之说,颇已明白,无可疑者。盖尽心、知性、知天者,不必说存心、养性,事天不必说夭寿不贰、修身以俟,而存心、养性与修身以俟之功已在其中矣;存心、养性、事天者,虽未到得尽心、知天的地位,然已是在那里做个求到尽心、知天的工夫,更不必说夭寿不贰、修身以俟,而夭寿不贰、修身以俟之功已在其中矣。譬之行路,尽心、知天者,如年力壮健之人,既能奔走往来于数千百里之间者也;存心、事天者,如童稚之年,使之学习步趋于庭除之间者也;夭寿不贰、修身以俟者,如褓抱之孩,方使之扶墙傍壁,而渐学起立移步者也。既已能奔走往来于数千里之间者,则不必更使之于庭除之间而学步趋,而步趋于庭除之间,自无弗能矣;既已能步趋于庭除之间,则不必更使之扶墙傍壁而学起立移步,而起立移步自无弗能矣。然学起立移步,便是学步趋庭除之始,学步趋庭除,便是学奔走往来于数千里之基,固非有二事,但其工夫之难易则相去悬绝矣。心也,性也,天也,一也。故及其知之成功则一。然而三者人品力量,自有阶级,不可躐等而能也。细观文蔚之论,其意以恐尽心、知天者,废却存心、修身之功,而反为尽心、知天之病;是盖为圣人忧工夫之或间断,而不知为自己忧工夫之未真切也。吾侪用工,却须专心致志,在夭寿不贰、修身以俟上做,只此便是做尽心、知天功夫之始;正如学起立移步,便是学奔走千里之始。吾方自虑其不能起立移步,而岂遽虑其不能奔走千里,又况为奔走千里者而虑其或遗忘于起立移步之习哉?文蔚识见本自超绝迈往,而所论云然者,亦是未能脱去旧时解说文义之习,是为此三段书分疏比合,以求融会贯通,而自添许多意见缠绕,反使用工不专一也。近时悬空去做勿忘、勿助者,其意见正有此病,最能担误人,不可不涤除耳。

(11)问:"'生之谓性',告子亦说的是,孟子如何非之?"先生曰:"固是性,但告子认得一边去了,不晓得头脑;若晓得头脑,如此说亦是。孟子亦曰:'形色,天性也',这也是指气说。"又曰:"凡人信口说,任意行,皆说此是依我心性出来,此是所谓生之谓性;然却要有过差。若晓得头脑,依吾良知上说出来,行将去,便自是停当。然良知亦只是这口说,这身行,岂能外得气,别有个去行去说。故曰:'论性不论气,不备;论气不论性,不明。'气亦性也,性亦气也,但须认得头脑是当。"

(12)又曰:"诸君功夫,最不可'助长'。上智绝少,学者无超入圣人之理。一起一伏,一进一退,自是功夫节次。不可以我前日用得功夫了,今却不济,便要矫强做出一个没破绽的模样,这便是'助长',连前些子功夫都坏了。此非小过。譬如行路的人遭一蹶跌,起来便走,不要欺人做那不曾跌倒的样子出来。诸君只要常常怀个'遁世无闷,不见是而无闷'之心,依此良知忍耐做去,不管人非笑,不管人毁谤,不管人荣辱,任他功夫有进有退,我只是这致良知的主宰,不息久久,自然有得力处,一切外事亦自能不动。"又曰:"人若着实用功,随人毁谤,随人欺慢,处处得益,处处是进德之资;若不用功,只是魔也,终被累倒。"

（13）问:"夭寿不贰。"先生曰:"学问功夫,于一切声利、嗜好俱能脱落殆尽,尚有一种生死念头毫发挂带,便于全体有未融释处。人于生死念头,本从生身命根上带来,故不易去。若于此处见得破,透得过,此心全体方是流行无碍,方是尽性至命之学。"

（14）问:"孟子'巧力、圣智'之说,朱子云:'三子力有余而巧不足(伯夷、伊尹、柳下惠)。'何如?"先生曰:"三子固有力亦有巧。巧、力实非两事,巧亦只在用力处,力而不巧,亦是徒力。三子譬如射,一能步箭,一能马箭,一能远箭,他射得到俱谓之力,中处俱可谓之巧;但步不能马,马不能远,各有所长,便是才力分限有不同处。孔子则三者皆长。然孔子之和只到得柳下惠而极,清只到得伯夷而极,任只到得伊尹而极,何曾加得些子。若谓'三子力有余而巧不足',则其力反过孔子了。'巧、力'只是发明'圣、知'之义,若识得'圣、知'本体是何物,便自了然。"

（15）问:"古人论性,各有异同,何者乃为定论?"先生曰:"性无定体,论亦无定体,有自本体上说者,有自发用上说者,有自源头上说者,有自流弊处说者;总而言之,只是一个性,但所见有浅深尔。若执定一边,便不是了。性之本体,原是无善、无恶的;发用上也原是可以为善、可以为不善的;其流弊也原是一定善、一定恶的。譬如眼,有喜时的眼,有怒时的眼,直视就是看的眼,微视就是觑的眼;总而言之,只是这个眼。若见得怒时眼,就说未尝有喜的眼,见得看时眼,就说未尝有觑的眼,皆是执定,就知是错。孟子说性,直从源头上说来,亦是说个大概如此。荀子性恶之说,是从流弊上说来,也未可尽说他不是;只是见得未精耳。众人则失了心之本体。"问:"孟子从源头上说性,要人用功在源头上明彻;荀子从流弊说性,功夫只在末流上救正,便费力了。"

先生曰:"然。"

(16)问:"先儒谓鸢飞鱼跃,与'必有事焉',同一活泼泼地。"先生曰:"亦是。天地间活泼泼地,无非此理,便是吾良知的流行不息,'致良知'便是'必有事'的工夫。此理非惟不可离,实亦不得而离也。无往而非道,无往而非工夫。"

(17)"夫子说'性相近',即孟子说'性善',不可专在气质上说。若说气质,如刚与柔对,如何相近得,惟性善则同耳。人生初时善,原是同的,但刚的习于善则为刚善,习于恶则为刚恶,柔的习于善则为柔善,习于恶则为柔恶,便日相远了。"

23.心学进路的经典诠释——中庸篇

陆象山以"不知尊德性,如何道问学"贬抑朱熹,阳明则有自己的《中庸》解释。程朱以"未发涵养、已发察识"为"工夫次第",阳明则以涵养是涵养那察识底,察识是察识那涵养底说之。朱熹说戒惧是未发涵养工夫,慎独是已发察识工夫,阳明辩之。可见,《中庸》文本经程朱深入发挥之后,依然是阳明论学的要紧之地,其中,"未发之中"即是"良知之地",阳明亦处处用之于良知教中。此外,阳明亦合性道教于一义之中。朱熹说《四书》阅读次序以《大学》《论语》《孟子》而后《中庸》,本文选也以阳明《中庸》之解为末,圆满结束。

(1)"不可谓'未发之中'常人俱有。盖体用一源,有是体即有是用。有'未发之中',即有'发而皆中节之和'。今人未能有'发而皆中节之和',须知是他'未发之中'亦未能全得。"

(2)问:"伊川谓'不当于喜怒哀乐未发之前求中',延平却教学者看未发之前气象,何如?"先生曰:"皆是也。伊川恐人于未发前讨个中,把中做一物看,如吾向所谓认气定时做中,故令只于涵养省察上用功。延平恐人未便有下手处,故令人时时刻刻求未发前气象,使人正目而视惟此,倾耳而听惟此,即是'戒慎不睹,恐惧不闻'的工夫。皆古人不得已诱人之言也。"

（3）澄问:"喜、怒、哀、乐之中、和,其全体常人固不能有,如一件小事当喜、怒者,平时无有喜、怒之心,至其临时,亦能中节,亦可谓之中、和乎?"先生曰:"在一时一事,固亦可谓之中、和;然未可谓之大本、达道。人性皆善,中、和是人人原有的,岂可谓无? 但常人之心既有所昏蔽,则其本体虽亦时时发见,终是暂明暂灭,非其全体大用矣。无所不中,然后谓之大本;无所不和,然后谓之达道。惟天下之至诚,然后能立天下之大本。"曰:"澄于中字之义尚未明。"曰:"此须自心体认出来,非言语所能喻。中只是天理。"曰:"何者为天理?"曰:"去得人欲,便识天理。"曰:"天理何以谓之中?"曰:"无所偏倚。"曰:"无所偏倚是何等气象?"曰:"如明镜然,全体莹彻,略无纤尘染着。"曰:"偏倚是有所染着,如着在好色、好利、好名等项上,方见得偏倚;若未发时,美色、名、利皆未相着,何以便知其有所偏倚?"曰:"虽未相着,然平日好色、好利、好名之心原未尝无,既未尝无,即谓之有,既谓之有,则亦不可谓无偏倚;譬之病疟之人,虽有时不发,而病根原不曾除,则亦不得谓之无病之人矣。须是平日好色、好利、好名等项一应私心扫除荡涤,无复纤毫留滞,而此心全体廓然,纯是天理,方可谓之喜、怒、哀、乐未发之中,方是天下之大本。"

（4）正之问:"戒惧是己所不知时工夫,慎独是己所独知时工夫,此说如何?"先生曰:"只是一个工夫,无事时固是独知,有事时亦是独知。人若不知于此独知之地用力,只在人所共知处用功,便是作伪,便是'见君子而后厌然'。此独知处便是诚的萌芽；此处不论善念、恶念，更无虚假，一是百是，一错百错，正是王霸、义利、诚伪、善恶界头，于此一立立定，便是端本澄源，便是立诚。古人许多诚身的工夫，精神命脉，全体只在此处，真是莫见莫显，无时无处，无终无始，只是此个工夫。今若又分戒惧为己所不知，即工夫便支离，亦有间断。既戒惧即是知，己若不知，是谁戒惧？如此见解，便要流入断灭禅定。"曰："不论善念、恶念，更无虚假，则独知之地，更无无念时邪？"曰："戒惧亦是念。戒惧之念，无时可息；若戒惧之心稍有不存，不是昏聩，便已流入恶念；自朝至暮，自少至老，若要无念，即是己不知，此除是昏睡，除是槁木死灰。"（杜：朱熹是说戒惧是未发、慎独是已发，非谓戒惧是未知。）

（5）马子莘问："'修道之教'，旧说谓圣人品节吾性之固有，以为法于天下，若礼、乐、刑、政之属。此意如何？"先生曰："道即性即命，本是完完全全，增减不得，不假修饰的。何须要圣人品节，却是不完全的物件！礼、乐、刑、政是治天下之法，固亦可谓之教，但不是子思本旨。若如先儒之说，下面由教入道的，缘何舍了圣人礼、乐、刑、政之教，别说出一段戒慎恐惧工夫？却是圣人之教为虚设矣。"子莘请问。先生曰："子思性、道、教皆从本原上说，天命于人则命便谓之性，率性而行则性便谓之道，修道而学则道便谓之教。率性是诚者事，所谓'自诚明谓之性'也；修道是诚之者事，所谓'自明诚谓之教'也。圣人率性而行即是道。圣人以下未能率性，于道未免有过不及，故须修道。修道则贤知者不得而过，愚不肖者不得而不及，都要循着这个道，则道便是个教。此'教'字与'天道至教''风雨霜露，无非教也'之'教'同。'修道'字与'修道以仁'同。人能修道，然后能不违于道，以复其性之本体，则亦是圣人率性之道矣。下面'戒慎恐惧'便是修道的工夫，'中和'便是复其性之本体。如易所谓'穷理尽性以至于命'，'中和位育'便是尽性至命。"

（6）来书云：此心未发之体，其在已发之前乎？其在已发之中而为之主乎？其无前后、内外而浑然之体者乎？今谓心之动、静者，其主有事、无事而言乎？其主寂然、感通而言乎？其主循理、从欲而言乎？若以循理为静，从欲为动，则于所谓"动中有静，静中有动，动极而静，静极而动"者，不可通矣。若以有事而感通为动，无事而寂然为静，则于所谓"动而无动，静而无静"者，不可通矣。若谓未发在已发之先，静而生动，是至诚有息也，圣人有复也，又不可矣。若谓未发在已发之中，则不知未发、已发俱当主静乎？抑未发为静而已发为动乎？抑未发、已发俱无动无静乎？俱有动有静乎？幸教。

未发之中，即良知也，无前后内外，而浑然一体者也。有事、无事可以言动、静，而良知无分于有事、无事也；寂然、感通可以言动、静，而良知无分于寂然、感通也。动、静者，所遇之时；心之本体，固无分于动、静也。理无动者也，动即为欲。循理则虽酬酢万变而未尝动也；从欲则虽槁心一念而未尝静也。"动中有静，静中有动"，又何疑乎？有事而感通，固可以言动，然而寂然者未尝有增也；无事而寂然，固可以言静，然而感通者未尝有减也。"动而无动，静而无静"，又何疑乎？无前后内外而浑然一体，则至诚有息之疑，不待解矣。未发在已发之中，而已发之中未尝别有未发者在，已发在未发之中，而未发之中未尝别有已发者存；是未尝无动、静，而不可以动、静分者也。凡观古人言语，在以意逆志而得其大旨；若必拘滞于文义，则"靡有孑遗"者，是周果无遗民也。周子"静极而动"之说，苟不善观，亦未免有病。盖其意从"太极动而生阳，静而生阴"说来。太极生生之理，妙用无息,而常体不易。太极之生生,即阴阳之生生。就其生生之中,指其妙用无息者而谓之动,谓之阳之生,非谓动而后生阳也;就其生生之中,指其常体不易者而谓之静,谓之阴之生,非谓静而后生阴也。若果静而后生阴,动而后生阳,则是阴阳、动静,截然各自为一物矣。阴阳一气也,一气屈伸而为阴阳;动静一理也,一理隐显而为动、静。春夏可以为阳、为动,而未尝无阴与静也;秋冬可以为阴、为静,而未尝无阳与动也。春夏此不息,秋冬此不息,皆可谓之阳,谓之动也;春夏此常体,秋冬此常体,皆可谓之阴、谓之静也。自元、会、运、世、岁、月、日、时以至刻、秒、忽、微,莫不皆然。所谓动静无端,阴阳无始,在知道者默而识之,非可以言语穷也。若只牵文泥句,比拟仿像,则所谓心从法华转,非是转法华矣。

(7)先生曰:"'天命之谓性',命即是性。'率性之谓道',性即是道。'修道之谓教',道即是教。"问:"如何道即是教?"曰:"道即是良知;良知原是完完全全,是的还他是,非的还他非,是非只依着他,更无有不是处,这良知还是你的明师。"

(8)问:"'不睹不闻'是说本体,'戒慎恐惧'是说功夫否?"先生曰:"此处须信得本体原是不睹不闻的,亦原是戒慎恐惧的,戒慎恐惧不曾在不睹不闻上加得些子。见得真时,便谓戒慎恐惧是本体,不睹不闻是功夫亦得。"

(9)或问未发、已发。先生曰:"只缘后儒将未发、已发分说了,只得劈头说个无未发、已发,使人自思得之。若说有个已发、未发,听者依旧落在后儒见解。若真见得无未发、已发,说个有未发、已发原不妨,原有个未发、已发在。"问曰:"未发未尝不和,已发未尝不中。譬如钟声未扣,不可谓无,既扣不可谓有。毕竟有个扣与不扣,何如?"先生曰:"未扣时原是惊天动地,既扣时也只是寂天寞地。"

（10）以方问"尊德性"一条。先生曰："'道问学'即所以'尊德性'也。晦翁言子静以'尊德性'诲人,某教人岂不是'道问学'处多了些子,是分'尊德性''道问学'作两件。且如今讲习讨论下许多工夫,无非只是存此心,不失其德性而已;岂有'尊德性'只空空去尊,更不去问学,问学只是空空去问学,更与德性无关涉?如此,则不知今之所以讲习讨论者,更学何事!"问"致广大"二句。曰："'尽精微'即所以'致广大'也,'道中庸'即所以'极高明'也。盖心之本体自是广大底,人不能'尽精微',则便为私欲所蔽,有不胜其小者矣。故能细微曲折,无所不尽,则私意不足以蔽之,自无许多障碍遮隔处,如何广大不致?"又问："精微还是念虑之精微,是事理之精微?"曰："念虑之精微,即事理之精微也。"

24. 王阳明：大学问

这是一篇王阳明针对《大学》文本解读的自问自答之撰文,弟子钱德洪以为本文宗旨是所有王门弟子初学的教本,阳明殁后,弟子编辑出版,视为阳明风范的经典,《大学问》一文,也是阳明文选中的精华之文,列在本文选之最终之篇,以为收尾之作。意旨清晰完整,学习效果圆满。

"《大学》者,昔儒以为大人之学矣。敢问大人之学何以在于明明德乎?"

阳明子曰："大人者,以天地万物为一体者也。其视天下犹一家,中国犹一人焉。若夫间形骸而分尔我者,小人矣。大人之能以天地万物为一体也,非意之也,其心之仁本若是,其与天地万物而为一也，岂惟大人，虽小人之心亦莫不然，彼顾自小之耳。是故见孺子之入井，而必有怵惕恻隐之心焉，是其仁之与孺子而为一体也。孺子犹同类者也，见鸟兽之哀鸣觳觫，而必有不忍之心，是其仁之与鸟兽而为一体也。鸟兽犹有知觉者也，见草木之摧折而必有悯恤之心焉，是其仁之与草木而为一体也。草木犹有生意者也，见瓦石之毁坏而必有顾惜之心焉，是其仁之与瓦石而为一体也。是其一体之仁也，虽小人之心亦必有之。是乃根于天命之性，而自然灵昭不昧者也，是故谓之'明德'。小人之心既已分隔隘陋矣，而其一体之仁犹能不昧若此者，是其未动于欲，而未蔽于私之时也。及其动于欲，蔽于私，而利害相攻，忿怒相激，则将戕物纪类，无所不为，其甚至有骨肉相残者，而一体之仁亡矣。是故苟无私欲之蔽，则虽小人之心，而其一体之仁犹大人也；一有私欲之蔽，则虽大人之心，而其分隔隘陋犹小人矣。故夫为大人之学者，亦惟去其私欲之蔽，以明其明德，复其天地万物一体之本然而已耳。非能于本体之外，而有所增益之也。"

曰："然则何以在'亲民'乎？"

曰："明明德者，立其天地万物一体之体也；亲民者，达其天地万物一体之用也。故明明德必在于亲民，而亲民乃所以明其明德也。是故亲吾之父以及人之父以及天下人之父，而后吾之仁实与吾之父、人之父与天下人之父而为一体矣。实与之为一体，而后孝之明德始明矣。亲吾之兄以及人之兄以及天下人之兄，而后吾之仁实与吾之兄、人之兄与天下人之兄而为一体矣。实与之为一体，而后弟之明德始明矣。君臣也，夫妇也，朋友也，以至于山川鬼神鸟兽草木也，莫不实有以亲之，以达吾一体之仁，然后吾之明德始无不明，而真能以天地万物为一体矣。夫是之谓明明德于天下，是之谓家齐国治而天下平，是之谓尽性。"

曰："然则又乌在其为'止至善'乎？"

曰："至善者，明德、亲民之极则也。天命之性，粹然至善，其灵昭不昧者，此其至善之发见，是乃明德之本体，而即所谓良知也。至善之发见，是而为是，非而为非，轻重厚薄，随感随应，变动不居，而亦莫不自有天然之中，是乃民彝物则之极，而不容少有议拟增损于其间也。少有拟议增损于其间，则是私意小智，而非至善之谓矣。自非慎独之至，惟精惟一者，其孰能与于此乎？后之人惟其不知至善之在吾心，而用其私智以揣摸测度于其外，以为事事物物各有定理也，是以昧其是非之则，支离决裂，人欲肆而天理亡，明德亲民之学遂大乱于天下。盖昔之人固有欲明其明德者矣，然惟不知止于至善，而骛其私心于过高，是以失之虚罔空寂，而无有乎家国天下之施，则二氏之流是矣。固有欲亲其民者矣，而惟不知止于至善，而溺其私心于卑琐，是以失之权谋智术，而无有乎仁爱恻坦之诚，则五伯功利之徒是矣。是皆不知止于至善之过也。故止至善之于明德、亲民也，犹之规矩之于方圆也，尺度之于长短也，权衡之于轻重也。故方圆而不止于规矩，爽其则矣；长短而不止于尺度，乖其剂矣；轻重而不止于权衡，失其准矣；明明德、亲民而不止于至善，亡其本矣。故止于至善以亲民，而明其明德，是之谓大人之学。"

曰："'知止而后有定，定而后能静，静而后能安，安而后能虑，虑而后能得'，其说何也？"

曰："人惟不知至善之在吾心，而求之于其外，以为事事物物皆有定理也，而求至善于事事物物之中，是以支离决裂，错杂纷纭，而莫知有一定之向。今焉既知至善之在吾心，而不假于外求，则志有定向，而无支离决裂、错杂纷纭之患矣。无支离决裂、错杂纷纭之患，则心不妄动而能静矣。心不妄动而能静，则其日用之间,从容闲暇而能安矣。能安,则凡一念之发,一事之感,其为至善乎?其非至善乎?吾心之良知自有以详审精察之,而能虑矣。能虑则择之无不精,处之无不当,而至善于是乎可得矣。"

曰:"物有本末,先儒以明德为本,新民为末,两物而内外相对也。事有终始,先儒以知止为始,能得为终,一事而首尾相因也。如子之说,以新民为亲民,则本末之说亦有所未然欤?"

曰:"终始之说,大略是矣。即以新民为亲民,而曰明德为本,亲民为末,其说亦未尝不可,但不当分本末为两物耳。夫木之干,谓之本,木之梢,谓之末。惟其一物也,是以谓之本末。若曰两物,则既为两物矣,又何可以言本末乎?新民之意,既与亲民不同,则明德之功,自与新民为二。若知明明德以亲其民,而亲民以明其明德,则明德亲民焉可析而为两乎?先儒之说,是盖不知明德亲民之本为一事,而认以为两事,是以虽知本末之当为一物,而亦不得不分为两物也。"

曰:"古之欲明明德于天下者,以至于先修其身,以吾子明德亲民之说通之,亦既可得而知矣。敢问欲修其身,以至于致知在格物,其工夫次第又何如其用力欤?"

曰:"此正详言明德、亲民、止至善之功也。盖身、心、意、知、物者,是其工夫所用之条理,虽亦各有其所,而其实只是一物。格、致、诚、正、修者,是其条理所用之工夫,虽亦皆有其名,而其实只是一事。何谓身心之形体?运用之谓也。何谓心身之灵明?主宰之谓也。何谓修身?为善而去恶之谓也。吾身自能为善而去恶乎?必其灵明主宰者欲为善而去恶,然后其形体运用者始能为善而去恶也。故欲修其身者,必在于先正其心也。然心之本体则性也,性无不善,则心之本体本无不正也。何从而用其正之之功乎?盖心之本体本无不正,自其意念发动,而后有不正。故欲正其心者,必就其意念之所发而正之,凡其发一念而善也,好之真如好好色,发一念而恶也,恶之真如恶恶臭,则意无不诚,而心可正矣。然意之所发,有善有恶,不有以明其善恶之分,亦将真妄错杂,虽欲诚之,不可得而诚矣。故欲诚其意者,必在于致知焉。致者,至也,如云丧致乎哀之致。《易》言'知至至之','知至'者,知也,'至之'者,致也。'致知'云者,非若后儒所谓充扩其知识之谓也,致吾心之良知焉耳。良知者,孟子所谓'是非之心,人皆有之'者也。是非之心,不待虑而知,不待学而能,是故谓之良知。是乃天命之性,吾心之本体,自然灵昭明觉者也。凡意念之发,吾心之良知无有不自知者。其善钦,惟吾心之良知自知之;其不善钦,亦惟吾心之良知自知之。是皆无所与于他人者也。故虽小人为不善,既已无所不至,然其见君子,则必厌然掩其不善,而着其善者,是亦可以见其良知之有不容于自昧者也。今欲别善恶以诚其意,惟在致其良知之所知焉尔。何则?意念之发,吾心之良知既知其为善矣,使其不能诚有以好之,而复背而去之,则是以善为恶,而自昧其知善之良知矣。意念之所发,吾之良知既知其为不善矣,使其不能诚有以恶之,而覆蹈而为之,则是以恶为善,而自昧其知恶之良知矣。若是,则虽曰知之,犹不知也,意其可得而诚乎!今于良知之善恶者,无不诚好而诚恶之,则不自欺其良知而意可诚也已。然欲致其良知,亦岂影响恍惚而悬空无实之谓乎?是必实有其事矣。故致知必在于格物。物者,事也,凡意之所发必有其事,意所在之事谓之物。格者,正也,正其不正以归于正之谓也。正其不正者,去恶之谓也。归于正者,为善之谓也。夫是之谓格。《书》言'格于上下''格于文祖''格其非心',格物之格实兼其义也。良知所知之善,虽诚欲好之矣,苟不即其意之所在之物而实有以为之,则是物有未格，而好之之意犹为未诚也。良知所知之恶，虽诚欲恶之矣，苟不即其意之所在之物而实有以去之，则是物有未格，而恶之之意犹为未诚也。今焉于其良知所知之善者，即其意之所在之物而实为之，无有乎不尽。于其良知所知之恶者，即其意之所在之物而实去之，无有乎不尽。然后物无不格，吾良知之所知者，无有亏缺障蔽，而得以极其至矣。夫然后吾心快然无复有余憾而自谦矣，夫然后意之所发者，始无自欺而可以谓之诚矣。故曰：'物格而后知至，知至而后意诚，意诚而后心正，心正而后身修。'盖其功夫条理虽有先后次序之可言，而其体之惟一，实无先后次序之可分。其条理功夫虽无先后次序之可分，而其用之惟精，固有纤毫不可得而缺焉者。此格致诚正之说，所以阐尧舜之正传而为孔氏之心印也。"

德洪曰：《大学问》者，师门之教典也。学者初及门，必先以此意授，使人闻言之下，即得此心之知，无出于民彝物则之中，致知之功，不外乎修齐治平之内。学者果能实地用功，一番听受，一番亲切。师常曰："吾此意思有能直下承当，只此修为，直造圣域。参之经典，无不吻合，不必求之多闻多识之中也。"门人有请录成书者。曰："此须诸君口口相传，若笔之于书，使人作一文字看过，无益矣。"嘉靖丁亥八月，师起征思、田，将发，门人复请。师许之。录既成，以书贻洪曰："大学或问数条，非不愿共学之士尽闻斯义，愿恐藉寇兵而赍盗粮，是以未欲轻出。"盖当时尚有持异说以混正学者，师故云然。师既没，音容日远，吾党各以己见立说。学者稍见本体，即好为径超顿悟之说，无复有省身克己之功。谓"一见本体，超圣可以跂足"，视师门诚意格物、为善去恶之旨，皆相鄙以为第二义。简略事为，言行无顾，甚者荡灭礼教，犹自以为得圣门之最上乘。噫！亦已过矣。自便径约，而不知已沦入佛氏寂灭之教,莫之觉也。古人立言,不过为学者示下学之功,而上达之机,待人自悟而有得,言语知解,非所及也。大学之教,自孟氏而后,不得其传者几千年矣。赖良知之明,千载一日,复大明于今日。兹未及一传,而纷错若此,又何望于后世耶?是篇邹子谦之尝附刻于《大学》古本,兹收录续编之首。使学者开卷读之,思吾师之教平易切实,而圣智神化之机固已跃然,不必更为别说,匪徒惑人,祗以自误,无益也。